Comment notre monde a cessé d'être chrétien

Du même auteur

Le Crépuscule du purgatoire
Armand Colin, 2005

Le Purgatoire
Fortune historique et historiographique d'un dogme
Éditions de l'EHESS, 2012

Les Voix d'outre-tombe
Tables tournantes, spiritisme et société au XIXe siècle
Seuil, 2012

Faire de l'histoire religieuse
dans une société sortie de la religion
Publications de la Sorbonne, 2013, 2020

Penser le christianisme au XIXe siècle :
Alphonse Gratry (1805-1872)
Journal de ma vie et autres textes
Presses universitaires de Rennes, 2017

Une histoire du sentiment religieux au XIXe siècle
Cerf, 2020

Guillaume Cuchet

Comment notre monde a cessé d'être chrétien

Anatomie d'un effondrement

Éditions du Seuil

ISBN 978-2-7578-7762-3
(ISBN 978-2-02-102129-5, 1re publication)

À la mémoire du chanoine Boulard

« Vers quel avenir va le monde ? Comment finira-t-il ? Pour moi, je crois que le monde est libre, et finira comme il voudra. […] Il n'y a pas d'article de foi sur ce point. La seule chose qu'en ait dite le Christ, si toutefois j'entends bien ses paroles, est une question qu'il a posée sans la résoudre. "Quand le Fils de l'Homme reviendra, dit-il, pensez-vous qu'il trouve encore de la foi sur la terre ?" Il semble que, sur ce sujet, le doute est la vérité même. »

Alphonse Gratry, *Logique* (1855)

« Les hommes de soixante-quinze ans rappellent leur jeunesse difficile [à l'époque de la séparation des Églises et de l'État] et chantent victoire […]. Ils se reposent dans l'illusion de leur force, comme la France se reposait en 1939 sur l'illusion de son armée et de ses grandeurs passées. Ils ne voient pas que le monde, massivement, se fait en dehors d'eux et contre eux. Ils se distraient en œuvres, mouvements, partis, spectacles de bon et de mauvais goût. Jusqu'à ce que quelque Sedan spirituel leur ouvre enfin les yeux. »

Emmanuel Mounier, *Feu la chrétienté* (1950)

Introduction

Comment notre monde a-t-il cessé d'être chrétien ? Sans doute n'est-ce pas totalement un hasard si, depuis la seconde moitié des années 2000, plusieurs ouvrages, qui ont rencontré un certain écho, se sont interrogés à nouveaux frais sur le moment, les raisons et la manière dont il l'était *devenu*[1]. Comme si le fait même d'en sortir réveillait dans ce domaine les curiosités, en même temps qu'il ouvrait la possibilité d'en écrire l'histoire autrement. « La chouette de Minerve ne prend son vol qu'à la tombée du crépuscule », disait Hegel[2], suggérant par là que l'historien, quoi qu'il en ait, est souvent un oiseau de mauvais augure pour la vitalité des objets qu'il étudie. Il est probable cependant que la question, dans sa démesure candide et son relatif flou terminologique, ne manquera pas de susciter de prime abord quelques interrogations, voire protestations.

1. Marie-Françoise Baslez, *Comment notre monde est devenu chrétien*, Tours, CLD Éditions, 2008 ; Paul Veyne, *Quand notre monde est devenu chrétien (312-394)*, Paris, Albin Michel, 2007.
2. *Principes de la philosophie du droit* (1820), Paris, Flammarion, 1999, p. 76.

De quel espace et de quelle forme de christianisme parlez-vous exactement ? commencera-t-on par nous dire avec raison. Partout dans le monde, les Églises évangéliques sont en progression et le catholicisme lui-même, en dehors du cas particulier des pays occidentaux, ne se porte pas si mal. Êtes-vous bien sûr d'ailleurs qu'il ait cessé de l'être ? Sans aller jusqu'aux outrances d'un Michel Onfray, pour qui nous n'avons jamais été aussi chrétiens que depuis que nous avons apparemment cessé de l'être[1], le christianisme n'est pas qu'une affaire de pratique, mais de croyances, de comportements, de culture. Qui sait si, parmi nous, les chrétiens « réels », conscients ou inconscients, anonymes ou cachés sous d'autres noms, ne sont pas plus nombreux qu'hier ? Et puis, dans l'hypothèse même où nous saurions ce qu'est exactement un « monde chrétien », est-on bien sûr qu'il l'ait jamais été *vraiment* ? Et si oui, quand alors ? Au XIIIe, au XVIIe, au XIXe ? Déjà Pascal, dans les hautes eaux religieuses du XVIIe siècle, considérait que le christianisme authentique n'avait jamais été dans l'histoire que le fait de toutes petites minorités et qu'il ne s'était massifié que sur un malentendu qui ne durerait probablement pas. « Les hommes ont mépris pour la religion, écrivait-il ; ils en ont haine, et peur qu'elle soit vraie[2]. » Kierkegaard est allé encore plus loin en écrivant à propos de la chrétienté danoise de son temps : « Le christianisme est proprement inexistant. Je n'ai du moins pas vu une existence chré-

1. *Traité d'athéologie. Physique de la métaphysique*, Paris, France Loisirs, 2005.

2. *Pensées* (1670), dans *Œuvres complètes*, Paris, Gallimard, coll. « Bibliothèque de la Pléiade », 1954, p. 1089.

tienne au sens strict, pas plus que ma propre existence ne l'est. Mais qu'est-ce au fond que cette terrible comédie de tout un pays qui se dit chrétien[1] ? »

Dont acte. Ces interrogations et ces paradoxes sont légitimes, au moins jusqu'à un certain point. Mais il ne faudrait pas qu'ils nous empêchent de voir ce qu'il y a ici à voir, c'est-à-dire l'ampleur du décrochage religieux survenu parmi nous depuis les années 1960. À la fin de sa vie, le vieux Renan, devenu quelque peu pompier pyromane, écrivait dans la préface des *Feuilles détachées* : « Les personnes religieuses vivent d'une ombre. Nous vivons de l'ombre d'une ombre. De quoi vivra-t-on après nous[2] ? » Nous y sommes.

L'histoire doit être « naïve » si l'historien, lui, a intérêt à ne pas trop l'être. C'est-à-dire qu'elle doit partir des apparences, à la fois par conscience de ses limites (puisqu'elle n'atteint pas au fond des choses) et par souci pédagogique (si, du moins, elle veut être un peu utile socialement). Elle peut être amenée dans certains cas à montrer que les apparences ne correspondent pas à la réalité, mais alors il lui faut dire pourquoi et faire avec son lecteur l'aller et retour entre les deux.

Or, pour quiconque a gardé mémoire de ce qu'était encore le catholicisme au début des années 1960, force est de constater que l'évolution est impressionnante. On conçoit qu'elle ait un peu assombri sur la fin une personnalité comme René Rémond. À l'époque, dans ses

1. Cité par Georges Gusdorf, *Kierkegaard*, Paris, CNRS Éditions, 2011, p. 174.

2. Ernest Renan, *Feuilles détachées, faisant suite aux Souvenirs d'enfance et de jeunesse*, Paris, Calmann-Lévy, 1892, p. XVIII.

cours de « sociologie pastorale » à l'Institut catholique de Paris[1], le chanoine Boulard, qui était le grand spécialiste du sujet dans l'Église et qui sera un peu le « héros » de ce livre, avait l'habitude de commencer en citant quelques chiffres significatifs. En France, disait-il, environ 94 % de la génération est baptisée dans les trois mois après la naissance, avec des pics d'empressement au passage du deuxième et du troisième mois qui montraient que la norme du baptême *quam primum* (au plus tôt) restait largement intériorisée[2]. Plus de 80 % des enfants faisaient leur communion solennelle vers 12 ans, au moins 60 % des Français participaient au denier du culte ou faisaient maigre le vendredi, 30 % environ des adultes faisaient leurs pâques, 25 % allaient à la messe tous les dimanches, moyennant des contrastes régionaux considérables qui variaient pratiquement de 0 à 100.

Un même dimanche des années 1950, la pratique dominicale pouvait avoisiner les 100 % dans un bourg du nord de la Vendée et les 0 % dans certains villages du Limousin. En ville, les écarts étaient plus resserrés. Nulle part ailleurs en Europe on ne trouvait de tels contrastes, c'est-à-dire à la fois des régions aussi détachées et des « chrétientés » aussi compactes. Mais bien rares étaient les Français d'ascendance catholique à être déjà sortis de ce que Gabriel Le Bras a appelé le « troisième cercle » de la

1. Polycopiés des années 1962-1964 aimablement communiqués à l'auteur par le père Henri Baudry.

2. C'était encore l'avis de Fernand Charpin, le spécialiste du sujet, dans *Pratique religieuse et formation d'une grande ville. Le geste du baptême et sa signification en sociologie religieuse*, préface de Gabriel Le Bras, Paris, Le Centurion, 1964.

pratique religieuse[1], défini *a minima* par la consécration des grandes étapes de l'existence par ces rites de passage que sont, du point de vue anthropologique, le baptême, la communion, le mariage et les obsèques religieuses. Fernand Boulard les estimait alors à 3 % de la population[2].

La situation n'était pas tellement différente, de ce point de vue, de ce qu'elle était encore au début de la IIIe République. En 1872, année du dernier recensement civil en France à avoir comporté officiellement une rubrique religieuse[3] (elle a disparu ensuite pour cause de laïcité), sur les quelque trente-six millions d'habitants que comptait le pays, près de 98 % se sont déclarés « catholiques romains ». 35 387 703 sur 36 102 921 très exactement, auxquels s'ajoutaient 580 000 protestants, principalement « réformés », c'est-à-dire calvinistes (les luthériens, minoritaires, étant souvent alsaciens), 50 000 israélites, 3 000 ressortissants d'« autres cultes » et 80 000 « sans culte ». L'annexion récente de l'Alsace et de la Moselle avait encore renforcé l'homogénéité religieuse du pays. Indice capital : ce sont les mêmes, au moins pour une part (en tout cas les hommes, parce que les femmes ne votent que depuis 1945), qui, de 1876 à 1914, ont invariablement envoyé au Parlement des majorités laïques et souvent anticléricales. Émile Littré, un des maîtres

1. « Pour un examen détaillé et pour une explication historique de l'état du catholicisme dans les diverses régions de France », *Revue d'histoire de l'Église de France*, n° 77, 1931, p. 425-449.

2. *Premiers itinéraires en sociologie religieuse*, préface de Gabriel Le Bras, Paris, Éditions ouvrières, 1954, p. 24.

3. Émile Poulat, « Les cultes dans les statistiques officielles en France au XIXe siècle », *Archives de sciences sociales des religions*, n° 2, 1956, p. 22-26.

à penser de la IIIe République, converti sur son lit de mort, appelait cela le « catholicisme selon le suffrage universel »[1].

Si l'on compare la structure religieuse de la France d'hier avec celle d'aujourd'hui, trois faits principaux ressortent : le recul du catholicisme, la montée des non-affiliés (les « *nones* » des études américaines), qui représentent désormais près de 50 % des 18-50 ans, et celle de l'islam, devenu par immigration la deuxième religion du pays et qui rassemble environ cinq millions de fidèles et 7,5 % de la population. Selon certains sociologues, nous serions même en train d'assister, en chiffres absolus, à un « croisement des courbes de ferveur » dans la société française entre islam et catholicisme[2]. Dans les statistiques réalisées par les catholiques au début des années 1960, la part des musulmans était encore tout à fait marginale. On commençait tout juste à s'en préoccuper dans certaines régions industrielles ou très urbanisées, comme jadis des protestants, au moment de calculer le taux *net* de pratique (c'est-à-dire rapporté aux seuls catholiques dans la population). Et je laisse de côté ici les évolutions concernant le protestantisme, notamment la montée des courants évangéliques, désormais majoritaires en son sein, le judaïsme (comme le rapatriement des juifs d'Afrique du Nord après la décolonisation), le développement de tout un néo-bouddhisme diffus à tendance psychothérapeutique qui fait désormais pleinement partie du paysage

1. « Le catholicisme selon le suffrage universel », *La Philosophie positive*, septembre-octobre 1879, p. 233-246.

2. Michèle Tribalat, *Assimilation. La fin du modèle français*, Vézelay, Éditions du Toucan, 2013, p. 130-132.

spirituel contemporain[1], sans parler des bouddhistes d'ori gine asiatique et des chrétiens orientaux.

La scène religieuse nationale est donc bouleversée mais elle n'est pas aussi diversifiée qu'on le dit parfois, en dehors de l'apparition de l'islam. Si l'on additionne les catholiques déclarés et les non-affiliés, on n'est pas loin de retrouver le pourcentage de baptisés du début des années 1960. En ce qui concerne le catholicisme, l'épiscopat estime désormais que 30 à 35 % de la génération est baptisée dans l'Église (dans les sept ans) et que le taux de pratique dominicale (au sens de ceux qui vont à la messe *tous* les dimanches, et non une fois par mois ou de temps en temps) est inférieur à 5 %, sans doute autour de 2 %[2].

Si donc la part du catholicisme a beaucoup diminué parmi nous, on ne peut pas dire pour autant qu'il soit en train de vivre sa « crise terminale », comme croyaient pouvoir encore l'écrire en 2013 Emmanuel Todd et Hervé Le Bras[3], qui lui promettent peu ou prou le même destin qu'au communisme. La réserve de catholicisme culturel reste relativement importante, même si elle fond rapidement : une courte majorité de Français continue de se dire catholique dans les enquêtes. En 2013, la grande mobilisation contre le mariage homosexuel (la « Manif pour tous »), dans laquelle des catholiques (pas tous) ont joué un rôle considérable, a montré que celui-ci était

1. Cf. le succès de Christophe André, Alexandre Jollien et Matthieu Ricard, *Trois amis en quête de sagesse*, Paris, L'Iconoclaste-Allary Éditions, 2016, dont, nous dit-on, plus de cinq cent mille exemplaires ont été vendus en quelques mois.

2. 1,8 % selon l'enquête Ipsos pilotée par Yann Raison du Cleuziou pour *La Croix*, 12 janvier 2017.

3. *Le Mystère français*, Paris, Seuil, 2013.

encore bien vivant[1]. Même chose pour la victoire de François Fillon à la primaire de la droite et du centre en novembre 2016, même si l'aventure a mal tourné. Pour un malade censé être en phase terminale, le moins qu'on puisse dire est que le catholicisme français est assez en forme. Mais c'est là confondre deux choses : le décrochage survenu depuis les années 1960, qui est considérable et qui va nous intéresser ici, et la disparition pure et simple qui, elle, n'est pas à l'ordre du jour.

Il existe en France une tradition de publication d'essais sur l'état du catholicisme qui remonte au moins à Félicité de La Mennais et à son célèbre *Essai sur l'indifférence en matière de religion*, dont le premier tome, paru en 1817, fut l'un des grands succès de librairie des débuts de la Restauration. Les ouvrages de ce genre se sont multipliés depuis la Seconde Guerre mondiale, et leur mise en série sommaire fournit une première chronologie du phénomène.

En septembre 1943, les abbés Godin et Daniel, deux anciens aumôniers de la Jeunesse ouvrière chrétienne, publiaient *La France, pays de mission ?*[2], ouvrage dans lequel ils soulignaient l'étendue de la déchristianisation ouvrière qui éclata comme une bombe dans le milieu catholique. Cent mille exemplaires s'en sont écoulés en quatre ans. Il fut bientôt suivi des *Problèmes missionnaires*

1. Cf. Céline Béraud et Philippe Portier, *Métamorphoses catholiques. Acteurs, enjeux et mobilisations depuis le mariage pour tous*, Paris, Éditions de la Maison des sciences de l'homme, 2015. Je me permets de renvoyer aussi à mon article « L'entrée des catholiques dans l'ère communautaire », *Esprit*, août-septembre 2013, p. 199-202.

2. Préface de l'abbé Guérin, Lyon, L'Abeille, 1943.

de la France rurale (1945), de l'abbé Boulard, de *Paroisse, communauté missionnaire* (1945), de l'abbé Michonneau, de la lettre pastorale *Essor ou déclin de l'Église ?* (1947), du cardinal Suhard[1], d'*Essor ou déclin du clergé français ?* (1950), de Boulard, de *Feu la chrétienté* (1950), du philosophe Emmanuel Mounier[2]. Dans un contexte d'intense effervescence apostolique et dans le sillage des années 1930, la réflexion « missionnaire » ne reculait pas devant les constats sociologiques désagréables et envisageait sans frémir des solutions d'avenir plus ou moins radicales. *La France, pays de mission ?* sera ainsi en partie à l'origine de l'expérience des prêtres-ouvriers avant leur première « condamnation » romaine de 1954.

Cependant, on mesure mieux aujourd'hui à distance à quel point ces titres chocs et les points d'interrogation qui les accompagnaient étaient aussi destinés à fouetter les ardeurs apostoliques d'une jeune génération qui ne doutait pas que l'Église fût encore *à l'échelle de* la société française dans son ensemble et en mesure d'en inverser les courbes religieuses. « On a fait jusqu'ici de la pêche à la ligne, écrivaient Godin et Daniel, il faut maintenant gagner au Christ les "milieux" avec toute leur "masse"[3]. »

On ne voit pas que la période suivante, entre le début des années 1950 et la fin du concile Vatican II (1962-1965), ait été marquée par d'aussi retentissantes publications. Un optimisme bien tempéré a alors tendu

1. La lettre pastorale a été rédigée en fait par son secrétaire, Bernard Lalande.

2. Repris dans *Œuvres de Mounier*, Paris, Seuil, 1961-1962, t. 3.

3. *La France, pays de mission ?*, *op. cit.*, p. 128.

à prévaloir dans les milieux spécialisés sur les perspectives de développement à court et moyen terme du catholicisme en France. Ce sentiment semblait justifié par les résultats des enquêtes de pratique religieuse des années 1950 et les perspectives d'*aggiornamento* dessinées par le concile qui, à partir de son ouverture, en octobre 1962, a consacré officiellement les positions des courants réformateurs ouest-européens, en particulier français, allemand, belge, hollandais et italien. Des théologiens français furent ainsi parmi les principaux inspirateurs de la constitution pastorale *Gaudium et spes* sur les rapports de l'Église et du monde[1], un des documents les plus marquants du concile qui témoignait d'une volonté d'ouverture et de dialogue assez nouvelle. Pratiquement personne, à cette date, n'imaginait qu'une rupture brutale puisse mettre en péril ces espérances.

Il fallut attendre le milieu des années 1960 pour voir renaître le genre dans une tout autre direction. En 1966, le philosophe Jacques Maritain publiait *Le Paysan de la Garonne*, une charge contre le « néo-modernisme » contemporain à côté duquel, disait-il, celui de l'époque de Pie X n'était qu'un « rhume des foins ». En 1968, l'oratorien Louis Bouyer faisait paraître *La Décomposition du catholicisme*, un réquisitoire implacable contre les tendances du catholicisme de son temps qui lui a probablement coûté la barrette de cardinal. En 1973, le sociologue dominicain Serge Bonnet publiait *À hue et*

1. Notamment le père Chenu, Pierre Haubtmann et Mgr Garrone. Cf. Giovanni Turbanti, *Un concilio per il mondo moderno. La redazione della costituzione pastorale « Gaudium et spes » del Vaticano II*, Bologne, Il Mulino, 2000.

à dia. Les avatars du cléricalisme sous la Ve République, dans lequel il dénonçait les orientations, à ses yeux suicidaires, de la pastorale post-conciliaire. En 1974, le jésuite Michel de Certeau et Jean-Marie Domenach évoquaient *Le Christianisme éclaté*. En 1976, Paul Vigneron publiait une *Histoire des crises du clergé français contemporain*. On pourrait continuer la liste. Émile Poulat pouvait l'année suivante écrire à bon droit : « Où sont, en 1975, les enthousiasmes de 1965 ? Le contraste est saisissant[1]. » La même année, Jean Delumeau se fit connaître du grand public en publiant un essai enlevé : *Le christianisme va-t-il mourir ?*[2]. Le titre était alarmiste, à la mesure des inquiétudes suscitées dans l'opinion par la « crise catholique » des années 1965-1978[3], mais le contenu l'était beaucoup moins. Reprenant des thèses inspirées du canoniste et sociologue Gabriel Le Bras, le chrétien engagé qu'est Delumeau[4] entendait surtout rassurer ses lecteurs en montrant que le catholicisme d'autrefois était moins prospère qu'on ne le croyait, et de qualité parfois douteuse, tandis que la situation présente était moins dégradée qu'il n'y paraissait, et d'esprit plus évangélique. En somme, les

1. *Église contre bourgeoisie. Introduction au devenir du catholicisme actuel* (1977), Paris, Berg International, 2006, p. 84.

2. Paris, Hachette, 1977.

3. Pour reprendre l'expression désormais classique de Denis Pelletier dans *La Crise catholique. Religion, société, politique en France (1965-1978)* (2002), Paris, Payot, 2005.

4. Guillaume Cuchet, « Jean Delumeau, historien de la peur et du péché », *Vingtième siècle. Revue d'histoire*, n° 107, juillet-septembre 2010, p. 145-155, repris dans *id.*, *Faire de l'histoire religieuse dans une société sortie de la religion*, Paris, Publications de la Sorbonne, 2013, p. 141-164.

gains qualitatifs avaient largement compensé les pertes quantitatives. Le succès fut au rendez-vous et les thèses de Delumeau ont longtemps joui dans l'Église de France d'un crédit quasi officiel.

Depuis le milieu des années 1980, un certain nombre d'essais ont paru qui marquent un net changement d'accent et une évolution notable de la problématique. En 1985, le philosophe Marcel Gauchet publiait *Le Désenchantement du monde*, ouvrage inspiré des thèses de Max Weber dans lequel il parlait de « sortie de la religion », expression qui fera florès. En 1994, Émile Poulat intitulait l'un de ses nombreux ouvrages sur le devenir du catholicisme contemporain *L'Ère postchrétienne*. En 1999, Mgr Simon, sociologue et évêque de Clermont-Ferrand, dans *Vers une France païenne ?*, plaidait *in fine* pour une « dissidence paisible » des catholiques vis-à-vis de la société ambiante. En l'an 2000, René Rémond suscita des réactions assez vives en publiant *Le Christianisme en accusation*, dans lequel il déplorait le traitement médiatique injuste dont le catholicisme lui paraissait faire l'objet. En 2001, Albert Rouet, évêque de Poitiers, faisait contre mauvaise fortune bon cœur en évoquant *La Chance d'un christianisme fragile*. En 2002, dans son célèbre rapport sur *L'Enseignement du fait religieux dans l'école laïque*, Régis Debray plaidait pour l'enseignement à l'école publique de l'histoire des religions comme « faits de civilisation ». Il avançait pour cela deux raisons principales : les effets culturels de la rupture de transmission du catholicisme depuis les années 1960 d'une part, qui imposait un « transfert de charges » éducatives de l'Église vers l'école publique, et la question de l'islam de l'autre, « découverte » par la société française en 1989 à l'occasion de la première affaire de voile de Creil et qui a pris depuis une importance sans cesse croissante. En 2003, Danièle Hervieu-Léger publiait *Catholicisme, la fin d'un monde*, où, tout en relativisant les causes du « mal-être catholique » dans la société française, elle introduisait dans l'analyse un concept promis à un bel avenir, celui d'« exculturation » du catholicisme, dont elle datait les débuts au milieu des années 1960. Plus récemment, en 2010, le rédacteur en chef du magazine *La Vie*, Jean-Pierre Denis, tout en prenant acte de la « marginalité » nouvelle du catholicisme au sein de la société française dans *Pourquoi le christianisme fait scandale*, invitait les catholiques à s'y engager résolument, au titre de l'objection de conscience et de la critique contre-culturelle, tout en évitant le double « écueil » de l'« enfouissement » et de la « réaction » de type intégriste ou traditionaliste.

Cette récurrence des annonces de mort imminente dans la littérature du sujet pourrait finir par rendre un peu sceptique. Comment, à ce régime, peut-on se demander, reste-t-il encore quelque chose à liquider du catholicisme ? Mais, d'un ouvrage à l'autre, on voit bien se profiler une évolution cependant. Les points d'interrogation et les titres chocs de la vague d'essais des années 1990-2000 n'ont plus le caractère théorique et exhortatif de ceux de l'après-guerre. Le caractère « minoritaire », voire « marginal », du catholicisme est donné comme acquis (même si, on l'a vu, une courte majorité de Français continue de se considérer catholique), et l'on se préoccupe surtout d'en tirer les conséquences pour lui-même ainsi que pour la société française.

Comment en est-on arrivé là ? La question hante les milieux catholiques hexagonaux qui se retrouvent très au large dans leurs vêtements d'hier, même si son intensité aurait plutôt tendance à diminuer à mesure que disparaissent les générations qui ont connu la situation antérieure. Il est probable que les catholiques français finiront bientôt par ne plus se la poser. Elle a longtemps nourri les conflits au sein de l'institution entre milieux, courants ou générations qui s'accusent mutuellement d'avoir provoqué la « catastrophe », les uns par leur conservatisme aveugle, les autres, au contraire, par leur réformisme trop hardi ou irresponsable. Dans son grand livre de 1985 sur la paroisse de Limerzel dans le Morbihan, qui reste une des lectures les plus éclairantes que l'on puisse faire sur le sujet, le sociologue Yves Lambert avait bien montré comment les habitants de ce bourg breton, qui vivaient encore, dans les années 1950, en situation de quasi-unanimité religieuse, constataient tous qu'une rupture considérable s'était produite, au point de parler spontanément pour la désigner d'« hier » et d'« aujourd'hui », sans être en mesure de l'expliquer, ni même seulement de la dater[1]. Certes, ils voyaient bien que la religion avait changé – le moyen de faire autrement ? –, mais comme *tout*, ou presque, avait changé entre-temps, il leur était difficile de dire ce qui, de la mutation religieuse ou socioculturelle, avait été le plus déterminant. Restait, pour solde de tout compte, une espèce de sidération collective devant l'ampleur d'un changement demeuré inexpliqué.

Or quiconque veut s'éclairer sur ce point et se reporte pour cela à la littérature « scientifique » existante risque fort de rester sur sa faim tant il est difficile sur cette base de reconstituer un scénario qui fasse l'objet d'un consensus minimal. Qu'on en juge par ces quelques exemples,

1. *Dieu change en Bretagne*, Paris, Cerf, 1985.

sélectionnés (presque au hasard) parmi les meilleurs auteurs.

Yvon Tranvouez, dans l'ouvrage qu'il a dirigé sur *La Décomposition des chrétientés occidentales* en 2013, suggère que la crise spectaculaire des années 1960-1970, au moins en Bretagne, a concerné surtout les élites cléricales et militantes du catholicisme, mais que les abandons massifs du tout-venant des paroisses ne se sont produits que trente ans plus tard, au cours des années 2000, dans l'indifférence générale et comme par effet différé[1]. Jean-Louis Schlegel, dans la somme sur les chrétiens de gauche qu'il a codirigée avec Denis Pelletier en 2012, estime que la proportion des pratiquants diminuait depuis les années 1950 mais qu'on aurait enregistré, dans les années 1966-1972, dans l'après-concile, une stabilisation exceptionnelle au niveau élevé de 20 % de pratique, avant que la baisse ne reprenne son cours[2]. Yves-Marie Hilaire écrivait en 2004 que le déclin s'était surtout produit à partir de 1969, qu'il avait été rapide jusqu'en 1975, puis plus lent ensuite[3], etc.

On n'y voit goutte. Si tout le monde est d'accord pour dire que la chute a été spectaculaire depuis les années 1960, les spécialistes divergent non seulement sur

1. « Feu les chrétientés », dans Yvon Tranvouez (dir.), *La Décomposition des chrétientés occidentales, 1950-2010*, Brest, UBO/CRBC, 2013, p. 14-15.

2. « Changer l'Église en changeant la politique », dans Jean-Louis Schlegel et Denis Pelletier (dir.), *À la gauche du Christ. Les chrétiens de gauche en France de 1945 à nos jours*, Paris, Seuil, 2012, p. 287.

3. « Les Églises vont-elles disparaître ? », dans Gérard Cholvy et Yves-Marie Hilaire, *Le Fait religieux aujourd'hui en France. Les trente dernières années (1974-2004)*, Paris, Cerf, 2004, p. 39-40.

les explications, ce qui n'est pas très étonnant, mais sur les faits eux-mêmes, ce qui est plus embêtant. Toute une série de questions « policières » de base, qui sont la première tâche de l'historien, n'ont pas trouvé leur réponse. Quand exactement la rupture a-t-elle eu lieu ? À quel rythme ? Dans quelles proportions ? A-t-elle été brutale, progressive, les deux à la fois ? A-t-elle procédé de causes avant tout religieuses, culturelles, sociales ? Les scénarios avancés sont divers mais également, pour partie, contradictoires, de sorte qu'il est à peu près impossible en l'état de savoir à quoi s'en tenir.

Une chose est sûre en tout cas : la crise a été internationale. Elle a concerné aussi bien l'Amérique du Nord que l'Europe de l'Ouest et les anciens dominions britanniques du Canada, de l'Australie et de la Nouvelle-Zélande. Durant les années 1960, l'Europe et les États-Unis avaient encore, dans ce domaine, des évolutions largement parallèles, avant de diverger au cours de la décennie suivante[1]. Le Canada représente un cas un peu intermédiaire, sans doute plus proche de la situation européenne qu'états-unienne, surtout au Québec. Depuis, les spécialistes s'interrogent et se divisent sur le destin comparé de l'« Europe séculière » et de l'« Amérique religieuse »[2]. Le fait que la crise ait été internationale doit nous inciter à ne pas en majorer les spécificités françaises et catholiques, mais on verra que celles-ci ont joué malgré tout

1. Hugh McLeod, *The Religious Crisis of the 1960s*, Oxford, Oxford University Press, 2007, p. 3.

2. Peter Berger, Grace Davie et Effie Fokas, *Religious America, Secular Europe? A Theme and Variations*, Aldershot, Ashgate, 2010.

un grand rôle dans la chronologie, les formes et l'intensité du phénomène.

Je ne prétends pas répondre moi-même à toutes ces questions auxquelles je réfléchis depuis longtemps et devant lesquelles j'ai si souvent dû m'avouer vaincu, au point d'avoir dû m'y reprendre à plusieurs reprises pour rédiger cet ouvrage. Mon but est d'apporter des éléments de réponse et, éventuellement, d'ouvrir un débat qui nous mette sur la piste des pièces manquantes ou des corrections nécessaires. Le beau livre de Denis Pelletier *La Crise catholique* a déjà largement ouvert la voie en 2002, mais il est centré sur les milieux militants du catholicisme français et la crise suscitée dans leur frange intellectuelle par l'introduction massive des sciences humaines au lendemain du concile Vatican II. Le catholicisme ordinaire, dans sa masse et sa diversité, y est moins présent, et c'est de lui surtout qu'il sera question dans cet essai[1].

Pour cela, j'ai fait deux choix de méthode.

Le premier est celui de se concentrer sur la décennie 1960-1970 qui, en France comme dans le reste de l'Occident de culture catholique ou protestante, a été marquée par une série de changements culturels décisifs dont notre monde est issu en grande partie. Sur le plan religieux, les historiens anglo-saxons comparent parfois cette crise, pour l'ampleur de ses effets, à la Réforme au XVIe siècle, là où un Français penserait plutôt à la Révolution. En réduisant l'échelle de temps, on voudrait se donner la chance de saisir la rupture à l'état naissant et de voir, concrètement, par où

1. On peut signaler, de ce point de vue, la parution du livre très suggestif d'André Rousseau *Pour une sociologie de la crise catholique. France, 1960-1980*, Brest, UBO/CRBC, 2015.

elle est passée et ce qu'elle signifiait. L'idée est aussi d'essayer d'articuler cette décennie décisive avec l'amont et l'aval, notamment la période immédiatement antérieure de l'après-guerre et des années 1950, qui a vu se produire, aux États-Unis et en Europe de l'Ouest, un « petit boom religieux » bref mais intense qui contraste d'autant plus fortement avec la suite. Comment a-t-on pu ainsi passer, presque sans transition, de l'un à l'autre ? Par réaction contre « le dernier âge puritain de l'Occident », comme certains l'ont dit, ou par radicalisation de tendances déjà présentes, mais contenues ? Il faut souhaiter qu'à l'avenir les études se développent sur les années 1950, parce qu'il est probable qu'en cette décennie se trouve la clé de nombre des questions qui nous occupent.

Or l'on dispose en France d'une masse d'informations considérable sur la pratique religieuse des années 1945-1965, parce que le clergé s'est lancé à ce moment-là dans une série d'enquêtes de grande ampleur destinées à éclairer sa pastorale et à favoriser la reconquête chrétienne du pays. Aucune Église au monde ne s'est livrée à un tel exercice d'auto-analyse sociologique[1]. Une partie de cette documentation a déjà été publiée sous forme de graphiques, tableaux, statistiques, dans les fameux *Matériaux pour l'histoire religieuse du peuple français, XIXe-XXe siècles*, dits aussi « Matériaux Boulard », du nom du grand ordonnateur de l'entreprise[2]. Une autre

1. Cf. Alain Chenu, « Les enquêteurs du dimanche. Revisiter les statistiques françaises de pratique du catholicisme (1930-1980) », *Histoire & Mesure*, vol. 26, n° 2, 2011, p. 175-219.

2. Quatre volumes de ces « produits semi-finis » ont ainsi paru entre 1982 et 2011. Sur les « Matériaux », cf. Christian Sorrel (dir.), *Les « Matériaux Boulard » trente ans après. Des chiffres*

partie se trouve encore dans les archives, en particulier dans le fonds Boulard du Centre national des archives de l'Église de France, où j'ai pu les consulter pour l'occasion.

Cette documentation révèle surtout l'ampleur des contrastes, notamment géographiques, du catholicisme de l'époque. Son paradoxe, du point de vue des études historiques, est qu'elle porte principalement sur les années 1945-1965 mais qu'elle a été surtout utilisée jusqu'à présent par des spécialistes du XIXe siècle comme point de départ d'une réflexion rétrospective qui tentait de remonter à partir d'elle vers la Révolution, voire plus haut encore, dans l'espoir de retrouver le point d'origine hypothétique de la déchristianisation en France. Elle a donc rarement été étudiée pour elle-même ni, *a fortiori*, comme on voudrait le faire ici, pour essayer de voir ce qui, dans le catholicisme des années 1950, a pu préparer ou fournir la voie à la rupture de la décennie 1960.

Le second parti pris de ce livre est de repartir des analyses d'époque de Fernand Boulard (1898-1977), dans une sorte de dialogue *post mortem* qui, dans mon esprit, relève autant de la critique que de l'exercice d'admiration pour un travail qui continue de m'apparaître comme exemplaire. Prêtre, sociologue, responsable des enquêtes de pratique des années 1945-1965, Boulard, derrière une modestie sans faille, a été un grand inventeur de sources et de problèmes historiques[1]. Il est très loin d'avoir été simplement

---

et des cartes... Approches sérielles et spatiales en histoire religieuse, Lyon, RESEA, 2013.

1. Le point a été bien souligné par Claude Langlois dans « Le chanoine Boulard et ses héritiers », *Revue d'histoire de l'Église de France*, n° 183, 1983, p. 269-280, notamment p. 278, et

les bras d'une entreprise dont Gabriel Le Bras aurait été la tête, comme certains ont pu le croire. Il a noué dans les années 1970 des relations étroites avec le milieu des historiens français du catholicisme, alors que celles-ci sont restées plus distantes avec les sociologues universitaires, qui le prenaient un peu de haut et chez qui ses préoccupations pastorales et sa perspective avant tout sociographique (de comptabilisation des pratiques) suscitaient des réserves.

Son grand mérite à mes yeux est d'avoir établi un certain nombre de faits décisifs comme la carte de la pratique religieuse, la courbe des ordinations sur un siècle et demi (entre 1800 et 1950) et la rupture de la pratique du milieu des années 1960. Ceux-ci me paraissent constituer, aujourd'hui encore, le point de départ nécessaire de toute réflexion sur le sujet. Dans les milieux de la sociologie universitaire, on lui a souvent reproché de s'être enfermé trop étroitement dans une perspective descriptive, au lieu de faire œuvre de « sociologue » au sens plein du terme, c'est-à-dire de fournir des explications et des interprétations. Et nul doute en effet que, par tempérament, par méthode et en raison de sa position au sein de l'institution (d'« intellectuel organique », en quelque sorte), il est resté très prudent dans ce domaine, sans s'interdire cependant de s'y aventurer. Mais cette œuvre de sociographe éclairé (si l'on veut) est précisément ce qui permet aujourd'hui de « repasser derrière » pour tenter de proposer plus et mieux, s'il se peut. La cumulativité du savoir est suffisamment rare et restreinte en histoire pour qu'on se

---

Dominique Julia dans « Un passeur de frontières. Gabriel Le Bras et l'enquête sur la pratique religieuse en France », *Revue d'histoire de l'Église de France*, n° 229, 2006, p. 381-413.

prive d'en profiter quand l'occasion s'en présente, même s'il faut pour cela monter un peu hors d'âge sur les épaules de nos pères.

Néanmoins, nous dira-t-on peut-être, n'est-ce pas là revenir subrepticement à cette problématique désuète, voire cafarde, de la « déchristianisation », qui était au cœur des monographies diocésaines des années 1960-1970 et dont le progrès aura consisté précisément à s'en défaire ? Le paradoxe en effet est que, dans l'historiographie, on s'est mis à critiquer la notion de « déchristianisation », au point de la juger parfois inutilisable ou trompeuse, au moment même (on le verra) où les courbes de pratique dévissaient massivement, et donc où sa réalité, en un sens, pouvait sembler plus d'actualité que jamais. Mystères de la fausse conscience en milieu universitaire ? Peut-être, mais pas seulement.

Le terme même de « déchristianisation » a été inventé dans les années 1860 par Mgr Dupanloup, grande figure du catholicisme libéral du XIXe siècle, pour désigner une action politique volontaire visant à faire reculer l'influence sociale du catholicisme. Ce n'est que dans un second temps qu'il a désigné un état de la société elle-même, considéré généralement comme la résultante de cette action. Dupanloup lui-même a lancé dans son diocèse d'Orléans, au cours des années 1850-1870, de grandes enquêtes de pratique qui, étudiées dans les années 1960[1], ont permis de renouveler profondément notre vision de l'histoire religieuse du XIXe siècle. Le terme a suscité bien des critiques. René Rémond parlait d'une « appellation

1. Christiane Marcilhacy, *Le Diocèse d'Orléans sous l'épiscopat de Mgr Dupanloup, 1849-1878*, Paris, Plon, 1962.

plus commode que précise »[1], Gabriel Le Bras d'un « mot fallacieux »[2], Dominique Julia d'un « concept flou et malléable à merci »[3].

Si l'on essaie, avec le recul, de rassembler les pièces principales de ce procès d'époque de la notion de « déchristianisation », on constate qu'il reposait sur trois arguments principaux.

Le premier était les compromissions historiques de la notion avec les déplorations cléricales d'antan qui avaient tendance à projeter dans le passé un âge d'or imaginaire et à mettre le recul de la religion sur le compte exclusif de l'action des ennemis de l'Église, en particulier du programme laïque de la IIIe République et de ses officines idéologiques (franc-maçonnerie, libre pensée organisée, syndicats d'instituteurs). Plus tard, certains catholiques de gauche[4] ont inversé le schéma sans corriger ses défauts de conception, en expliquant que la « faute » en incombait intégralement à l'Église, qui avait trahi l'idéal évangé-

1. « Recherche d'une méthode d'analyse historique de la déchristianisation depuis le milieu du XIXe siècle », dans *Colloque d'histoire religieuse*, Grenoble, Imprimerie Allier, 1963, p. 123-154.

2. « Déchristianisation : mot fallacieux », *Cahiers d'histoire publiés par les universités de Clermont-Lyon-Grenoble*, n° 9, 1964, p. 92-97.

3. « Déchristianisation ou mutation culturelle ? L'exemple du Bassin parisien au XVIIIe siècle », dans Michel Cassan, Jean Boutier et Nicole Lemaître (dir.), *Croyances, pouvoirs et société : des Limousins aux Français. Études offertes à Louis Pérouas*, Treignac, Les Monédières, 1988, p. 188.

4. Notamment Henri Guillemin dans un article célèbre (« Par notre faute », *La Vie intellectuelle*, 10 septembre 1937, p. 326-362).

lique et raté, en 1848 notamment, l'occasion historique de « passer au peuple ».

On a reproché ensuite à la notion d'avoir l'air de supposer qu'avant la « déchristianisation » il ait pu y avoir une société « chrétienne » ; sous-entendu : qui ne l'ait pas été simplement de loin ou de façade. Un homme comme Gabriel Le Bras, pourtant initiateur des enquêtes de pratique dans l'entre-deux-guerres, n'était sans doute pas loin de le penser, comme Pascal ou Kierkegaard avant lui.

On lui a reproché enfin sa focalisation excessive sur le seul critère de la pratique, généralement dominicale et pascale. Celle-ci, a-t-on fait remarquer, n'est pas le tout de l'identité chrétienne, qui s'exprime aussi par des croyances, des valeurs, des comportements. Elle a aussi une histoire. Sa signification spirituelle et sociale varie, de sorte qu'en comparant deux courbes dans l'espace, ou en suivant une même courbe dans la durée, on n'est jamais bien sûr de mesurer la même chose. Le risque est de prendre pour de la « déchristianisation » ce qui n'est peut-être qu'un changement dans le régime de la pratique (et on verra que cet aspect des choses est en effet fondamental), une évolution de la sensibilité religieuse ou une nouvelle expression historique du catholicisme. L'illusion serait de croire qu'il existe une sorte de version atemporelle du christianisme à l'aune de laquelle mesurer, à chaque étape de son histoire, sa conformité au modèle. Par exemple, au début du XIXe siècle en France, on refusait encore assez souvent l'absolution au pénitent qui n'avait pas donné suffisamment de preuves de sa résolution de s'amender. C'était là un moyen de lutter contre la récidive. Parmi ceux qui ne communiaient pas à Pâques, il y avait donc des abstentionnistes *et* des refusés : comment les distinguer dans la courbe ?

Il n'est donc pas question de nier la pertinence relative de toutes ces critiques, surtout de la dernière. Elles contribuent sans doute à expliquer pourquoi, depuis les années 1980, les historiens ont eu tendance, après les philosophes et les sociologues, à parler davantage de « sécularisation » que de « déchristianisation ». Le terme leur paraissait plus neutre, même s'il n'est pas beaucoup plus clair. Il me semble cependant que, si ces critiques nuancent l'idée de déchristianisation, elles ne la réduisent pourtant pas à rien. Le critère de la pratique garde sa pertinence relative, de même que le terme « déchristianisation » son utilité, dès lors qu'il est pris dans un sens purement constatif, comme désignant les conséquences culturelles et sociales du recul du christianisme organisé dans un groupe donné. La déchristianisation n'est pas un mythe ni le recul du christianisme, une opération blanche pour les sociétés occidentales, comme celles-ci voudraient peut-être se le faire croire. Il faut bien un nom pour la désigner. La pratique et le nombre des pratiquants, même si le religieux ne s'y réduit pas, demeurent des critères décisifs d'appréciation de l'état religieux d'une société, ainsi que le pensaient jadis Émile Durkheim, Marcel Mauss ou le « premier » Gabriel Le Bras[1]. L'évolution connue depuis les années 1960-1970 a suffisamment montré, me semble-t-il, que la non-pratique n'était pas ce lieu neutre, indifférent au destin du christianisme,

1. Cf. Gabriel Le Bras, « Émile Durkheim et la sociologie des religions », *Annales de l'université de Paris*, vol. 30, n° 1, 1960, p. 45-46.

que certains catholiques de ces années-là ont pu imaginer assez benoîtement qu'elle était.

Pour le reste, l'historien (tel que je le conçois du moins) ne sait rien du christianisme « réel ». Il laisse le soin aux théologiens ou aux moralistes de nous dire ce qu'il est et qui en est, s'ils l'osent. Saint Augustin au début du Ve siècle disait que les frontières de l'Église visible ne recoupaient pas celles de l'Église invisible, que certains qui étaient apparemment « dehors » étaient en réalité « dedans », et inversement, même s'il estimait malgré tout qu'il devait bien y avoir un certain rapport de proportion entre les deux, sans quoi l'institution ne servirait à rien. Pour l'historien, le chrétien est simplement celui qui se déclare tel et qui s'efforce de se mettre en règle avec ce qu'il estime être les devoirs de son état. Moyennant quoi, il me semble que les courbes de pratique à la manière de Boulard, avec leur austérité de bon aloi, continuent d'avoir des choses à nous apprendre sur notre monde et, pourquoi pas – qui sait ? –, sur nous-mêmes.

CHAPITRE 1

La « carte Boulard », lieu de mémoire du catholicisme français

En novembre 1947, dans un numéro spécial des *Cahiers du clergé rural* (une publication professionnelle du clergé), paraissait l'un des documents les plus célèbres et les plus énigmatiques de l'histoire de France : la *Carte religieuse de la France rurale (voir figure 1)*, plus connue sous le nom de « carte Boulard », du nom de son principal concepteur, Fernand Boulard.

Dans l'avant-propos du premier tome des *Matériaux pour l'histoire religieuse du peuple français*, paru en 1982, l'historien François Furet, qui fut très proche de Boulard à la fin de sa vie[1], écrivait :

> J'ai connu le chanoine Boulard quelques années avant sa mort, au hasard d'un travail sur l'histoire de l'alphabétisation en France[2]. De lui, je ne connaissais alors que la fameuse carte de la pratique religieuse au

1. Émile Poulat disait qu'ils avaient eu l'un pour l'autre une sorte de « coup de foudre » amical et intellectuel.

2. François Furet et Jacques Ozouf, *Lire et écrire. L'alphabétisation des Français de Calvin à Jules Ferry*, Paris, Minuit, 1977, notamment p. 214. Le point qui avait attiré leur attention était l'existence, sous l'Ancien Régime, d'un système d'éducation

Figure 1. Carte religieuse de la France rurale (novembre 1947)

SOURCE : *Cahiers du clergé rural*, novembre 1947, p. 403

milieu du XXe siècle, qui est un des documents les plus forts et les plus mystérieux sur la France et son histoire : un Ouest très pratiquant, de la Mayenne au Finistère et de la Vendée au Cotentin ; une zone centrale déchristianisée qui prend en écharpe le pays, des Landes jusqu'aux Ardennes, incluant le nord-ouest du Massif central et tout le Bassin parisien ; à l'inverse, un arc de forte pratique religieuse qui va du Pays basque à l'Alsace en épousant les courbes sud et sud-est du Massif central. Cette division grossièrement tripartite du territoire national, qui est la découverte d'une vie de travail scientifique, pose tant de questions, et des questions si diverses, à tant de chercheurs, qu'elle constitue à la fois une énigme centrale et un répertoire d'énigmes[1].

Le projet initial de Gabriel Le Bras

L'idée de cette carte était née d'un article célèbre paru en 1931 dans la *Revue d'histoire de l'Église de France* dans lequel Gabriel Le Bras avait exposé les grandes lignes d'un programme d'études sociologique et historique du catholicisme français qui eut une influence considérable[2].

---

informelle d'origine religieuse, dans le Velay notamment, qui visait seulement à apprendre à lire sans apprendre à écrire.

1. François Furet, « Avant-propos », dans Fernand Boulard (dir.), *Matériaux pour l'histoire religieuse du peuple français, XIXe-XXe siècles*, Paris, Presses de la FNSP-Éditions de l'EHESS-Éditions du CNRS, 1982 (désormais *Matériaux*), t. 1, p. 9.

2. « Pour un examen détaillé et pour une explication historique de l'état du catholicisme dans les diverses régions de France », art. cité.

Son objectif était de sortir des approximations sur l'état religieux de la société française, qui avaient tendance à opposer frontalement deux France, « laïque » et « chrétienne », en substituant des chiffres bien établis aux expressions gémissantes des uns et aux arrêts de mort idéologiques des autres. On comptait bien les tonnes de charbon ou les têtes de bétail, pourquoi ne compterait-on pas aussi les fidèles ? La foi ne se réduisait certes pas à la pratique, non plus que la vitalité du catholicisme au nombre de ses fidèles, mais il y avait un lien certain entre les deux. Or la pratique avait comme indice le double avantage d'être à la fois donnée clairement comme obligatoire par l'Église, et donc au minimum de refléter un niveau de conformité à ses prescriptions, et quantifiable, ce qui permettrait aussi des comparaisons dans le temps.

Le « vrai problème historique » selon Le Bras n'était pas tant de comprendre la déchristianisation, même si la question pourrait s'en trouver indirectement éclaircie, que les raisons pour lesquelles la conservation ou la perte de la foi, phénomènes *a priori* éminemment personnels, voire intimes, obéissaient *aussi* à des logiques collectives, au point d'avoir une sociologie et une géographie particulières, stables dans la longue durée. Le Bras n'était pas le premier à s'en aviser. Le clergé avait toujours su, en un sens, qu'il y avait du social dans la religion, comme l'atteste l'attention qu'il a prêtée, depuis le XIXe siècle, au « respect humain »[1], expression par laquelle il désignait le sens dominant du conformisme social quand il s'exerçait

1. Philippe Boutry, « Le respect humain », dans « *Alla Signorina* ». *Mélanges offerts à Noëlle de La Blanchardière*, Rome, École française de Rome, 1995, p. 23-49.

dans le mauvais sens, c'est-à-dire contre la religion. De même savait-il déjà qu'il y avait une géographie de la pratique, que chacun connaissait plus ou moins à l'échelle d'une région, d'un diocèse, d'un « pays », ne serait-ce que parce qu'elle jouait un rôle important dans la gestion des carrières sacerdotales et dans les finances. La nouveauté, avec Le Bras, est qu'il s'agissait d'étudier le problème de façon scientifique et systématique.

Pour donner corps à ce programme auquel il réfléchissait depuis le début des années 1920, il avançait deux idées fortes, qui allaient s'avérer particulièrement fécondes.

La première consistait à proposer une première typologie des fidèles répartis par lui en trois cercles concentriques d'éléments plus ou moins motivés. Dans l'ordre, du centre vers la périphérie : les « dévots » (il reprenait ici le vocabulaire du XVIIe siècle), les « pratiquants » et les « conformistes saisonniers » (rebaptisés plus tard « catholiques festifs » ou « saisonniers » tout court). Les premiers allaient plus loin que ce qu'exigeait l'institution en matière religieuse et en constituaient le noyau dur. Les pratiquants se contentaient de remplir leurs obligations de chrétiens, notamment d'assister à la messe dominicale et de communier à Pâques, moyennant un passage au moins annuel par le « tribunal de la pénitence » (la confession). Les derniers se répartissaient en deux sous-catégories : ceux qui allaient à la messe de temps en temps, lors des grandes fêtes du calendrier liturgique, généralement pour marquer le passage des grandes saisons de l'année : la Toussaint pour l'automne, Noël pour l'hiver, Pâques ou les Rameaux pour le printemps, le 15 août pour l'été ; et ceux qui se contentaient de consacrer les grandes saisons de la vie ou rites de passage de l'existence par le baptême, la communion, le mariage et les obsèques religieuses. Ceux-là n'entraient dans l'église que quand la cloche sonnait pour eux.

L'autre grande idée de Le Bras était celle des contrastes géographiques du catholicisme français, dont il s'agissait d'acquérir une vision plus complète et précise. Il présentait comme souhaitable la réalisation d'une carte de la pratique religieuse et en appelait pour cela aux bonnes volontés, notamment dans le clergé, bien conscient qu'il serait impossible autrement de réunir les informations nécessaires.

Les origines de la problématique de Le Bras

Pour bien situer le sens et la nouveauté de l'entreprise, il faut revenir aux sources de la problématique de Gabriel Le Bras, telles qu'on peut les retrouver ou les deviner en lisant ses écrits.

La première et la plus importante est le fameux *Tableau politique de la France de l'Ouest* d'André Siegfried[1], qui avait été publié pour la première fois en 1913. Celui-ci est considéré comme l'ouvrage fondateur de la sociologie électorale en France, même si son succès n'a pas été immédiat puisque sa deuxième édition date de 1964 seulement. La « France de l'Ouest » de Siegfried couvrait quatorze départements, majoritairement pratiquants et encore souvent royalistes à cette date, que la IIIe République n'était pas parvenue à entamer sérieusement. Siegfried, fils d'un

1. André Siegfried, *Tableau politique de la France de l'Ouest sous la IIIe République*, introduction de Pierre Milza, Paris, Imprimerie nationale, 1995.

maire républicain et protestant du Havre[1], cherchait en sociologue la clé de cette énigme politique.

En étudiant la pratique du vote aux élections législatives, il a mis en évidence l'existence de « tempéraments politiques régionaux » anciens et stables dans la longue durée, qui survivaient aux changements d'étiquettes politiques et au renouvellement des problèmes posés par la conjoncture aux électeurs. Cette cartographie lui paraissait remonter aux débuts du suffrage universel en France, en 1848-1849, bien que lui-même, pour des raisons techniques, ne l'étudiât qu'à partir de 1870. Il soulignait par ailleurs, parmi les déterminants du vote, l'importance du facteur religieux, à côté du type d'habitat, du régime de la propriété et de l'exploitation, ainsi que de l'influence de l'État et de la presse politique. Il montrait que, si toute la région était globalement « religieuse », elle n'était pas toujours « cléricale » (au sens de docile aux consignes politiques du clergé) et que, là même où elle l'était, ce n'était pas sans nuances locales significatives dans l'intensité et les formes de ce cléricalisme. Tout dépendait des traditions et de l'équilibre des forces sociales locales, notamment du poids respectif du clergé et de la noblesse. Ainsi si l'Anjou, par exemple, avait encore quelque chose de « féodal » en ce début du XXe siècle – mais d'un féodalisme *vivant* qui avait su se renouveler après la Révolution –, le Léon, au nord de Brest, était une « démocratie cléricale » où le poids de la noblesse était nettement moins important.

1. Sur Jules Siegfried (1836-1922), cf. André Siegfried, *Mes souvenirs de la IIIe République. Mon père et son temps*, Paris, PUF, 1952.

La deuxième source d'inspiration de Le Bras est la sociologie d'Émile Durkheim et en particulier de son disciple Marcel Mauss, qu'il a fréquenté après la guerre[1]. Il écrira en 1966 à propos de la parution en 1912 des *Formes élémentaires de la vie religieuse* du premier : « Dans un temps où la religion n'était pour la plupart des Français que sujet de passions aveugles et de bagarres parfois sanglantes [c'est-à-dire à l'époque de la séparation des Églises et de l'État], Durkheim a imposé l'étude sereine d'un fait social, et si toutes ses conclusions ne pouvaient, certes, rallier l'assentiment des chrétiens, elles étaient présentées avec calme et avec tact[2]. » Le Bras devait en partie à Durkheim et Mauss son intérêt pour l'approche quantitative du religieux, l'idée de la primauté de la pratique et du culte sur le contenu des croyances, et celle de la nécessité pour les anthropologues de ne pas s'intéresser seulement aux « primitifs » des sociétés lointaines, mais aussi aux systèmes de croyances et de pratiques de leurs propres concitoyens. Dans son article fondateur de 1931, Durkheim n'était pas nommé (à la différence de Siegfried), sans doute pour ne pas effaroucher les sages lecteurs de la *Revue d'histoire de l'Église de France*. Mais il y était malgré tout très présent dans la problématique générale et l'esprit des notes (qui sont nombreuses et extrêmement riches). Par exemple dans celle-ci à propos des contrastes

1. Guillaume Cuchet, « La réception catholique des *Formes élémentaires de la vie religieuse* (1912), d'Émile Durkheim », *Archives de sciences sociales des religions*, n° 159, 2012, p. 29-48.

2. Gabriel Le Bras, « Note sur la sociologie religieuse dans *L'Année sociologique* », *Archives de sociologie des religions*, n° 21, 1966, p. 53.

géographiques de la pratique religieuse : « C'est un fait surprenant qu'une attitude qui engage si intimement, si profondément l'individu, se règle par bandes [de territoire] et que la réflexion personnelle ait si peu de part dans les adhésions ou les renonciations au catholicisme, à toute religion. Étonnement du psychologue [et sans doute aussi du chrétien Le Bras], ces phénomènes collectifs font le jeu de l'historien[1]. »

La troisième source d'inspiration probable de Le Bras est les études contemporaines sur le folklore et les traditions populaires, qui s'étaient développées notamment autour d'Arnold van Gennep et de la Société du folklore français, qui comptait parmi ses membres un certain nombre d'ecclésiastiques. Il est significatif que Le Bras ait publié la première mouture de sa carte en 1936 dans la *Revue du folklore français et de folklore colonial*[2], même s'il ne s'agissait que d'une version encore partielle, au-dessus d'une ligne passant par Rochefort, Limoges, Clermont et Annecy. Il estimait à l'époque n'avoir encore réuni que 10 % des informations qui lui permettraient de dresser un jour la carte intégrale qu'il envisageait.

La religion était, pour la culture populaire et ses différentes variantes régionales, une structure à la fois porteuse et portée, qui était loin, dans les années 1930, d'avoir perdu toute vitalité, même si les spécialistes considéraient

1. Gabriel Le Bras, « Pour un examen détaillé et pour une explication historique de l'état du catholicisme dans les diverses régions de France », art. cité, p. 436, note 44.

2. Gabriel Le Bras, « Premiers traits d'une carte de la pratique religieuse dans les campagnes françaises », *Revue du folklore français et de folklore colonial*, n° 7, 1936, p. 159-167.

que ces traditions avaient tendance à s'appauvrir depuis les années 1870, processus quasiment achevé au lendemain de la Seconde Guerre mondiale[1]. Le phénomène était particulièrement important dans le domaine des langues régionales. Le catholicisme a eu tendance, au XIXe siècle, à nouer avec elles une sorte d'alliance objective visant à contrecarrer la diffusion du français, là où elle ne lui paraissait pas souhaitable[2]. Le « conformisme saisonnier » de Le Bras avait éminemment à voir avec les « rites de passage » théorisés par van Gennep[3], et les études folkloriques étaient susceptibles d'ouvrir des perspectives intéressantes sur les contenus de la religion populaire, par-delà le champ des seules pratiques d'obligation dans lesquelles la sociologie lebrasienne aura tendance à s'enclore.

Il est ainsi arrivé à Le Bras de se demander quelle était la part des « superstitions » dans les croyances populaires, et comment s'articulait leur carte (si tant est qu'on puisse la dresser) avec celle de la pratique. Est-ce qu'elles se superposaient (la « bonne » et la « mauvaise » religion allant de pair) ou, au contraire, se distinguaient-elles (la « bonne » chassant la « mauvaise ») ? Si sa Bretagne natale était à la fois « religieuse » (au sens de pratiquante) et « superstitieuse », le Perche, le Berry et le Limousin lui paraissaient « superstitieux » sans être « religieux ». « Combien

1. Telle était du moins la thèse d'André Varagnac dans son beau livre *Civilisation traditionnelle et genres de vie*, Paris, Albin Michel, 1948, *passim*.

2. Michel Lagrée (dir.), *Les Parlers de la foi. Religion et langues régionales*, Rennes, PUR, 1995.

3. L'ouvrage de celui-ci est cité par Le Bras dans « De l'état présent de la pratique religieuse en France », *Revue du folklore français et de folklore colonial*, n° 4-5, 1933, p. 196.

il serait intéressant, écrivait-il, de confronter les aires de superstitions avec les aires de la pratique ! Nous ne connaîtrons un peu les âmes de nos compatriotes que quand nous pourrons conjecturer gravement la part de ferveur, manifestée par les actes de dévotion ; la part de coutume, manifestée par l'assistance collective et passive aux offices ; la part de superstition, manifestée par des rites ou des espérances magiques[1]. » Il ne fait pas de doute par ailleurs que Le Bras pensait que la part de la « coutume » et de la « superstition » était considérable, et l'avait probablement toujours été.

Une dernière source d'inspiration possible pour Le Bras est peut-être liée aux études contemporaines sur les rapports entre religion et natalité. La question était d'actualité depuis la fin du XIXe siècle en France en raison de la menace allemande et parce que le pays était le premier au monde à avoir terminé sa transition démographique. Il avait pratiquement cessé de renouveler ses générations, hors immigration, dès les années 1890. La saignée de la Première Guerre mondiale avait avivé les inquiétudes et relancé le débat sur la vitalité démographique relative des régions et des familles catholiques, qui pouvaient apparaître, dans cette conjoncture, comme des modèles à suivre. La question se posait de l'opportunité de mettre en place une véritable politique publique d'incitation à la natalité, à côté des mesures de répression de l'avortement et de la propagande anticonceptionnelle adoptées par la loi du 31 juillet 1920. Le jésuite Joseph Dassonville, de l'Action populaire, avait ainsi publié en 1926 les

1. Gabriel Le Bras, « Premiers traits d'une carte de la pratique religieuse dans les campagnes françaises », art. cité, p. 165.

résultats d'une enquête sur la fécondité des familles de l'enseignement secondaire catholique qui montrait que celle-ci était pratiquement deux fois plus élevée que la moyenne nationale, surtout dans les familles dont étaient issues bon nombre de vocations religieuses et sacerdotales[1].

Le Bras a souvent croisé le problème, même s'il ne l'a pas étudié en tant que tel. Il cite l'ouvrage de 1931 de Ludovic Naudeau, *La France se regarde. Le problème de la natalité*[2]. Mais on peut se demander si, dans ce domaine, au milieu d'une production assez abondante et de qualité inégale, il n'a pas subi l'influence de celui qu'il appelait volontiers son « initiateur » et « maître » : Édouard Jordan[3]. Catholique libéral, historien (ses ouvrages sur l'Italie médiévale continuent d'être cités dans les bibliographies universitaires), professeur à la Sorbonne, Jordan fut une figure importante du mouvement familial catholique de l'entre-deux-guerres[4]. Pendant la Grande Guerre, avec le sociologue Paul Bureau, il avait commencé à militer pour le relèvement de la natalité par celui de la « morale conjugale ». En 1919, il a publié sur le sujet un petit livre fort intéressant dans lequel il défendait la thèse classique de

1. Joseph Dassonville, s. j., *Religion et natalité. 1. Une enquête menée dans les collèges de l'Enseignement libre. 21 000 familles catholiques ont, en moyenne, 4 enfants*, Paris, Action populaire-Spes, 1926.

2. Gabriel Le Bras, « De l'état présent de la pratique religieuse en France », art. cité, p. 206.

3. Gabriel Le Bras, « Nécrologie. Édouard Jordan », *Revue historique*, n° 197-198, 1947, p. 255-257.

4. Robert Talmy, *Histoire du mouvement familial en France (1896-1939)*, Paris, Union nationale des caisses d'allocations familiales, 1962.

l'influence positive de la religion sur la fécondité, mais de façon nuancée et avec un grand sens de la complexité du problème. La corrélation entre les deux lui paraissait bien réelle, mais non exclusive et d'interprétation difficile. La démographie, disait-il, relève de « l'esprit de finesse » et pas de « l'esprit de géométrie »[1].

Pour y voir plus clair, il faudrait disposer d'une « statistique religieuse » sérieuse que l'on puisse projeter dans l'espace. « Qui dressera la carte ou le graphique [du sentiment religieux] ? » écrivait-il[2], preuve, à tout le moins, que la question était dans l'air. L'opération serait sans doute difficile à réaliser mais on pouvait en attendre des éclairages décisifs, non pas tant sur les extrêmes, où les choses étaient relativement claires, que pour les cas intermédiaires, qui étaient les plus nombreux. Personne ne doutait que le Finistère ne fût à la fois plus religieux et plus prolifique que l'Yonne (un des départements les plus déchristianisés de France), mais pourquoi l'Ille-et-Vilaine était-elle plus féconde que le Maine-et-Loire, sans être apparemment plus religieuse, ou pourquoi des départements à démographie comparable, comme la Haute-Loire, la Sarthe, l'Isère, le Cher ou l'Aude, avaient-ils des niveaux de religiosité si différents[3] ?

1. Édouard Jordan, *Religion et natalité*, Paris, Letouzey & Ané, 1919, p. 12.
2. *Ibid.*, p. 8.
3. *Ibid.*, p. 9.

Genèse de la carte

L'article de Le Bras de 1931 se terminait par un appel aux collaborations ecclésiastiques sans lesquelles rien ne serait possible. Tout le problème était de trouver dans chaque diocèse quelques prêtres décidés à se lancer dans l'aventure, avec l'autorisation de leur évêque. Dans les années qui ont suivi, Le Bras a publié régulièrement dans la *Revue d'histoire de l'Église de France* des mises au point sur l'état d'avancement de ses travaux. En 1936, on a vu qu'il avait pu faire paraître une première version de sa carte limitée à la France du Nord[1]. En 1942, dans le premier volume de l'*Introduction à l'histoire de la pratique religieuse en France*, il a complété l'esquisse de 1936 par une description de l'ensemble de la France religieuse[2]. La publication retentissante en 1943 de l'ouvrage des abbés Godin et Daniel, *La France, pays de mission ?*, avec sa distinction entre « pays de chrétienté », « pays non pratiquants de culture chrétienne » (majoritaires) et « pays de mission »[3], montrait l'intérêt que suscitait ce type d'approche dans une partie au moins du catholicisme français.

1. Gabriel Le Bras, « Premiers traits d'une carte de la pratique religieuse dans les campagnes françaises », art. cité.
2. Gabriel Le Bras, « Tableau de la France pratiquante à la veille de la guerre mondiale », dans *id.*, *Introduction à l'histoire de la pratique religieuse en France*, Paris, PUF, 1942, t. 1, p. 107-124, repris dans *id.*, *Études de sociologie religieuse*, Paris, PUF, 1955-1956, t. 1, p. 286-301.
3. *Op. cit.*, p. 10-19 (il s'agit du premier chapitre, intitulé « Pays de chrétienté, pays non pratiquants de culture chrétienne et pays de mission »).

Mais on était encore loin du compte. La publication par Le Bras de l'*Introduction à l'histoire de la pratique religieuse en France* en 1942-1945 valait, en un sens, constat d'échec pour une entreprise qui était loin d'avoir atteint tous ses objectifs, faute d'avoir trouvé dans le clergé suffisamment d'auxiliaires et de relais[1].

La rencontre de Le Bras et Boulard en 1944 allait permettre de débloquer le dossier, tout en l'infléchissant dans un sens plus pastoral. Boulard, qui avait été curé de paroisse rurale pendant onze ans, était alors aumônier général adjoint de la Jeunesse agricole chrétienne masculine et féminine, un poste stratégique dans un mouvement de masse qui le mettait au contact aussi bien avec les évêques qu'avec les aumôniers de l'Action catholique rurale et des curés de paroisse. Le Bras lui a transmis sa documentation, dont on retrouve les principaux enseignements méthodiquement synthétisés sur des fiches de couleur (diocèse par diocèse) dans ses archives.

À l'époque, Boulard préparait la publication de ses *Problèmes missionnaires de la France rurale*, dont les deux tomes ont paru en avril 1945 dans la collection « Rencontres » des éditions du Cerf, haut lieu de la littérature « missionnaire » de l'époque. L'ouvrage, qui a rencontré un grand succès, était une extension au monde rural de la problématique de *La France, pays de mission ?*, mais aussi sa critique implicite. Boulard écrivait en juin 1944 à Mgr Lamy, archevêque de Sens : « On m'a demandé de préparer la suite rurale de l'ouvrage de M. l'abbé Godin, *La France, pays de mission ?*. J'ai accédé volontiers à ce

1. Dominique Julia, « Un passeur de frontières… », art. cité, p. 381-413.

désir, car il fallait à la fois profiter du choc missionnaire qui a été donné par cet ouvrage au clergé – et barrer la route à des applications simplistes à la campagne de constatations et de méthodes qui visaient expressément un autre milieu[1]. » Dans son livre, Boulard proposait à son tour un mode de classement des paroisses rurales en « paroisses chrétiennes » (A), « indifférentes mais de culture chrétienne » (B) et « pays de mission » (C), avec, pour chacune, des sous-sections cotées A1 et A2, B1 et B2, C1 et C2[2]. Le seuil de la « culture chrétienne » y était déterminé selon un double critère : la présence locale d'un noyau chrétien suffisamment consistant et le respect généralisé des gestes du « conformisme saisonnier ».

Dans ses *Problèmes missionnaires* de 1945, Boulard avait renoncé à publier une carte de la pratique religieuse, parce que sa documentation lui paraissait encore trop incertaine et lacunaire, ou parce qu'il estimait que la situation avait pu évoluer depuis la guerre et qu'il fallait s'en assurer au préalable. Comme Le Bras en 1942, il s'était donc contenté de *décrire* la carte[3]. Dès juillet 1945 cependant, il a pu soumettre au jugement des aumôniers fédéraux de l'Action catholique rurale une carte provisoire qui était

1. Lettre du 15 juin 1944 (14 PP 100, diocèse de Sens, Centre national des archives de l'Église de France, désormais CNAEF).

2. Il avait déjà esquissé cette typologie dans *L'Art d'être curé de campagne*, 2e éd., Paris, Laboureur, 1943.

3. Fernand Boulard, « Tableau religieux de la France rurale », dans *id.*, *Problèmes missionnaires de la France rurale*, 3e éd., Paris, Cerf, 1945, t. 1, p. 127-135. À noter que, dans cette troisième édition, il a complété la description proposée dans les deux premières, rapidement épuisées.

destinée à susciter la critique et, le cas échéant, des compléments d'enquête et des corrections. Ces aumôniers ont mené l'enquête eux-mêmes auprès des doyens ou archiprêtres ruraux concernés, ou se sont tournés vers le bureau des œuvres diocésain pour avis. L'abbé Jean Mondésert, aumônier fédéral de la Jeunesse agricole chrétienne féminine dans le diocèse de Belley, fut l'un des plus réactifs. Il envoya de Bourg-en-Bresse, le 15 septembre 1945, la circulaire suivante aux curés-doyens du diocèse :

> Monsieur le Doyen,
>
> Monsieur l'Abbé Boulard, auteur du livre récent *Problèmes missionnaires de la France rurale* qui fait pour le monde rural le pendant de *France, pays de mission* [*sic*] pour les villes, me demande de vouloir bien lui envoyer d'urgence quelques renseignements destinés à rectifier ou à préciser les documents dont il dispose pour publier la carte religieuse de la France. Puis-je vous demander de vouloir bien m'aider à lui fournir ces documents ?
>
> Il faudrait, dans un délai aussi court que possible, répondre à la question suivante :
>
> Dans quelle catégorie placez-vous votre canton, étant donné que :
>
> <u>La lettre A</u> correspond aux <u>paroisses chrétiennes</u>, qui ont au moins 40 % d'adultes pascalisants ou bien dans le cas d'une <u>majorité</u> de « pascatins »[1] faisant leurs Pâques, mais n'assistant jamais à la messe, 40 % d'adultes assistant au moins 1 fois sur 2 à la messe dominicale.

1. Le « pascatin », dans le jargon de la sociologie religieuse, est celui qui fait ses Pâques, et donc se confesse au moins une fois par an, mais qui ne va pas à la messe régulièrement.

La lettre C correspond aux cantons qui sont en tout ou en notables parties « pays de mission », au moins 20 % d'enfants non baptisés ou catéchisés.

La lettre B, le reste.

Protestants : il faut compter comme protestants les cantons qui ont au moins 500 protestants ruraux.

Comme vous le voyez, il ne s'agit pas d'une enquête approfondie, mais simplement d'une appréciation d'ensemble aussi approchée que possible du réel, faite par des prêtres qui, connaissant leur région, peuvent dire d'emblée dans quelle catégorie il faut faire ce classement de leur canton. Il ne s'agit pas, évidemment, d'instaurer dans chaque canton une enquête paroisse par paroisse, mais bien plutôt de vérifier et de corriger des documents qui ont été accumulés à Paris par quelques spécialistes mais qui ont forcément commis des erreurs assez grossières[1].

On aura noté la légère pointe finale de populisme antiparisien destinée, probablement, à se concilier les bonnes grâces de la base cléricale provinciale. En novembre 1945, après avoir enregistré un certain nombre de rectifications concernant généralement des cantons considérés par Le Bras comme des « pays de mission » que Boulard avait reclassés en pays « B », ce dernier demande au cardinal Suhard, archevêque de Paris, l'autorisation de publier sa carte. C'était là en effet un moyen habile de se mettre à couvert sous l'autorité de cette grande figure de l'Église de France engagée dans le mouvement « missionnaire », au cas où quelque évêque, dont le diocèse aurait été mal noté, viendrait à protester. Un point reste obscur cependant

1. 14 PP 145, diocèse de Belley, CNAEF.

dans cette reconstitution de la genèse de la « carte Boulard » qui est de savoir pourquoi, si elle était effectivement prête à la fin de 1945, avoir attendu novembre 1947 pour la publier. Peut-être simplement parce que Boulard a été gravement malade au sortir de la guerre.

Quoi qu'il en soit, la première édition de novembre 1947 se présentait comme ayant été « établie » par Boulard (seul) « d'après sa documentation personnelle » *et* celle de Gabriel Le Bras, professeur à la faculté de droit de l'université de Paris et président de la section des sciences religieuses à l'École pratique des hautes études. La carte était donc bien officiellement et à juste titre celle de Boulard, mais établie à partir de deux documentations différentes : la sienne (plus récente et actualisée) et celle de Le Bras (vérifiée par ses soins).

Clés de lecture

La légende de la carte reprenait les trois catégories des *Problèmes missionnaires de la France rurale* sans les sous-catégories correspondantes : « paroisses chrétiennes » ou pays « A », « paroisses indifférentes à traditions chrétiennes » ou pays « B », « pays de mission » ou pays « C ». À cette tripartition s'ajoutaient les cantons considérés comme protestants (dès lors qu'ils comprenaient au moins cinq cents adultes déclarés comme tels) et les « zones urbaines » et industrielles. Les paroisses étaient considérées comme « chrétiennes » si 45 % des adultes de plus de 21 ans étaient pascalisants et messalisants, et non plus 40 %, chiffre retenu au départ par Boulard. Ce chiffre de 45 % avait été retenu parce que, dans un monde où les enfants pratiquaient toujours plus que les jeunes et les jeunes que les adultes, il signifiait au moins 50 % de pratiquants tous âges confondus. Les paroisses étaient « indifférentes mais à tradition chrétienne » si elles comprenaient une minorité de pratiquants (sans plus de précisions) sur fond de « conformisme saisonnier » général, tandis que les « pays de mission » correspondaient aux cantons dans lesquels « une partie notable des paroisses [avaient] au moins 20 % des enfants non baptisés ou non catéchisés [indifféremment] ».

Pour bien comprendre la signification de la carte, il faut garder à l'esprit le fait que la France était encore à cette date un pays de culture catholique ultramajoritaire, ce qui était somme toute, un siècle et demi après la Révolution, un résultat pas si négligeable que cela pour le clergé français et le signe d'une certaine efficacité de longue durée de sa pastorale. On a vu qu'en 1872, dans le dernier recensement à avoir compris officiellement des données relatives aux cultes, près de 98 % des Français avaient encore répondu qu'ils étaient « catholiques romains ». Au sortir de la Seconde Guerre mondiale, la situation n'était pas très différente.

La carte ne concernait par ailleurs que la France *rurale*, c'est-à-dire une fraction de la population dont on savait, depuis le recensement de 1931, qu'elle était désormais minoritaire dans le pays, même si la crise des années 1930, puis la guerre, avait eu tendance à freiner l'évolution. En 1947, les campagnes rassemblaient encore environ 45 % de la population. Pour prendre la mesure de la spécificité française dans ce domaine, il convient de rappeler que cette barre symbolique des 50 % de population urbaine avait été franchie autour de 1850 en Angleterre et de 1890 en Allemagne. Elle laissait donc ouverte la question de savoir quel était l'état de la pratique urbaine sur laquelle

Boulard et le sociologue de Louvain Jean Remy publieront plus tard (en 1968) un livre important, lui aussi assorti d'une carte[1]. Par ailleurs, cette étiquette générale de France « rurale » recouvrait dans le détail des niveaux et des formes de ruralité très variables selon l'importance de la population agglomérée ou dispersée, la proximité des espaces urbains, la présence ou non d'estivants, de retraités, d'ouvriers, etc., toutes choses qui étaient susceptibles de créer des climats religieux très différents.

Si, sur le terrain, l'enquête préparatoire avait parfois été menée au niveau paroissial, y compris parfois sous forme monographique, le classement qui avait présidé à l'élaboration de la carte, lui, était cantonal. Le canton correspondait généralement au niveau du doyenné ou de l'archiprêtré en termes de circonscriptions ecclésiastiques. Seules les limites départementales étaient indiquées sur la carte, réalisée en noir et blanc par l'Institut de géographie de l'université de Paris dans un format de 33 sur 35 centimètres. Mais sa grande lisibilité faisait qu'on pouvait repérer sans difficulté la cote d'un canton particulier quand elle se distinguait du fond départemental. Le but recherché n'était pas de cerner le détail des villages et des hameaux – encore que le fonds Boulard au Centre national des archives de l'Église de France montre qu'il s'intéressait beaucoup à ces exceptions locales, en particulier aux îlots de chrétienté perdus en zone « B » –, mais d'obtenir une vue d'ensemble de la situation religieuse du pays. Cette approche globale avait par ailleurs l'avantage de faciliter le travail de l'enquêteur en atténuant le côté palmarès scolaire

1. Fernand Boulard et Jean Remy, *Pratique religieuse urbaine et régions culturelles*, Paris, Éditions ouvrières, 1968.

un peu inévitable de l'opération, même si Boulard prenait toujours grand soin de préciser auprès de ses interlocuteurs que ses catégories « A », « B », « C » étaient des « cotes » et pas des « notes ». En procédant de cette manière, les paroisses étaient opportunément diluées dans les cantons, et les éventuelles responsabilités pastorales avec.

Enfin, il ne s'agissait pas d'une carte de la pratique religieuse au sens strict, avec son échelle graduée de taux qui aurait permis d'illustrer les cas intermédiaires, mais d'une « carte religieuse de la France rurale » typologique qui donnait la physionomie religieuse d'ensemble du pays. Les trois types de régions étaient définis par la combinaison de plusieurs critères, dont celui de la pratique, qui était le plus important mais pas le seul[1]. La carte de la pratique pascale seule n'est venue que plus tard, en 1966, avec la deuxième édition des *Premiers itinéraires en sociologie religieuse* de Boulard *(voir figure 2)*.

Principaux enseignements

Le premier enseignement de la carte, et celui qui a le plus frappé à l'époque, était l'étendue de la déchristianisation révélée par les pays « B ». Avec 60 % environ de la surface, ils étaient majoritaires au point de former comme le fond de la carte. La carte Boulard étendait ainsi aux campagnes, qu'on aurait pu croire *a priori* mieux préservées, le choc provoqué en 1943 par *La France, pays de*

1. Fernand Boulard, « Ce que la pastorale française doit au doyen Gabriel Le Bras », dans *L'Année sociologique*, Paris, PUF, 1971, p. 313.

Figure 2. Carte de la pratique pascale dans la France rurale (1966)

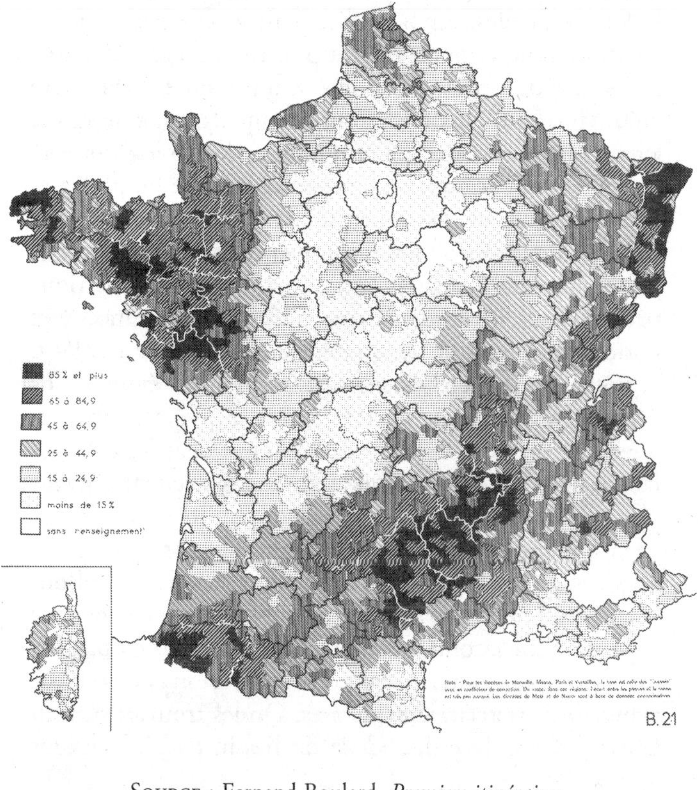

Source : Fernand Boulard, *Premiers itinéraires en sociologie religieuse*, Paris, Éditions ouvrières, 1966

mission ? pour les villes, en lui donnant un aspect visuel (une puissance iconique) caractéristique. Particulièrement impressionnante, de ce point de vue, était cette grande « diagonale du vide » religieux qui prenait la France en écharpe du Nord-Est au Sud-Ouest, des Ardennes aux Landes, sans parler des « taches de mission » qui mouchetaient la carte comme les symptômes d'un mal à venir, encore limité certes, mais déjà inquiétant. Au séminaire de la Mission de France à Pontigny, qui formait depuis la guerre, dans une atmosphère d'intense ferveur apostolique, de futurs prêtres pour les zones déchristianisées[1], la carte était accrochée en grand format au mur du réfectoire, avec ses « pays de mission » à reconquérir, comme on l'aurait fait du théâtre des opérations dans un état-major. Boulard est d'ailleurs intervenu au moins à deux reprises aux sessions d'été de la Mission de France, en 1948 et 1949.

Pourtant, à bien y regarder, la situation était moins dégradée qu'on avait pu le craindre au départ. En premier lieu, parce que la carte n'indiquait pas les densités de population et que les pays « chrétiens » étaient souvent plus peuplés que les autres, en dépit d'un fort exode rural. Le problème pour l'Église n'était pas de christianiser les hectares ou les têtes de bétail (à noter que la carte Boulard correspond en partie aux régions d'élevage), mais les hommes ! En second lieu, parce que les fameux « pays de mission » qui suscitaient tant d'appréhension et de ferveur étaient encore relativement rares. On les trouvait surtout dans le Limousin et le sud-est du Bassin parisien, autour

1. Tangi Cavalin et Nathalie Viet-Depaule, *Une histoire de la Mission de France. La riposte missionnaire, 1941-2002*, Paris, Karthala, 2007, photographie n° 59.

de Sens et de Troyes ; dans une moindre mesure dans le Mâconnais, la région de Niort et de Matha, la Picardie. Ils étaient apparus généralement au moment de la séparation des Églises et de l'État, parfois plus récemment encore, notamment dans les régions de communisme rural comme le Limousin[1], sur une base « rad-soc » antérieure. C'était du reste un des objectifs de Boulard que de montrer qu'il y avait encore relativement peu de pays de ce type dans les campagnes françaises de l'époque et qu'il eût été, de ce fait, très maladroit d'appliquer indifféremment à l'ensemble du pays les thérapies de choc préconisées par les tenants les plus radicaux de la pastorale « missionnaire ».

La carte confirmait que le catholicisme français avait bien une géographie particulière, comme Le Bras l'avait annoncé depuis longtemps. Elle révélait une grande variété de situations, mais pas un extrême désordre. La France chrétienne reposait en gros sur trois pôles majeurs : le Grand Ouest, l'Est lorrain, alsacien et jurassien, et le rebord sud-est du Massif central, de la Haute-Loire au Tarn en passant par la Lozère et l'Aveyron. Des pôles secondaires apparaissaient dans le Nord, une partie de la Savoie, le Pays basque. Inversement, l'indifférence religieuse dominait dans une vaste zone qui courait des Ardennes au Sud-Ouest, en englobant l'ensemble du Bassin parisien, le nord et l'ouest du Massif central, avec des prolongements du côté du Languedoc, de la vallée du Rhône et du Sud-Est. On a parlé à l'époque de France déchristianisée « en Y inversé » et, dans les décennies suivantes, on allait s'interroger longuement sur les origines et

1. Louis Pérouas, *Refus d'une religion, religion d'un refus en Limousin rural, 1880-1940*, Paris, Éditions de l'EHESS, 1985.

les raisons de cette mystérieuse distribution périphérique du catholicisme français. « Le christianisme résiste aux frontières », commentait Le Bras[1], loin de Paris et, en bien des cas (dans le Nord, dans l'Est, dans une partie des Alpes et au Pays basque), dans la continuité transfrontalière de zones de chrétienté étrangères.

Cette géographie, nombreux étaient ceux dans le clergé, l'administration ou le personnel politique qui la connaissaient déjà dans ses grandes lignes. L'historien de l'Action française Jacques Bainville cite dans son journal de guerre, en janvier 1915, un mot significatif attribué au ministre de l'Intérieur Louis Malvy : « Nous allons reprendre l'Alsace-Lorraine. Mais cela nous fera dix-sept circonscriptions de cléricaux fanatiques[2]. » François Mauriac, pourtant déjà familier des campagnes peu ferventes du Sud-Ouest, écrivait dans l'été 1913, au lendemain de son mariage, en découvrant la propriété de sa belle-famille dans l'actuel Val-d'Oise : « Je croyais être né dans un pays d'indifférents et de païens. Quand je vois les gens d'ici (et on me dit qu'ils représentent exactement l'état actuel du paysan au nord de la Loire jusqu'à la Bretagne, à la Normandie et aux Flandres exclusivement), je suis stupéfait de l'état effrayant où ils se trouvent[3]. » Le clergé des paroisses, les missionnaires qui prêchaient des retraites et des missions à l'échelle d'un ou de plusieurs diocèses, les chancelleries

1. Gabriel Le Bras, « Commentaire sociologique des cartes religieuses de la France », *Lumen vitae*, n° 3, 1948, p. 637.

2. Jacques Bainville, *La Guerre démocratique. Journal, 1914-1915*, Paris, Bartillat, 2013, p. 242.

3. Lettre à Robert Vallery-Radot, 17 août 1913, dans François Mauriac, *Correspondance intime*, Paris, Robert Laffont, coll. « Bouquins », 2012, p. 94.

épiscopales, avaient déjà une idée plus ou moins précise de cette géographie. Celle-ci comptait beaucoup en particulier dans la gestion des carrières sacerdotales, un peu, *mutatis mutandis*, comme celle des « ZEP » et autres zones équivalentes dans l'Éducation nationale de nos jours. La vraie nouveauté est que, pour la première fois, on en avait une vision d'ensemble scientifiquement établie.

Le dernier enseignement notable de cette carte était l'importance des contrastes géographiques du catholicisme français que les critères d'élaboration de la carte avaient eu pour effet de renforcer, notamment la distinction des « paroisses chrétiennes » et « indifférentes » de part et d'autre d'une barre de 45 % de pratique pascale. L'effet de seuil ici jouait doublement : il homogénéisait les zones (par-delà la diversité interne des taux et des tons) et il accentuait les contrastes entre elles. Chaque zone avait sa gamme de taux et rien ne disait *a priori* que deux pays cotés A et B avec des taux proches ne se ressemblaient pas davantage que deux autres qui, à l'intérieur d'une même zone, auraient varié bien davantage.

Dans le Bocage vendéen, par exemple, à cotation équivalente, le canton de Saint-Fulgent déclarait 96 % de pascalisants et celui de Chantonnay 60 % à peine. Même chose dans le diocèse d'Évreux, où les taux variaient de 8 % à 29 % environ. Sur un plan plus qualitatif, les espèces du « conformisme » et de l'« observance » différaient grandement selon le taux de réception des derniers sacrements, la fréquence de la communion ou le nombre des vocations sacerdotales, religieuses et missionnaires. Dans les deux éditions ultérieures de la carte, en 1952 et 1966 *(voir figure 3)*, les enquêtes réalisées entre-temps ont un peu mité les blocs chrétiens, surtout celui du Nord

Figure 3. Carte religieuse de la France rurale (3e éd., 1966)

SOURCE : Fernand Boulard, *Premiers itinéraires en sociologie religieuse*, Paris, Éditions ouvrières, 1966

et de l'Est, sans permettre encore d'avoir une vision très nuancée des réalités. Les contrastes étaient encore plus frappants dans les versions de la carte en noir et blanc, noir et gris, ou bleu et rose (selon le code couleur adopté par Boulard lors des sessions pastorales des années 1950).

Il n'en demeure pas moins que ses frontières, si elles étaient accentuées par les parties de la carte, étaient bien réelles et faisaient partie du quotidien des Français. Le long du bloc de l'Ouest, par exemple, on pouvait pratiquement changer de monde religieux en vingt ou trente kilomètres. La perception de l'espace au ras du sol y était très différente selon qu'on venait de l'Est ou de l'Ouest, et de l'échelle de religiosité « normale » qu'on apportait avec soi. Alain Corbin en a fourni une illustration dans ses souvenirs. Né en 1936, il a passé son enfance et sa jeunesse dans l'Orne, entre le bourg de Lonlay-l'Abbaye à l'ouest et celui d'Essay à l'est, soit, dans les catégories de Boulard, un pays « A », où l'emprise religieuse était encore très forte dans les années 1930-1940, et un pays « B » (de fourchette relativement haute au demeurant). Quatre-vingts kilomètres seulement séparent les deux pays mais, sur le plan religieux et social, c'était là la distance d'un monde à l'autre. « L'enfouissement dans le vert bocage de Lonlay, écrit Corbin, se trouve équilibré, dans mes souvenirs, par les séjours à Essay, chez ma grand-mère. Effectuer le voyage, [...] c'était quitter une région fervente, une démocratie cléricale pour un pays caractérisé, à la retombée du Perche, par une désaffection souvent railleuse à l'égard de l'Église et pour un monde dominé par les notables[1]. »

1. Alain Corbin, *Sois sage, c'est la guerre. Souvenirs d'enfance, 1939-1945* (2014), Paris, Flammarion, 2016, p. 95.

Les éditions successives et leur réception

La première édition de la carte s'était présentée, en 1947, comme une ébauche appelant d'inévitables rectifications pour lesquelles étaient prévus des tableaux spéciaux joints aux tirés à part. Un premier train de corrections fut publié dès l'été 1948[1]. Prudent, Boulard insistait bien sur le fait qu'il ne s'agissait en aucun cas pour lui de distribuer les bons et les mauvais points, mais de prendre acte, au niveau cantonal, d'une situation héritée pour mieux s'y adapter. Il s'était efforcé de déminer en amont certaines situations potentiellement litigieuses. Dans sa correspondance des années 1944-1946, certains de ses interlocuteurs cherchent à sauver leur canton d'un classement jugé infamant en zone « C », requête à laquelle il accédait bien volontiers dès lors qu'on lui en apportait la preuve. Le résultat est que les réactions négatives furent extrêmement rares. Le cas le plus notable est celui de Mgr Grente, évêque du Mans, dont le diocèse apparaissait sur la carte comme un pays « B » presque intégral, ce qui lui paraissait excessif[2].

La deuxième édition est sortie quatre ans plus tard, en janvier 1952, dans un format un peu plus grand de 65 sur 50 centimètres. Elle se donnait encore comme « provisoire » mais établie sur la base d'une information mixte mieux assurée. Aux renseignements fournis par un observateur local qualifié (évêque, vicaire général, directeur des œuvres, supérieur de séminaire, aumônier de

1. *Cahiers du clergé rural*, août-septembre 1948, p. 50-51.
2. Il l'est resté dans les éditions suivantes.

l'Action catholique rurale) à l'origine de la première édition s'ajoutaient, pour une bonne quarantaine de diocèses sur un total de quatre-vingt-sept, des enquêtes générales récentes ayant porté sur toutes les paroisses, selon une méthodologie commune et désormais bien éprouvée. Demeuraient de figuration incertaine les diocèses d'Aire et Dax, d'Angoulême, de Beauvais, de Cambrai, de Périgueux, de Sens, de Toulouse et de Valence, auxquels il fallait ajouter dix-huit enquêtes en cours.

Si les rectifications apportées depuis 1947 ne modifiaient pas la physionomie d'ensemble, elles pouvaient avoir localement une certaine importance. La géographie des « pays de mission » en particulier, qui avait logiquement suscité le plus de discussions, avait pas mal évolué, notamment dans les diocèses de Meaux, de Troyes, de Soissons et de Périgueux. Le bloc chrétien du Nord était moins compact. Dans celui de l'Est, le diocèse de Verdun s'était « rechristianisé » tandis que ceux de Nancy, de Metz, le nord de l'archidiocèse de Besançon, s'étaient légèrement « déchristianisés ».

La troisième édition, publiée en 1966 dans les *Premiers itinéraires en sociologie religieuse* de Boulard, comprenait deux nouveautés. Un changement de légende était révélateur d'une volonté d'objectivité croissante puisque les « paroisses chrétiennes » ou pays « A » étaient devenus des « régions de pratique majoritaire », les « paroisses indifférentes à traditions chrétiennes » ou pays « B » des « régions de pratique minoritaire » et les « pays de mission » des « régions à minorité détachée du catholicisme ». Surtout, cette troisième édition de la *Carte religieuse de la France rurale* était, pour la première fois, doublée d'une carte de la pratique pascale des adultes par canton comprenant six catégories, de « moins de 15 % » de pratique à « plus de 85 % », qui reflétait la réalité des années 1955-1965[1]. Boulard y travaillait depuis le début des années 1950. Elle a été reprise en 1982, après une légère révision en 1976 par Boulard et son secrétaire, Philippe Lacoudre, dans le premier tome des « Matériaux Boulard ».

En 1968, dans son ouvrage sur la pratique religieuse urbaine publié avec Jean Remy, Boulard a repris, sous le titre *La France religieuse en trois grandes régions*, la *Carte religieuse de la France rurale* de 1966, en lui adjoignant une « carte religieuse de la France urbaine » sous forme de transparent *(voir figure 4)*. Le procédé, qui permettait de superposer les deux cartes, était cohérent avec sa thèse qui était de dire que la pratique urbaine reflétait, dans la dispersion de ses taux, celle de la « région culturelle » ou arrière-pays rural dans laquelle la ville se recrutait prioritairement. Cette thèse a suscité des réactions dans le milieu des sociologues universitaires, notamment de la part d'Émile Poulat en 1970[2], qui attribuait plutôt cette dispersion des taux à la composition sociale de la ville, en particulier à l'importance en son sein du monde ouvrier, traditionnellement peu pratiquant (les deux n'étaient pas incompatibles). L'éventail de la pratique était plus resserré en ville qu'à la campagne – il montait moins haut (jamais au-dessus de 45 %) et descendait moins bas (rarement au-dessous de 5 %) –, mais les deux cartes étaient liées.

1. Fernand Boulard, *Premiers itinéraires en sociologie religieuse*, *op. cit.*, p. 13.
2. « Catholicisme urbain et pratique religieuse », *Archives de sociologie des religions*, n° 29, 1970, p. 97-116.

Figure 4. Carte religieuse de la France urbaine (1968)

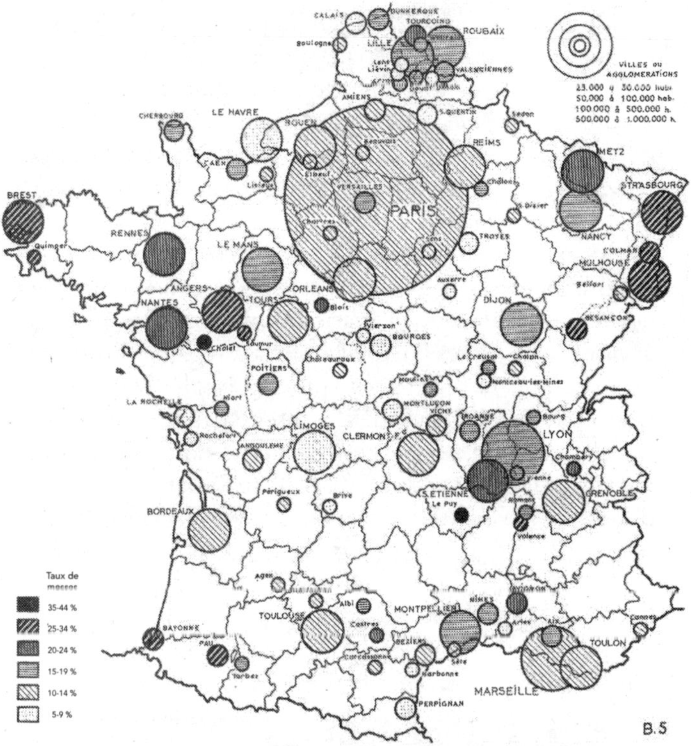

Les villes ci-après Avignon, Bayonne, Besançon, Blois, Elbeuf, Rennes, Romans, Rouen, Toulon et Valence, étant connues par un dénombrement individuel sur fichier ou par une méthode semblable au lieu de la méthode plus sévère du "recensement dominical", apparaissent sur la carte avec un taux un peu gonflé par rapport à celui des autres villes.

SOURCE : Fernand Boulard et Jean Remy, *Pratique religieuse urbaine et régions culturelles*, Paris, Éditions ouvrières, 1968

Figure 5. Carte de la France protestante (1953)

SOURCE : Émile Léonard, *Le Protestant français*, Paris, PUF, 1953, p. 96-97

La carte Boulard a fait des émules à l'étranger à partir du début des années 1950, surtout en Belgique et en Hollande. Au sein de ce dernier pays, les catholiques représentaient près de 40 % de la population et ils étaient concentrés dans le Sud, dans le Brabant et le Limbourg, à proximité de la Belgique[1]. La Belgique eut sa carte de la pratique dominicale à l'échelle nationale dès 1952, fondée sur des informations datant de 1950-1951[2]. En 1953, dans *Le Protestant français*, Émile Léonard publia une carte du protestantisme français *(voir figure 5)*, dont les réserves rurales traditionnelles étaient en train de fondre[3]. L'Italie et l'Espagne, moins sensibles à la problématique « missionnaire » d'après-guerre et peut-être pas très disposées à se prêter à une telle opération vérité, ne semblent pas avoir réalisé d'enquêtes comparables, du moins à l'échelle nationale.

Dans le « prière d'insérer » du service de presse de la première édition, la carte était présentée comme un outil de travail provisoire, destiné sans doute à être corrigé dans les détails, mais dont on pouvait d'ores et déjà être assuré des grandes lignes (même chose dans l'édition de 1952). De fait, les enquêtes des années 1950 n'ont pas remis en cause les contours de la carte initiale, confirmant ainsi la qualité globale des informations fournies

1. G. H. L. Zeegers, « Sociologie religieuse dans le contexte d'une sociologie générale aux Pays-Bas », *Lumen vitae*, n° 6, 1951, p. 43-57 (carte p. 50).

2. Eugène Collard, « Commentaire de la carte de la pratique dominicale en Belgique », *Lumen vitae*, n° 7, 1952, p. 644-652 (hors texte).

3. Carte reproduite par Le Bras dans ses *Études de sociologie religieuse*, *op. cit.*, t. 1, p. 325.

par les informateurs de Le Bras et de Boulard dans les années 1930-1940. Tout se passe comme si les erreurs ou imprécisions qui ne pouvaient manquer de se produire au niveau paroissial étaient compensées au niveau cantonal. Le Bras et Boulard s'en étaient convaincus d'ailleurs dès la période de réalisation de la première carte en voyant, à mesure que les informations leur parvenaient et qu'ils les projetaient dans l'espace, se souder infailliblement les zones par-delà les frontières diocésaines.

> Nous avons dû, en effet, *refaire 87 fois* la même expérience concluante, écrivait Boulard en 1952. Ayant reçu les chiffres d'un diocèse (et calculé, au prix d'heures de patience, les moyennes précises) on établit la carte de ce diocèse : la ligne de démarcation entre régions A et B (ou B et C) s'arrête en un point précis de la frontière diocésaine. On reçoit plus tard les chiffres du diocèse limitrophe et on établit sa carte : et l'on constate que la ligne de démarcation reprend son tracé *exactement* au point où on l'avait laissée. […] Même si les renseignements ne sont pas de même date (la situation est beaucoup plus stable qu'on ne le dit parfois), ni établis sur les mêmes bases et qu'il a donc fallu calculer des correctifs[1].

La première édition de la carte avait reçu un large écho. *La Croix* en a parlé dès janvier 1948, de même que la *Semaine religieuse du diocèse de Paris* (alors dirigée par

1. *Carte religieuse de la France rurale, 2e édition provisoire du 1er janvier 1952, série hors commerce portant (en rouge) l'indication des secteurs de la Mission de France* (tiré à part).

le cardinal Suhard). Les militants de l'Action catholique rurale étaient invités à s'en procurer un exemplaire. Mais, à ce stade, c'était surtout la frange « missionnaire » du catholicisme français qui était intéressée. Les évêques n'y sont venus que plus lentement, et les enquêtes diocésaines n'ont vraiment commencé à se multiplier qu'au début des années 1950. Sous deux formes principales : soit des « enquêtes de pratique habituelle », estimations effectuées par le clergé des paroisses, soit des recensements de pratique dominicale où l'on comptait effectivement les fidèles présents à la messe un dimanche donné (sans les prévenir et en essayant de le choisir le plus ordinaire possible), à l'échelle d'un quartier, d'une ville ou d'un diocèse[1]. On tenait compte des « empêchés » et des « excusés » canoniques par l'introduction d'un coefficient sur lequel Boulard s'est beaucoup interrogé (1,25 ? 1,5 ?), avant de renoncer à proposer un chiffre unique compte tenu de la diversité des situations. L'opération était assez lourde et pouvait durer plusieurs mois en incluant la préparation et l'exploitation des données. Pour les évêques, l'enquête précédait souvent l'une de ces grandes missions qui se sont multipliées dans les années d'après-guerre sous l'égide du Centre pastoral des missions de l'intérieur.

Les évêques y sont probablement venus d'autant plus volontiers que les résultats de ces enquêtes étaient, dans l'ensemble, plutôt rassurants. Le mouvement était facilité par la réputation grandissante de Boulard dans l'Église de France. Son étude pionnière de 1950 sur le recrutement

1. Sur cette distinction, cf. Alain Chenu, « Les enquêteurs du dimanche... », art. cité.

sacerdotal[1], qui était pour eux d'une utilité plus immédiate, avait beaucoup intéressé les évêques. La deuxième édition de la carte, en 1952, eut une importance particulière. Boulard avait pris soin d'en adresser un exemplaire à tous les évêques de France, ainsi qu'aux autorités romaines, et elle a reçu un bon accueil de leur part. Elle a attiré l'attention au-delà des seuls milieux religieux. Jacques Fauvet écrivait dans *Le Monde* daté du 27 janvier 1952 : « [Les pays de mission] sont principalement situés dans l'Yonne, dans l'Aube et en Seine-et-Marne, qui, notons, votent plutôt à droite, et d'autre part dans la Creuse, la Corrèze et la Haute-Vienne, qui votent à gauche. Il n'y a donc pas corrélation entre zones rurales déchristianisées et zones "rouges". Mais la réciproque reste plus vraie. La carte des "pays chrétiens" recouvre en général celle des conservateurs et des démocrates-chrétiens [type Mouvement républicain populaire]. » À partir de 1952, une méthodologie précise permit d'étendre l'enquête aux villes[2].

Une autre étape importante fut franchie en janvier 1953, quand Pie XII parut approuver le mouvement, au moins dans certaines limites, en déclarant :

> On note parmi les catholiques de France, particulièrement dans l'Action catholique, un effort de lucidité qui retient à juste titre l'attention du monde. Les progrès de la sociologie sont fructueusement utilisés dans les domaines où ses données sont valables ; on cherche à voir clair pour agir efficacement [le mot d'ordre de

1. Fernand Boulard, *Essor ou déclin du clergé français ?*, préface de Mgr Feltin, Paris, Cerf, 1950.
2. Cf. *La Croix*, 4, 6 et 7 mai 1952 ; *Témoignage chrétien*, 2 mai 1952.

> l'Action catholique]. Ceci est bien dans la tradition de votre pays, qui produira, Nous l'espérons, les plus heureux fruits[1].

Le discours a été souvent cité et invoqué par la suite par les artisans de la sociologie religieuse dans l'Église comme une sorte de caution officielle destinée à faire taire les critiques[2].

Figure 6. Nombre d'enquêtes urbaines réalisées par année, entre 1945 et 1970

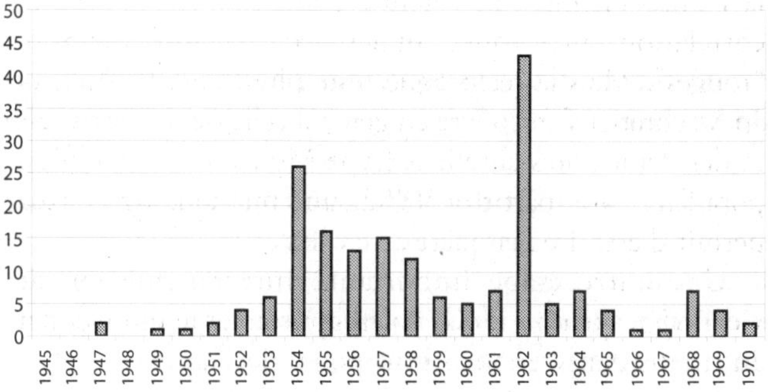

SOURCE : matériaux préparatoires à Fernand Boulard et Jean Remy, *Pratique religieuse urbaine et régions culturelles*, Paris, Éditions ouvrières, 1968 (14 PP 16, CNAEF).

1. *La Documentation catholique*, n° 1139, 25 janvier 1953, p. 94.

2. Sur les réserves romaines en matière de sociologie, cf. Jean-Marie Mayeur, Charles Pietri, André Vauchez et Marc Venard (dir.), *Histoire du christianisme*, t. 12, *Guerres mondiales et totalitarismes (1914-1958)*, Paris, Desclée de Brouwer-Fayard, 1990, p. 129-130.

La chronologie du nombre d'enquêtes menées dans les villes de plus de dix mille habitants établie à partir des archives du Centre national des archives de l'Église de France *(voir figure 6)*[1] montre bien que le phénomène culmine dans les années 1950 et au début des années 1960, avec deux pics notables en 1954 et 1962 correspondant aux dates des recensements civils. Les organisateurs de ces enquêtes s'efforçaient de coordonner les deux pour croiser les informations, quand ils ne venaient pas eux-mêmes des organismes civils, notamment de ceux liés à la politique d'aménagement du territoire alors en vogue[2].

Le problème des origines historiques de la carte

Le Bras avait dit dès 1931 que l'enquête devrait être sociologique *et* historique, la seconde caractéristique découlant en quelque sorte de la première puisque, dès lors qu'on aurait mis en évidence les contrastes de la pratique religieuse, la question se poserait de savoir de quand ceux-ci dataient et pour quelles raisons ils étaient apparus.

Boulard partageait cette double préoccupation, sociologique et historique. Dans le questionnaire préparatoire à ses *Problèmes missionnaires* qui a donné lieu à la

1. Dans la liste des enquêtes urbaines portant sur les villes de plus de dix mille habitants figurent aussi bien les enquêtes sur la « ville » que sur l'« agglomération » quand les deux existent.

2. Point bien souligné par Olivier Chatelan dans *L'Église et la Ville. Le diocèse de Lyon à l'épreuve de l'urbanisation (1954-1975)*, Paris, L'Harmattan, 2012.

réalisation d'environ soixante-cinq monographies paroissiales, il demandait à ses interlocuteurs des renseignements sur la pratique dans leur paroisse en 1891, 1911, 1938 et 1944. Le but était d'essayer de mesurer les effets religieux des deux guerres mondiales (dont la seconde n'était pas encore terminée) et de la politique de laïcisation de la IIIe République (de l'école primaire pour 1891, de la séparation des Églises et de l'État pour 1911), qui passait alors pour avoir joué un grand rôle dans la déchristianisation contemporaine. Déjà Le Bras avait-il attiré l'attention sur les effets déchristianisants de la Première Guerre mondiale, en particulier sur les « poilus » issus des régions de chrétienté qui, à leur retour, n'avaient pas tous repris leurs anciennes habitudes religieuses[1].

Pour Boulard, cette préoccupation historique s'est accentuée dans les années 1960 à partir du moment où il est devenu clair que les évêques ne s'intéressaient plus guère à ce type d'enquêtes et où les réformes induites par le concile Vatican II, jointes au déclin rapide de la pratique, débouchaient sur une tout autre situation, à bien des égards insaisissable. En juillet 1966, dans un geste éminemment significatif mais dont il n'est pas sûr qu'il ait mesuré sur le coup toute la portée, Boulard a demandé officiellement aux évêques de France l'autorisation de communiquer aux universitaires, historiens et sociologues, les données qu'il avait réunies dans les années précédentes à des fins pastorales, sans rencontrer d'objection.

1. Gabriel Le Bras, « Pour un examen détaillé et pour une explication historique de l'état du catholicisme dans les diverses régions de France », art. cité, p. 442, note 71.

Ce transfert est à l'origine de deux entreprises scientifiques de grande ampleur : la publication de l'*Atlas de la pratique religieuse des catholiques en France* en 1980, du côté de la sociologie (notamment grâce au travail de Jean-Paul Terrenoire)[1], et les « Matériaux Boulard », du côté de l'histoire. L'Université a ainsi joué objectivement le rôle de repreneuse à des fins scientifiques d'un projet pastoral qui n'avait pas donné tous les résultats escomptés (même si on ne le disait pas trop), mais qui allait avoir, dans les années suivantes, de puissants effets dans le champ de l'histoire religieuse. Boulard pouvait ainsi écrire en 1972, à une époque où il était moins sollicité dans l'Église mais où il avait noué de nombreuses relations avec les historiens universitaires : « Je rêve de dresser quelque jour l'ébauche d'une carte religieuse de la France vers 1850[2]. » Rêve d'historien, et non plus de sociologue ou de pasteur, qui explique le rôle que vont jouer des spécialistes du XIXe siècle comme Gérard Cholvy et Yves-Marie Hilaire dans la réception de ses travaux parmi leurs collègues. C'est ce projet qui a conduit à la publication en 1973 dans la *Revue d'histoire de l'Église de France* de la première mouture des futurs *Matériaux pour l'histoire religieuse du peuple français*[3], dont le premier tome a paru après sa mort, en 1982, mais qu'il a eu le temps de préparer.

1. François-André Isambert et Jean-Paul Terrenoire, *Atlas de la pratique religieuse des catholiques en France*, Paris, Presses de la FNSP-Éditions du CNRS, 1980.

2. Lettre à Hélène Pomme, 4 janvier 1972 (14 PP 69, diocèse de Nancy, CNAEF).

3. Fernand Boulard, « Aspects de la pratique religieuse en France, de 1802 à 1939 », *Revue d'histoire de l'Église de France*, n° 163, 1973, p. 269-311.

Sans reprendre ici sur le fond la question complexe des origines de la carte, qui n'a jamais été entièrement débrouillée et qui vaudrait qu'on lui consacrât un jour une étude plus approfondie, on voudrait rappeler brièvement ici comment le problème a été posé depuis 1947 et les éléments de réponse qu'il a reçus chemin faisant.

Les premiers commentaires de la carte, sous la plume de Le Bras ou de Boulard, avaient tendance à avancer des explications sociologiques assez sommaires de la situation. Ils mettaient généralement la déchristianisation sur le compte de l'influence des grandes villes comme Paris, Bordeaux, Toulouse et Marseille (d'où la mention des « zones urbaines » sur la première édition de la carte), et insistaient sur le fait que la plupart des pays considérés comme chrétiens paraissaient devoir leur vitalité religieuse relative au fait qu'ils étaient restés à l'écart des « centres de la civilisation moderne ». Ceux-ci avaient été protégés par l'éloignement, l'altitude ou le cloisonnement (dans le cas du bocage). Dans le Jura, par exemple, plus on montait en altitude, plus le taux de pratique était élevé. Protection provisoire donc, qui n'augurait pas très bien de l'avenir, mais qui connaissait ses exceptions comme le Léon en Bretagne, les Flandres dans le Nord ou certaines campagnes de l'Est, pays ruraux réputés chrétiens, mais ouverts et modernes, que Boulard donnait volontiers en exemple lors des sessions de sociologie pastorale des années 1950.

La sociologie religieuse urbaine, qui s'est développée par la suite, a montré que les choses étaient plus complexes. La dispersion des taux de pratique urbaine reflétait en partie celle de la pratique rurale, mais l'éventail était plus resserré[1], les taux en ville ne montant jamais au-dessus de 45 % et ne descendant guère au-dessous de 5 %. Ce qui signifie que, dans les diocèses déchristianisés, les villes étaient souvent *plus* religieuses que les campagnes, et donc pas toujours synonymes de déchristianisation. C'était le *passage* à la ville, plus que la ville elle-même, qui était déchristianisant, dans la mesure où il impliquait une perturbation temporaire des cadres de référence[2], surtout quand il se produisait entre 16 et 20 ans. *A contrario*, les catholiques d'origine urbaine conservaient souvent, dans leur transplantation ultérieure d'une ville à l'autre, leur niveau de pratique d'origine. D'aucuns, dans le clergé, se prirent alors à penser qu'une poussée d'exode rural, comme celle à laquelle on assistait depuis la guerre, pourrait dans ces conditions ne pas être une si mauvaise affaire pour l'Église. Dans la mesure où elle affectait aussi les campagnes déchristianisées, elle délierait potentiellement les jeunes qui en étaient issus de leurs vieilles habitudes laïques et anticléricales. L'essentiel, expliquait notamment Paul Winninger en 1957, était de savoir les accueillir et de construire suffisamment d'églises dans les nouveaux quartiers urbains, quitte pour cela à dégarnir certaines paroisses rurales des régions déchristianisées où le taux d'encadrement religieux des populations était encore très élevé, sans grand profit apparent.

1. Fait déjà bien établi par Jean Chélini dans *La Ville et l'Église. Premier bilan des enquêtes de sociologie religieuse urbaine*, préface de Gabriel Le Bras, avant-propos de Mgr Gros, Paris, Cerf, 1958.
2. C'est notamment une des thèses d'Émile Pin dans ses travaux sur Lyon (*Pratique religieuse et classes sociales dans une paroisse urbaine, Saint-Pothin à Lyon*, Paris, Spes, 1956, notamment p. 121).

> Combien efficace y serait l'action de ces nombreux prêtres retenus dans des villages mourants dont les habitants sont parfois noués dans un refus ancestral. [...] Ces campagnards eux-mêmes peuvent retrouver la foi précisément le jour où, sortis de leur milieu et comme libérés, ils viennent faire peau neuve dans le monde nouveau de la ville. [...] En ce sens, l'urbanisation est peut-être le plus sûr espoir de regagner à l'Évangile des provinces sans foi[1].

Le raisonnement a pris un tour plus historique avec le développement de la réception universitaire des travaux de Le Bras et de Boulard. Déjà en 1942, la publication du premier fascicule de l'*Introduction à l'histoire de la pratique religieuse* de Le Bras avait attiré l'attention des bons esprits parmi les historiens comme Lucien Febvre[2]. Dès 1948, dans son étonnante *Histoire des populations françaises*, Philippe Ariès avait un chapitre sur « natalité et chrétienté » dans lequel il mentionnait la carte (encore mentale à ce stade) de Le Bras[3]. En dehors de ces quelques précurseurs, la réception de l'œuvre de ce dernier parmi les historiens n'a vraiment pris de l'ampleur qu'à partir de 1955-1956,

1. Paul Winninger, *Construire des églises. Les dimensions des paroisses et les contradictions de l'apostolat dans les villes*, Paris, Cerf, 1957, p. 62-63.

2. « La pratique religieuse et l'histoire de la France », *Mélanges d'histoire sociale*, vol. 4, n° 1, 1943, p. 31-35, repris dans Lucien Febvre, *Vivre l'histoire*, Paris, Robert Laffont-Armand Colin, coll. « Bouquins », 2009, p. 975-982.

3. Philippe Ariès, *Histoire des populations françaises et de leurs attitudes devant la vie depuis le* XVIII*e* *siècle*, Paris, Self, 1948, p. 462.

grâce à la publication, par les soins d'Henri Desroche, de ses *Études de sociologie religieuse*, qui rassemblaient des textes devenus pour certains difficiles à trouver.

Les effets scientifiques de cette publication n'ont cependant pas été immédiats. Il fallait tenir compte des délais de production exceptionnellement longs de la thèse dite d'ancien régime (dix ans au bas mot). Ils sont devenus sensibles au début des années 1960, avec notamment les deux grandes thèses de Louis Pérouas d'une part, sur le diocèse de La Rochelle à l'époque moderne[1], et de Christiane Marcilhacy d'autre part, sur le diocèse d'Orléans sous Mgr Dupanloup[2].

La réception des recherches de Boulard a été plus tardive – lors du grand colloque de Lyon de 1963 sur la déchristianisation, il n'était même pas invité – mais elle a été très importante dans les années 1970 parmi les historiens du catholicisme. Quand on consulte sa correspondance à partir de ce moment-là, on voit apparaître la plupart des noms qui allaient compter dans l'histoire religieuse des décennies suivantes. Les monographies diocésaines d'inspiration boulardo-lebrasienne se sont alors multipliées. Michel Lagrée en a compté soixante-cinq pour une période allant du début des années 1960 au milieu des années 1990[3].

1. *Le Diocèse de La Rochelle de 1648 à 1724. Sociologie et pastorale* (1964), Paris, SEVPEN, 1999.

2. *Le Diocèse d'Orléans sous l'épiscopat de Mgr Dupanloup, 1849-1878. Sociologie religieuse et mentalités collectives*, Paris, Plon, 1962.

3. « La monographie diocésaine et les acquis de l'historiographie religieuse française », *Études d'histoire religieuse*, n° 61, 1995, p. 9-41.

La principale conclusion qui semblait se dégager de ces travaux était que la déchristianisation était beaucoup plus ancienne qu'on ne l'avait longtemps pensé, bien antérieure en tout cas aux deux guerres mondiales et à la politique de laïcisation de la IIIe République auxquelles on avait coutume de l'attribuer. La déchristianisation était déjà très avancée dans certaines campagnes du début du XIXe siècle, comme l'avait montré Ernest Sevrin dès 1939 dans le cas du diocèse de Chartres[1]. Boulard le répétait dans les sessions de sociologie pastorale des années 1950-1960 : les lois laïques ont « poussé dans la descente », mais elles ne l'ont pas créée[2]. Mieux, Louis Pérouas, lui aussi prêtre et historien d'inspiration sociologique, montrait que, dans le diocèse de La Rochelle, la carte Boulard et ses contrastes existaient *déjà* à la fin du XVIIe siècle[3]. Michel Lagrée de son côté expliquait en 1976 qu'en Bretagne orientale, dans la région de Vitré et Fougères, le bloc catholique remontait à l'époque de la Ligue et des guerres de Religion[4], voire plus haut.

1. « La pratique des sacrements et les observances au diocèse de Chartres sous Mgr Clausel de Montals (1824-1852), *Revue d'histoire de l'Église de France*, n° 108, 1939, p. 316-344.

2. Expression employée à Albi en juillet 1966, à propos du nord-ouest du diocèse, déjà déchristianisé vers 1835 – conclusions (notes manuscrites), 14 PP 132, diocèse d'Albi, CNAEF.

3. *Le Diocèse de La Rochelle de 1648 à 1724*, *op. cit.*

4. Michel Lagrée, « La structure pérenne, événement et histoire en Bretagne orientale, XVIe-XXe siècles », *Revue d'histoire moderne et contemporaine*, n° 3, 1976, p. 394-407, repris dans *id.*, *Religion et modernité. France, XIXe-XXe siècles*, Rennes, PUR, 2002, p. 91-103.

Une étape décisive dans la compréhension du problème a été franchie en 1986 avec la publication du grand livre de l'historien américain Timothy Tackett sur la crise du serment à la constitution civile du clergé[1]. Cette dernière, comme on sait, était la pièce maîtresse de la politique religieuse de la Révolution. Elle était porteuse d'une réorganisation radicale des structures de l'Église de France qui a rapidement suscité des résistances, si bien que les nouvelles autorités révolutionnaires ont imaginé d'exiger du clergé en 1791 qu'il lui prêtât un serment de fidélité. Soixante mille prêtres environ étaient concernés. Or, en dressant la carte de ceux qui avaient refusé (« réfractaires ») ou accepté (« constitutionnels ») de prêter serment, Tackett a retrouvé la carte Boulard, à quelques exceptions près, dans le Sud-Est notamment où à un fort taux de prêtres ayant prêté le serment correspondent des taux de pratique ultérieurs non pas faibles mais moyens. Autrement dit, les pays dont le clergé avait majoritairement refusé la constitution civile en 1791 étaient devenus les pays « A » de Boulard en 1947, et *vice versa*. Sauf exceptions, comme ces pays de Bretagne où l'attachement à l'Église constitutionnelle n'a pas produit à moyen terme de déchristianisation, mais la naissance d'un catholicisme « bleu » (favorable à la République) qui a traversé les XIXe et XXe siècles, même s'il a eu tendance à se lézarder après la Première Guerre mondiale[2].

1. Timothy Tackett, *La Révolution, l'Église, la France*, préface de Michel Vovelle, postface de Claude Langlois, Paris, Cerf, 1986.
2. Michel Lagrée, *Religion et cultures en Bretagne, 1850-1950*, Paris, Fayard, 1992.

C'était là retrouver involontairement un événement matriciel (la Révolution) qui avait longtemps obsédé la mémoire catholique et qui avait été largement perdu de vue dans les dernières décennies par épuisement progressif de la culture contre-révolutionnaire en raison de la perspective sociologique adoptée (qui incitait à privilégier les tendances lourdes sur les événements), mais aussi sous l'influence des nouvelles orientations idéologiques de l'aile marchante du catholicisme français qui avait entrepris de se réconcilier avec cet épisode clivant de l'histoire nationale et à qui la sociologie avait justement fourni, dans la période précédente, le moyen d'en relativiser l'importance. Avec l'ouvrage de Tackett, on assistait donc, en un sens, à une sorte de retour du refoulé dans la réflexion sociologique sur la « déchristianisation », sans les allures polémiques d'autrefois.

Tous les problèmes n'étaient pas réglés pour autant. Car, si les cartes Tackett et Boulard avaient manifestement entre elles des liens génétiques que personne n'a songé à contester, restait à savoir d'*où* venait la première – l'enquête régressive n'était pas terminée – et *comment* elle avait pu engendrer la seconde. Sans entrer dans les détails, on peut dire qu'il existe deux grandes thèses sur le sujet.

Selon la première, qui s'inscrit davantage dans la tradition de la sociologie religieuse classique, la Révolution a surtout *révélé* des contrastes et une géographie qui existaient *auparavant*, mais qui étaient restés cachés jusqu'alors derrière une façade d'unanimité religieuse officielle. Cette dernière connaissait en réalité déjà pas mal de trous et de ratés, surtout depuis le milieu du XVIIIe siècle, notamment dans des fractions croissantes de la bourgeoisie et des classes populaires urbaines[1]. Mais, dans l'ensemble, elle tenait encore bon à la veille de la Révolution. Cette thèse a reçu sa formulation la plus classique et la plus achevée dans le travail pionnier déjà mentionné de Louis Pérouas sur le diocèse de La Rochelle[2]. Il a montré que, dans ce grand diocèse d'Ancien Régime qui couvrait tout ou partie des départements actuels de la Charente-Maritime, des Deux-Sèvres, de la Vendée et du Maine-et-Loire, les frontières religieuses identifiées par la carte Boulard après-guerre existaient déjà à la fin du XVIIe siècle. Non pas, certes, sous forme de contrastes de pratique dominicale ou pascale (puisque celle-ci était encore massive et théoriquement obligatoire, même si son observance était souvent assez lâche[3]), mais à travers d'autres indices comme l'implantation des confréries, les vocations sacerdotales et religieuses, ou les dépenses ornementales des fabriques paroissiales. À la faveur de l'événement révolutionnaire et du principe de la liberté religieuse consacré par le concordat napoléonien de 1801, ces contrastes de *ferveur* du XVIIIe siècle seraient devenus les contrastes de *pratique* des XIXe et XXe siècles.

Pour l'autre thèse, la Révolution a moins *révélé* ces contrastes qu'elle ne les a *créés*, même si, pour cela, elle a utilisé et transformé des matériaux préexistants de natures assez diverses. C'est, semble-t-il, l'avis de Tackett

1. Michel Vovelle, *Piété baroque et déchristianisation en Provence au XVIIIe siècle*, Paris, Plon, 1971.

2. *Le Diocèse de La Rochelle de 1648 à 1724*, *op. cit.*

3. Comme l'a montré Alain Cabantous dans *Le Dimanche, une histoire. Europe occidentale (1600-1830)*, Paris, Seuil, 2013, notamment p. 53.

lui-même qui a parlé d'« événement structurant » à propos de la Révolution, plus explicatif par l'histoire qu'il a engendrée, que véritablement expliqué par les causes dont il provient.

Au terme d'une analyse minutieuse, Tackett a montré que le clergé soumis au serment a réagi à chaque fois en fonction d'une situation locale ou régionale particulière, dans laquelle sont entrés en ligne de compte, à des titres divers et dans des proportions variables, le poids local du protestantisme et de ses effets de frontière (notamment en Alsace et le long de l'axe Nîmes-Montauban), celui du jansénisme[1] (notamment dans le sud-est du Bassin parisien), la réception et l'application de la réforme tridentine des XVIe-XVIIe siècles et du modèle sacerdotal qu'elle véhiculait (son succès dans les campagnes de l'Ouest, son rejet dans le Limousin[2], par exemple), ou encore le niveau d'intégration nationale de la région et le rôle de l'Église dans la préservation des identités locales. Beaucoup de régions réfractaires étaient non francophones et étrangères à la tradition gallicane. L'effet de la crise aurait donc été, dans cette hypothèse, non pas de créer *ex nihilo* ces contrastes, qui existaient déjà localement par plaques et morceaux, mais de faire émerger la géographie dans sa totalité, de la fixer et de la rendre génératrice d'une histoire où – spécificité française de longue durée – le religieux serait désormais au cœur de la définition du politique, et *vice versa*.

1. Pierre Chaunu, « Jansénisme et frontière de catholicité (XVIIe et XVIIIe siècles). À propos du jansénisme lorrain », *Revue historique*, n° 277, 1962, p. 115-138.

2. Louis Pérouas, *Le Diocèse de La Rochelle de 1648 à 1724*, *op. cit.*

Reste à comprendre comment une crise qui concernait avant tout le clergé au début de la Révolution a pu avoir de telles conséquences et de si long terme sur la pratique des fidèles. Il semble acquis que l'opinion du clergé reflétait généralement, au moins dans les campagnes (c'est-à-dire pour 80 % de la population), celle qui dominait dans leur paroisse, de sorte que la crise du serment a fonctionné comme une espèce de référendum grandeur nature sur la politique religieuse de la Révolution, sinon forcément sur la Révolution elle-même. Tackett estime qu'une grosse moitié du clergé a prêté serment en 1791 (entre 52 et 55 %, avec de fortes variations locales). La condamnation de la constitution civile par le pape Pie VI au printemps 1791 n'a pas suscité de rétractations massives dans le clergé « jureur » ; on était probablement ainsi à cinquante-cinquante en 1792. La base de départ de l'Église constitutionnelle (favorable à la Révolution) était donc très importante, mais elle a été progressivement laminée par les événements, en particulier par la vague de « déprêtrisations » et de mariages (souvent forcés) qui a accompagné la déchristianisation violente de l'an II, le clergé « réfractaire » ayant été paradoxalement plus protégé de ses effets destructeurs par la clandestinité et l'émigration préalable.

Le phénomène a eu une double conséquence. D'une part, au lendemain du concordat, les diocèses qui avaient été les plus jureurs étaient généralement ceux qui avaient le moins de prêtres et de paroisses. D'où – et c'est là un phénomène capital dans le destin religieux des différentes régions françaises – une vitesse de reconstitution des cadres humains et matériels de la vie religieuse normale plus lente qu'ailleurs[1], et la possibilité pour les effets déchristianisants de la Révolution de s'y indurer plus profondément. Et, d'autre part, dans la mesure où l'Église du XIXe siècle, gallicane d'abord, ultramontaine ensuite[2], s'est voulue l'héritière de l'Église réfractaire, un malaise certain dans le catholicisme officiel de la part de tous les amis de la Révolution, y compris des héritiers de l'Église constitutionnelle auxquels le concordat avait pourtant eu soin de ménager une place. La politisation de la question religieuse a été, en France, pour toute une partie de la population, un facteur de longue durée de dévitalisation religieuse.

Sur le plan de la chronologie, il est frappant de voir que dans les rares enquêtes diocésaines dont on dispose pour les lendemains du concordat de 1801, qui a véritablement mis fin à la Révolution sur le plan religieux, notamment à Clermont, à Tours et à Soissons, les contrastes de la carte Boulard existent déjà, bien qu'ils s'expriment à des niveaux supérieurs de pratique, et principalement sur le terrain de la pratique pascale. Dans un premier temps, il semble que les populations soient revenues massivement à la pratique dominicale, rite de sociabilité dont elles avaient été privées et auquel elles étaient attachées, d'autant qu'elle ne supposait pas d'en passer par le confessionnal. Une étape importante a été franchie dans les années 1820-1830, quand

1. Point bien mis en évidence par Claude Langlois dans sa thèse *Le Diocèse de Vannes au XIXe siècle, 1800-1830*, Paris, Klincksieck, 1974, dont c'est l'une des conclusions.

2. Sur ce tournant, notamment dans les années 1848-1853, cf. Austin Gough, *Paris et Rome. Les catholiques français et le pape au XIXe siècle*, Paris, Éditions de l'Atelier, 1996.

la génération des acteurs et témoins de la Révolution a commencé à disparaître. Comme l'a bien montré Claude Langlois, les effets *conjoncturels* de la Révolution ont alors révélé, comme une mer se retire, ses conséquences *structurales* durables[1]. La révolution de juillet 1830, qui a été marquée par une explosion d'anticléricalisme à Paris et en province, a eu lieu au même moment, rappelant à beaucoup les âges troublés de la Révolution, comme une réplique mineure du choc fondateur. Les diocèses retardataires s'en sont trouvés perturbés dans leur processus de reconstitution des cadres normaux de la vie religieuse, avec, là encore, des conséquences durables.

Les contrastes géographiques de la pratique ont été renforcés, au XIXe et dans la première moitié du XXe siècle, par le mode de gestion du personnel qui a prévalu au sein de l'Église. Le recrutement sacerdotal était local, ce qui signifie que les diocèses les plus fervents disposaient de plus de vocations que les autres, et qu'en général l'offre et la demande s'y renforçaient mutuellement. Les évêques avaient tendance par ailleurs à envoyer les « mauvais » prêtres (présumés) dans les « mauvaises » paroisses, et inversement, avec à la clé un renforcement des contrastes. Il faudra attendre 1941 pour que la Mission de France tente de répondre, bien tardivement, à ce problème en formant un clergé spécial et très motivé à destination des pays les plus indifférents.

1. « La déchirure », postface à Timothy Tackett, *La Révolution, l'Église, la France*, *op. cit.*, p. 319-337.

Lieu de mémoire ou tombeau du catholicisme français ?

La carte Boulard a « photographié » le catholicisme d'après-guerre, et plus précisément, dans ses dernières versions, des années 1955-1965, *juste avant* qu'il ne connaisse une rupture profonde introduisant à une tout autre histoire. On peut même dire que, par ses dernières versions parues au début des années 1980 dans l'*Atlas* de François-André Isambert et Jean-Paul Terrenoire[1] ou dans le premier tome des « Matériaux Boulard », elle a contribué à masquer cet effondrement en donnant à penser à tort aux spécialistes que la situation qu'elle reflétait était toujours d'actualité.

Car, enfin, que reste-il de la carte Boulard aujourd'hui ?

À première vue, pas grand-chose. Si l'on s'en tient aux critères qui ont présidé à son établissement, comme il paraît de bonne logique et même de probité intellectuelle élémentaire de le faire, contrairement à l'habitude qui a été prise dans les années 1970 de considérer comme « pratiquant » quiconque va à la messe une fois par mois, c'est l'*ensemble* de l'Hexagone, villes et campagnes confondues, qui apparaît désormais comme un « pays de mission », et ce non seulement au sens où l'entendait Boulard (au moins 20 % d'enfants non baptisés ou non catéchisés) mais Godin et Daniel dans *La France, pays de mission ?*, voire un cran au-dessous encore. Personne n'imaginait dans les années 1950 qu'on pourrait en arriver là. Le

1. *Atlas de la pratique religieuse des catholiques en France*, *op. cit.*

taux de pratique national actuel (2 %) correspond aux taux les plus faibles enregistrés dans le monde ouvrier des années 1950. Tous les planchers de la pratique tels que la sociologie des années 1950 avait pu les établir, qu'ils soient géographiques, sociologiques, de sexe ou d'âge, ont été percés depuis longtemps. La rupture a été brutale, massive et spectaculaire.

Emmanuel Todd et Hervé Le Bras[1] ont parlé dans *Le Mystère français* (2013) de « catholicisme zombie »[2], thèse que le premier a reprise, seul cette fois, dans son essai discuté sur le mouvement « Charlie » consécutif à l'attentat de janvier 2015[3]. L'expression, indépendamment de son côté un peu potache, ne me paraît pas très heureuse en ce qu'elle a l'air de supposer que le catholicisme français serait en train de vivre sa « crise terminale », ce qui n'est pas le cas, même s'il est bien clair que son destin n'est plus rural. Mais la thèse est intéressante dans la mesure où, tout en prenant acte de cette rupture, elle montre bien que la carte Boulard n'a pas totalement disparu et qu'elle est toujours en partie agissante.

Les auteurs considèrent en effet que le catholicisme français aurait quasiment disparu comme système de croyances et de rites cartographiables dans l'espace, en dehors d'un milieu assez étroit, surtout urbain, et des couches les plus âgées de la population. Il ne subsisterait plus, avec ses contrastes, que sur un plan qualifié par eux

1. Fils de Gabriel Le Bras accessoirement.

2. Emmanuel Todd et Hervé Le Bras, *Le Mystère français*, *op. cit.*, p. 79.

3. Emmanuel Todd, *Qui est Charlie ? Sociologie d'une crise religieuse*, Paris, Seuil, 2015.

d'« anthropologique », comme un ensemble d'attitudes et de déterminants sociaux et culturels façonnés dans la longue durée.

On peut noter au passage (même si c'est un autre débat) que les effets de ce catholicisme hérité paraissent, à suivre leur démonstration, plutôt positifs, notamment dans l'ouest de la France, où se rencontre encore assez souvent la combinaison vertueuse d'un bon niveau éducatif, d'une stabilité familiale relative, d'un certain dynamisme économique et, jusqu'à une date récente du moins, d'une méfiance à l'égard des extrêmes en politique. Toutes choses dont, somme toute, on pourrait vouloir la pérennité et celle de leur cause génératrice si les deux auteurs n'avaient eu soin de préciser, histoire sans doute de nous éviter toute nostalgie inutile, qu'elles sont liées non pas à la religion elle-même, en l'espèce au catholicisme des années 1950-1960, mais à sa sortie et à la « libération » qu'elle impliquerait. Quoi qu'on puisse penser de cette dernière thèse qui me paraît bien subjective, on peut retenir cette idée que la carte Boulard existe toujours parmi nous, malgré le fait que son existence, désormais principalement culturelle, n'est plus que précaire et provisoire.

De façon plus positive et dans les termes de Boulard, on pourrait dire que les anciens pays « A » de la carte de 1947 sont généralement devenus des pays « B » ou « C », avec ce que cela suppose encore bien souvent d'attachement persistant à la *culture* catholique, à défaut désormais de la *pratique*, même si, à moyen terme, il est probable en effet que la première s'en ira avec la seconde parce que leurs destins sont liés. Cette culture s'exprime de diverses manières, à travers des valeurs (la géographie des dons aux associations humanitaires, comme celle des dons du sang, reflète en partie la carte Boulard), un certain style politique (le vote Bayrou au premier tour de l'élection présidentielle de 2012), longtemps étranger aux extrêmes (Parti communiste ou Front national), des traditions familiales et locales, un attachement encore relativement important aux rites de passage religieux ou au patrimoine architectural et artistique (à l'heure où la question des destructions éventuelles ou réaffectations d'églises commence à se poser), etc.

D'une manière générale, si le décrochage des années 1960 s'est produit là comme ailleurs, il est parti de plus haut et, dans les familles, la distance à la racine catholique est moindre, bien qu'elle soit surtout incarnée désormais par les grands-parents et arrière-grands-parents. La réduction n'est pas totalement achevée mais, dans bien des cas, elle arrive tout de même à son terme. On pourrait ajouter enfin que, dans le processus de la disparition de la carte Boulard, ses différentes parties constitutives, agglomérées à la faveur de la Révolution, reprennent leur indépendance et suivent désormais leur destin particulier.

CHAPITRE 2

Le tournant de 1965

En 1987 fut organisée dans les trois diocèses de Basse-Normandie (Bayeux pour le Calvados, Coutances pour la Manche, Sées pour l'Orne) une grande enquête de pratique qui était la première de cette importance à avoir été réalisée selon les méthodes de Boulard depuis la fin des années 1960[1]. Signe des temps, l'initiative était d'origine universitaire, et non plus ecclésiale, l'Église ayant, entre-temps, largement perdu ce genre de curiosité. Pour chacun de ces diocèses, on disposait d'enquêtes Boulard de 1960 qui montraient que le taux de pratique régional était alors de 40 %. En 1987, il n'était plus que de 9,5 % (7,8 % dans le Calvados, 11,6 % dans la Manche, 9,6 % dans l'Orne), soit une différence de 30,5 points et une baisse de 75 %, le tout sur fond de contrastes géographiques et sexuels globalement maintenus. En l'absence d'enquête intermédiaire, Colette Muller concluait prudemment son commentaire en écrivant : « Un tournant a eu lieu dans les comportements religieux et probablement sociaux en

1. Cf. Colette Muller, « Une nouvelle enquête de pratique religieuse en Basse-Normandie », *Archives de sciences sociales des religions*, n° 72, 1990, p. 155-166.

général, dans les années soixante-dix ou quatre-vingt[1] », sans plus de précision. Y a-t-il moyen d'en savoir davantage sur la chronologie, les raisons et les modalités de ce déclin ?

Un discernement difficile

L'entreprise est difficile pour diverses raisons.

La première tient à la diversité géographique du catholicisme français, qui présentait des situations de départ très contrastées et où la rupture a pu revêtir, de ce fait, des visages très différents, même si les tendances étaient communes. On devine un mouvement général de réduction des écarts mais, tant qu'on ne disposera pas de monographies diocésaines sur le sujet en nombre suffisant, on en sera un peu réduit aux hypothèses. J'essaierai dans les pages suivantes d'évoquer des cas précis, qui paraissent confirmer l'hypothèse d'une orientation commune ; cependant, on n'en conclura pas nécessairement pour autant à l'existence d'un scénario unique.

La seconde difficulté tient au fait qu'on a cessé, dans l'Église catholique, de compter sérieusement les pratiquants au milieu des années 1960, précisément au moment où les courbes se sont effondrées. Ceci explique-t-il cela ? A-t-on voulu délibérément casser le thermomètre au moment même où le malade était saisi d'une poussée de fièvre, pour ne pas la voir précisément ? L'explication peut paraître séduisante à première vue, encore qu'un brin machiavélienne, mais je ne la crois pas tout à fait

1. *Ibid.*, p. 160.

juste parce que, si la rupture date bien du milieu des années 1960, la *conscience* qu'on en a pris, elle, est plus tardive. Elle date plutôt de la fin de la décennie, à une époque où l'on avait déjà cessé de compter systématiquement. Ce qui est sûr, en revanche, c'est que, dès lors que le clergé en a été conscient, il n'a guère été incité à recommencer à enquêter. On le voit bien dans les réticences suscitées à Paris en 1975 dans le clergé par un projet tardif d'enquête sur la pratique dont chacun pressentait que les résultats risquaient d'être assez décourageants.

Au milieu des années 1960, presque tous les diocèses français avaient fait l'objet d'enquêtes approfondies. L'entreprise avait mobilisé des énergies considérables. Il suffit, pour s'en rendre compte, de voir la place qu'occupent dans les rayonnages des archives diocésaines ces cartons de statistiques des années 1950-1960, notamment à Paris pour les enquêtes de 1954 et 1962. Le clergé de l'époque pouvait légitimement hésiter à relancer un second cycle d'enquêtes, même si c'était le seul moyen d'établir des comparaisons dans la durée. Par ailleurs, les nouvelles orientations pastorales issues du concile, ou se réclamant de lui, n'y incitaient guère, bien que la constitution pastorale *Gaudium et spes* en 1965 eût salué (sans s'y attarder) l'effort sociologique accompli[1]. Elles avaient tendance désormais à privilégier le qualitatif (présumé) sur

1. « Que, dans le travail pastoral, on ait une connaissance suffisante non seulement des principes de la théologie, mais aussi des découvertes des sciences profanes, surtout de la psychologie et de la sociologie, et qu'on en fasse usage, de façon à ce que les fidèles soient amenés, eux aussi, à une vie de foi plus pure et plus mûre » (*Gaudium et spes*, dans *Le Concile Vatican II. Édition intégrale définitive*, Paris, Cerf, 2003, section 3, n° 62, p. 593).

le quantitatif et à considérer que la pratique (théoriquement toujours obligatoire) n'avait plus la même importance qu'autrefois.

À défaut d'enquêtes et de statistiques précises, ce sont donc les sondages qui ont dès lors fourni l'essentiel des informations sur le sujet. Ils existaient en matière religieuse depuis 1946, mais ils ne se sont vraiment multipliés qu'à partir de 1958. En novembre 1952, une célèbre enquête Ifop parue dans la revue *Réalités* avait suscité parmi les catholiques une controverse assez vive sur la fiabilité de leurs enseignements à laquelle Boulard avait participé[1]. La rupture de la pratique a donc été contemporaine d'un changement dans les sources susceptibles de nous informer sur elle, doublé, à partir de 1974 surtout, d'un changement dans la définition sondagière de la pratique qui d'hebdomadaire a tendu à devenir mensuelle.

Une autre raison probable de cette difficulté à penser la rupture en temps réel est ce qu'il faut bien appeler la sanctuarisation idéologique du concile Vatican II, qui, de façon plus ou moins consciente, a longtemps soustendu les raisonnements sur le sujet. On a voulu éviter d'apporter de l'eau au moulin intégriste ou traditionaliste en admettant qu'il ait pu avoir raison au moins sur la chronologie, un peu comme, dans les mêmes années, on avait tendance à minorer le rôle de la Révolution dans le décrochage religieux de la fin du XVIIIe siècle, pour éviter d'avoir l'air de ressasser de mauvais souvenirs. La génération du concile, qui a vécu l'événement comme un progrès majeur dans sa conception du christianisme, a eu

1. Georges Rotvand, « La vérité sur la pratique et les sentiments religieux des Français », *Réalités*, n° 82, 1952, p. 36-44.

le plus grand mal à admettre qu'il puisse avoir joué un rôle dans la crise et, pour être plus précis, dans le décrochage de la pratique. Tout au plus a-t-elle bien voulu convenir généralement du fait que le *sens* de la pratique avait évolué (en bien), privilégiant désormais, comme critères du christianisme véritable, les comportements volontaires et les engagements « évangéliques », de type social ou politique en particulier. Le déclin du catholicisme volontiers qualifié de « sociologique » n'était pas considéré comme une grande perte, mais plutôt comme une sorte d'opération vérité, voire une mesure d'assainissement nécessaire, que d'aucuns ont pu comparer à l'époque à la « déjudaïsation de l'Église au Ier siècle[1] ».

Boulard était trop sociologue et connaissait trop son monde pour avoir approuvé toutes ces tendances. Cependant, il a été bien embarrassé quand il a découvert que le décrochage datait du milieu des années 1960, et donc qu'il était contemporain du concile. Il a manifestement fait beaucoup d'efforts pour ne pas y penser et chercher des explications alternatives, mais, *nolens volens*, il a bien dû y venir tout de même dans les années 1970, au moment de la querelle dite de la « religion populaire »[2], où le problème a été posé avec plus d'acuité.

Bien rares sont ceux, dans le clergé et chez les catholiques ouverts au nouveau cours, qui ont accepté de penser

1. Cf. en ce sens les réflexions du théologien jésuite Joseph Moingt dans « La transmission de la foi », *Études*, janvier et mai 1975, p. 107-130 et 749-776.

2. Fernand Boulard, « La religion populaire dans le débat de la pastorale contemporaine », dans Bernard Plongeron (dir.), *La Religion populaire. Approches historiques*, préface d'André Latreille, Paris, Beauchesne, 1976, p. 27-49.

cette responsabilité possible du concile dans les événements. Parmi eux, on peut citer le sociologue jésuite belge Roger Mols. Dans la conclusion d'un article consacré à l'évolution de la pratique dominicale en Belgique depuis les années 1950, il écrivait (l'analyse valant aussi pour la France) :

> [...] devant [un tel recul], il faut avoir la loyauté de se poser certaines questions, même si elles ne sont pas agréables et qu'elles puissent aller à l'encontre de certaines thèses trop facilement acceptées comme argent comptant. Si l'Esprit saint a réuni le deuxième concile du Vatican et a inspiré ses décisions, on peut croire légitimement que c'était en partie pour boucher les fissures par lesquelles, depuis plus de deux siècles, l'Église perdait de sa substance au bénéfice d'une conception sécularisée de la destinée humaine. Ce n'était certainement pas pour que ces fissures se transforment en crevasses, puis en brèches de plus en plus larges et difficiles à colmater. [...] Assurément, le recul historique manque encore pour nous permettre de juger adéquatement les phénomènes dont nous sommes les témoins. [...] Mais il y a au moins une coïncidence [entre le concile et la chute de la pratique] qui, tôt ou tard, obligera à réfléchir les futurs historiens des temps que nous vivons. Dans la ligne de l'*aggiornamento* conciliaire – et parfois même bien au-delà de cette ligne – des mesures et des initiatives de toute espèce furent prises pour permettre aux chrétiens d'assister à une messe dominicale mieux comprise, mieux participée, ou encore anticipée. Sans attendre nécessairement comme effet de ces dispositions le retour des détachés et même des conformistes saisonniers à une pratique plus régulière, il était certes raisonnable

> d'escompter pour l'avenir une réduction du décrochage de la pratique des jeunes [...]. Or, loin de constater un redressement de la pratique ni même le maintien d'un approximatif *statu quo*, on enregistre une reprise accélérée de la régression, qui doit faire réfléchir[1].

La première analyse technique de la situation

Boulard, qui est mort en 1977 et qui, de ce fait, a eu le temps d'assister à la crise, a produit, entre 1969 et 1972, une première analyse des événements qui me paraît demeurer, aujourd'hui encore, le point de départ nécessaire de la réflexion sur le sujet. Je m'en étais aperçu il y a quelques années en lisant sa production publiée des années correspondantes et j'en avais proposé une première analyse[2]. La consultation ultérieure de ses papiers a amplement confirmé le fait. Le décrochage religieux des années 1965-1970 a bien été « le dernier problème » de Fernand Boulard, du prêtre et du sociologue, avant qu'il ne se consacre plus pleinement, à partir de 1972-1973, à la préparation des futurs *Matériaux pour l'histoire religieuse du peuple français*, comme si, désormais, seule l'histoire pouvait consoler des déboires du présent.

1. Roger Mols, s. j., « La pratique dominicale en Belgique. Situation actuelle et évolution récente », *Nouvelle revue théologique*, n° 4, 1971, p. 425.
2. « Le dernier problème de Fernand Boulard : la rupture de pente religieuse de 1965 », dans Guillaume Cuchet, *Faire de l'histoire religieuse dans une société sortie de la religion*, *op. cit.*, p. 103-139.

Une prise de conscience progressive entre 1968 et 1972

Rappelons brièvement les principales étapes de cette prise de conscience.

En 1968, dans le livre qu'il a consacré avec Jean Remy à l'analyse de la pratique religieuse urbaine, Boulard soulignait incidemment, après avoir insisté sur la stabilité relative des taux dans la longue durée, que « ces dernières années » (sans plus de précision) on avait assisté à une baisse très sensible de la pratique. « Sans dramatiser cette baisse, écrivait-il, elle est cependant d'une intensité exceptionnelle sur une si courte durée[1]. » À ce stade cependant, il ne tranchait pas la question de savoir s'il s'agissait d'un simple accident, d'une variation temporaire de la courbe ou de l'amorce d'un mouvement de plus grande ampleur. De par sa position, il était en contact avec de nombreux correspondants dans les différents diocèses de France, qui l'avaient aidé dans ses enquêtes antérieures et qui continuaient de l'informer sur l'évolution de la situation. Il vaudrait la peine un jour d'étudier de façon approfondie le groupe de ces « Boulard de province », qui n'ont pas tous disparu. Ses archives constituent pour cette raison un observatoire particulièrement précieux de la conjoncture. Or, à partir de 1968-1969, les échos qui lui remontent du terrain indiquent que la pratique est en train de s'effondrer et qu'il importerait d'en savoir davantage. Une des difficultés est qu'on manquait de données récentes pour

1. Fernand Boulard et Jean Remy, *Pratique religieuse urbaine et régions culturelles*, *op. cit.*, p. 33.

savoir exactement à quoi s'en tenir. D'où l'importance, dans le développement de sa réflexion, de l'enquête qui eut lieu en mars 1969 dans le diocèse de Rouen. C'était la première du genre depuis Mai 68 et, de ce fait, ses conclusions étaient attendues. Finement commentée par le jésuite Pol Virton[1], elle révélait l'ampleur du décrochage survenu depuis le milieu des années 1960, en particulier chez les jeunes[2].

En 1971, dans un article sur la déchristianisation à Paris au XIXe siècle paru dans les *Archives de sociologie des religions*, Boulard revenait en conclusion sur le phénomène, mais cette fois beaucoup plus longuement. Il expliquait qu'on assistait depuis quelque temps à une baisse spectaculaire de la pratique dominicale, surtout chez les jeunes de 15 à 24 ans. Citant l'enquête de Rouen de 1969, il en comparait les résultats à d'autres recensements réalisés dans les diocèses urbanisés de Paris, de Versailles et de Marseille en 1954 et 1962. Le tableau qu'il en dressait montrait un creusement spectaculaire des courbes de la pratique des jeunes[3]. Il constatait en 1969 un décrochement des taux de l'ordre de 40 à 50 % par rapport à 1954 et de 35 à 40 % par rapport à 1962, en six ou sept ans ! Il en concluait que de nouvelles études à l'avenir devraient confirmer la réalité de cette baisse, mais qu'on

1. Cf. la synthèse de ses réflexions dans Pol Virton, s. j., *Structures humaines et assistance dominicale dans le diocèse de Rouen*, Rouen, BERS, 1971 (14 PP 91, diocèse de Rouen, CNAEF).

2. Lettre de Fernand Boulard à Pol Virton, 27 novembre 1970 (14 PP 91, diocèse de Rouen, CNAEF).

3. Fernand Boulard, « La "déchristianisation" de Paris. L'évolution historique du non-conformisme », *Archives de sociologie des religions*, n° 31, 1971, p. 90.

pouvait d'ores et déjà tenir pour certain « qu'une grande période de la sociologie religieuse est en voie d'achèvement et qu'au niveau surtout de la *signification* sociologique des divers aspects de la pratique nous sommes dans une phase de mutation rapide qui ne permet guère, pour le moment, de nouvelles études aux résultats durables[1] ».

Un article peu connu de Boulard, paru dans *La Croix* du 3 juin 1972, était, cette fois, expressément consacré au problème[2]. Ses archives révèlent l'ampleur du travail préparatoire qu'il lui a demandé. Le choix de le publier dans un quotidien, et pas dans une revue, était le signe d'une volonté de sa part de toucher un public assez large et d'attirer son attention sur un problème grave. Il y étudiait vingt sondages publiés dans la presse, généralement confessionnelle, entre 1946 et 1972, sur les comportements cultuels des Français, réalisés par l'Ifop et la Sofres. Il s'était déjà exprimé sur le problème de la fiabilité des sondages dans un numéro de *La Croix* de janvier 1953 à propos de l'enquête *Réalités* de novembre 1952[3], qui avait défendu l'idée selon laquelle la France, contrairement à ce que prétendaient les Américains et les éléments les plus avancés du mouvement « missionnaire » d'après-guerre, était encore profondément chrétienne et n'avait nullement besoin du traitement de choc que le mouvement en question préconisait[4]. Boulard, à l'époque, avait nuancé ces

1. *Ibid.*, p. 91.

2. Fernand Boulard, « Les sondages sur la pratique religieuse des Français », *La Croix*, 3 juin 1972.

3. Georges Rotvand, « La vérité sur la pratique et les sentiments religieux des Français », art. cité.

4. « Un pays où 94 pour 100 des citoyens sont baptisés et où 43 pour 100 des adultes font leurs Pâques est-il un pays

conclusions mais il s'était surtout montré très sceptique sur la fiabilité des sondages, synonymes à ses yeux de subjectivité dans les réponses, de problèmes techniques dans l'établissement de la population de référence et de négligence du problème fondamental des classes d'âge dans l'établissement des résultats. « Pourquoi, écrivait-il, opérer par sondages dans un domaine où il existe des statistiques[1] ? »

En 1972, il n'était plus aussi sévère. Il reconnaissait que les sondages pouvaient atteindre « un certain ordre de grandeur valable » et son souci prioritaire était désormais de répondre à ceux qui, dans l'Église, comme le journaliste Jacques Duquesne ou l'historien et théologien Jean-François Six, soulignaient, au vu des sondages justement, l'effondrement récent de la pratique. Six, par exemple, notait qu'en une dizaine d'années, de 1961 à 1969, entre un quart et un tiers des jeunes avaient abandonné la pratique[2]. La situation s'était donc inversée pour Boulard depuis l'époque de l'enquête de *Réalités* : il ne s'agissait plus pour lui de noircir contre les sondages un tableau jugé trop optimiste, mais d'atténuer l'impression de chute qu'ils reflétaient.

L'important cependant est la conclusion qu'il en tirait. Les données « homogénéisées » (c'est-à-dire rendues comparables) par ses soins des sondages faisaient apparaître une différence spectaculaire entre la période 1946-1964,

---

de mission ? Une mise au point de M. le chanoine Boulard », *La Croix*, 4-5 janvier 1953.

1. *Ibid.*

2. « La foi des jeunes en France », *Études*, juillet 1969, p. 108-118.

créditée (trop généreusement) d'un taux de pratique à peu près stable de l'ordre de 37 %, et la période 1966-1972, où le taux tournait autour de 25 %. Il n'y avait pas de sondage pour 1965. D'où deux conclusions : l'ampleur de la chute d'une part, de l'ordre du quart ou du tiers des pratiquants des années 1950 en quelques années, et la date du tournant, d'autre part, 1965-1966. Dans la suite de l'article, Boulard, toujours soucieux de ne pas laisser ses lecteurs sur une note trop pessimiste, tentait de réduire l'écart en expliquant qu'avant 1965 les gens avaient tendance à surdéclarer leur niveau de pratique et que, désormais, ils faisaient plutôt l'inverse (sans expliquer le pourquoi de ce changement fondamental). « Le plus démontré, concluait-il, semble la baisse de la fréquentation dominicale. Elle est trop constamment attestée depuis 1966 pour qu'on puisse la mettre en doute. »

Les grandes conclusions

De l'analyse de Boulard, on pouvait tirer plusieurs constats.

Premièrement, celui de la réalité d'une rupture signalée par les journalistes, mais que les spécialistes n'avaient pas vu venir, en dehors du cas particulier des campagnes « retardataires » pour lesquelles Boulard craignait le pire depuis longtemps. D'une manière générale, on sent chez lui, dans ces années décisives, une tension entre l'optimisme volontariste du projet pastoral dont il avait été la cheville ouvrière et qui était censé produire enfin ses bons effets, sa position d'intellectuel organique dans l'institution, et la lucidité inquiète de sa rigueur méthodologique qui l'a finalement amené à conclure contre lui-même, non sans réticences ni difficultés, à la réalité de la rupture. Ce point m'a été confirmé par son neveu, l'historien Pierre Barral, qui l'a bien connu et qui a participé occasionnellement à ses enquêtes[1]. À l'un de ses petits-neveux qui lui demandait en 1976, peu de temps avant sa mort, s'il était vrai qu'« il y avait moins de monde dans les églises », Boulard avait répondu que oui, « mais pas autant qu'on le croit ou le dit[2] ».

Le fait que cette rupture ait eu lieu au milieu des années 1960, en 1965 même, plutôt qu'en 1966, est fondamental. Il signifiait que la rupture avait eu lieu *avant* Mai 68, comme Boulard le soulignait lui-même dans un riche commentaire inédit d'un ensemble de statistiques poitevines[3]. Avant *Humanae vitae* aussi, puisque la fameuse encyclique de Paul VI qui rappelait l'interdiction de la contraception date de juillet 1968. Elle *coïncidait* en revanche avec le concile Vatican II et les débuts de l'application de la réforme liturgique (le texte, adopté en décembre 1963, ayant commencé à produire ses effets dès 1964, bien avant la fin du concile, en décembre 1965). Les deux explications favorites de la rupture mises en avant par le catholicisme de droite (« la faute à Mai 68 ») et de gauche (« la faute à *Humanae vitae* ») s'en trouvaient ainsi sérieusement relativisées au profit d'un scénario de

1. Lettre de Pierre Barral à l'auteur, 27 septembre 2013.

2. Notes manuscrites de son petit-neveu Henri Studer, 15 novembre 1976, aimablement communiquées par Pierre Barral en pièce jointe de sa lettre du 27 septembre 2013.

3. Fernand Boulard, *La Messe dominicale au diocèse de Poitiers (1956-1968)*, s. d. (probablement 1972) (14 PP 82, diocèse de Poitiers, CNAEF).

double rupture. À un premier palier survenu en 1965 en aurait succédé un autre en 1968 (mai et juillet confondant leurs effets), le premier étant passé relativement inaperçu, le second ayant davantage marqué les mémoires.

La troisième grande conclusion de Boulard était la dimension générationnelle de cette rupture, qui paraissait, au moins dans un premier temps, avoir surtout concerné les 12-24 ans, soit les grosses cohortes du baby-boom parvenues à l'âge de l'adolescence et de la jeunesse. Dans l'ancien monde religieux, les enfants pratiquaient toujours plus que les jeunes et les jeunes que les adultes, de sorte qu'en termes démographiques la pyramide des âges de la pratique était « saine ». Ce qui faisait la force du système – le fait que 70 voire 80 % de la génération continuait de passer sur les bancs de l'église et du catéchisme entre 9 et 12 ans – était aussi sa principale faiblesse, puisque cette fréquentation massive était structurellement suivie, et ce pratiquement depuis le début du XIXe siècle, d'un décrochage collectif spectaculaire étalé sur une dizaine d'années. À son terme, le milieu pratiquant retrouvait à peu près en aval (vers 21 ans) ses effectifs de l'amont (vers 7 ans, âge de raison où la pratique devenait théoriquement obligatoire). La multiplication des œuvres de jeunesse et des patronages, des mouvements de jeunesse et du scoutisme, avait pu limiter ce décrochage, et même sans doute redresser un peu les courbes dans les dernières décennies, mais elle ne l'avait pas supprimé.

Tout l'enjeu pastoral pour le clergé était donc d'insuffler à la génération montante suffisamment de religion dans l'enfance pour qu'il lui en reste assez au jour de la mort pour « se reconnaître » *in extremis* et basculer du bon côté de l'au-delà[1]. Tout au plus, dans l'intervalle, pouvait-on compter, pour maintenir un état de tension spirituelle minimal, sur quelques piqûres de rappel et menues recharges sacrales survenues à la faveur du mariage, du baptême des enfants, des enterrements, de quelques grandes fêtes, éventuellement d'une mission ou d'un pèlerinage.

L'exemple de la construction d'églises

Ce retard de la conscience de la déprise sur la réalité que l'on a vu se produire chez Boulard, on le retrouve, au niveau collectif, dans le domaine de la construction d'églises. En 1931, le cardinal Verdier, archevêque de Paris, avait créé à cette intention les « Chantiers du Cardinal ». Dans les années 1960, l'Église de France s'est lancée dans une vaste politique de construction d'églises, qui a culminé vers 1965. Ces dernières sont souvent aujourd'hui les premières à être vendues, détruites ou réaffectées, parce qu'elles sont entièrement à la charge de l'institution et qu'elles n'ont pas toujours bien vieilli[2].

Le phénomène a été étudié pour le diocèse de Lyon[3]. En 1957, Paul Winninger avait attiré l'attention des res-

1. C'est à quoi s'employaient notamment les internats des collèges catholiques. Cf. par exemple Jean de La Guérivière, *Les Bons Pères*, Paris, Seuil, 2008.

2. Cf. Bernard Barbiche, « Les sources de l'histoire du patrimoine cultuel dans la seconde moitié du XXe siècle au Centre national des archives de l'Église de France », InSitu.revues.org, 22 juillet 2009.

3. Olivier Chatelan, *L'Église et la Ville*, *op. cit.*

ponsables sur la nécessité de bâtir de nouvelles églises pour accueillir la vague des nouveaux citadins[1]. En 1961 fut créé à cette intention un Comité national de construction d'églises. À Lyon, une quarantaine de lieux de culte furent édifiés entre 1957 et 1975, le sommet étant atteint en 1962-1963, juste avant que les courbes ne plongent. Les autorités civiles, soucieuses d'aménagement du territoire, poussaient l'Église à voir large dans ce domaine. L'architecte en chef de la ville de Lyon, Charles Delfante, écrivait en 1963 à l'archevêché : « Si pour la seule ville de Lyon vous ne prévoyez pas la construction de quatre églises par an pendant *x* années, vous serez toujours en retard[2]. » En février 1965, lors d'un grand colloque sur le sujet organisé par le Comité national de construction d'églises, le chrétien et ancien ministre de la Reconstruction Eugène Claudius-Petit confirmait : « Allons-y, retroussons les manches, remercions le Seigneur d'avoir autant d'églises à construire[3]. »

Cette politique immobilière audacieuse a été généralement réorientée à partir de la fin des années 1960 et interrompue au milieu des années 1970, à des dates variables selon les diocèses[4]. Le changement était certes dû en partie aux évolutions de la pastorale post-conciliaire et notamment à la volonté d'« enfouissement » et au refus du monu-

1. *Construire des églises*, *op. cit.*

2. Cité par Olivier Chatelan, *L'Église et la Ville*, *op. cit.*, p. 118-119.

3. Cité *ibid.*, p. 188.

4. Cf. Jean-Pierre Moisset, « Les nouveaux lieux de culte dans la banlieue bordelaise (de 1945 aux années 1960) », dans Jacqueline Lalouette et Christian Sorrel (dir.), *Les Lieux de culte en France, 1905-2008*, Paris, Letouzey & Ané, 2008, p. 161-176.

mentalisme de la part de l'Église, assimilé désormais à un « triomphalisme » de mauvais aloi. Mais pas seulement : à des nécessités financières aussi et à la prise de conscience de la baisse de la pratique. Dans les années 1970-1980, beaucoup de diocèses ont dû ainsi rembourser à contretemps des emprunts contractés durant la décennie 1960 sur la base de prévisions de pratique trop optimistes.

L'insaisissabilité relative de la rupture

Que l'on n'ait pas davantage remarqué à l'époque une telle rupture peut paraître *a priori* surprenant, même si c'est souvent le lot des grandes mutations que d'être difficilement perceptibles sur le moment. Encore faut-il comprendre pourquoi il en a été ainsi et parvenir à en rendre compte. L'aller et retour entre les perceptions des contemporains et les évolutions objectives fait partie du cahier des charges de l'historien comme du sociologue. En l'occurrence, plusieurs facteurs nous paraissent y avoir contribué.

Le premier est le climat d'optimisme qui prévalait encore, au milieu des années 1960, quant aux perspectives de développement à court et moyen terme du catholicisme. Les leçons des enquêtes de pratique des années 1950 avaient plutôt rassuré leurs commanditaires, et le concile, à partir du moment où il a pris son cap réformiste à l'automne 1962, consacrait les aspirations de cette génération. Comment imaginer qu'un tel saut qualitatif dans la conception même du christianisme ne se traduise pas, d'une manière ou d'une autre, par un progrès et un rayonnement accru de l'Église ? On sent bien cet enthousiasme dans un texte célèbre de Le Bras de 1963 sur la déchristianisation comme « mot fallacieux »[1], qui a marqué toute une génération et dont Jean Delumeau a popularisé les thèses (un peu à contretemps) dans son essai de 1977, *Le christianisme va-t-il mourir ?*[2]. Le Bras écrivait alors : « Si nous ne craignions de sembler paradoxal, nous dirions qu'un phénomène aussi intéressant [que la déchristianisation] est celui de la christianisation contemporaine[3]. » Et de fait, pour un catholique né comme lui en 1891, qui avait connu dans sa jeunesse les difficultés de la Séparation et de la crise moderniste, la situation pouvait paraître nettement plus favorable. Ce type de jugement n'est d'ailleurs pas isolé : les années 1963-1964 sont des années euphoriques dans les milieux réformateurs du catholicisme, bien que, dès l'année suivante, les premiers signes d'inquiétude aient commencé à apparaître. On trouve l'équivalent chez Boulard, par exemple dans l'édition de 1966 des *Premiers itinéraires* qui reconduisait

1. C'était sa contribution au grand colloque de Lyon sur la déchristianisation qui a marqué l'appropriation « officielle » par les historiens des recherches sociologiques d'inspiration lebrasienne. Il a donné lieu à la publication d'un rapport magistral de René Rémond (« Recherche d'une méthode d'analyse historique de la déchristianisation depuis le milieu du XIXe siècle », rapport cité).

2. Sur cet aspect de l'œuvre de Delumeau, cf. Christian Sorrel, « Jean Delumeau ou l'antiromanisme nuancé d'un érasmien », dans Silvio de Franceschi (dir.), *Histoires antiromaines*, Lyon, RESEA, 2011, p. 185-197 ; Guillaume Cuchet, « Jean Delumeau, historien de la peur et du péché », art. cité.

3. « Déchristianisation : mot fallacieux », art. cité., p. 95.

ne varietur, comme s'il était toujours d'actualité, ce diagnostic caractéristique de 1954 :

> [D]e nombreuses observations font penser qu'en France l'heure n'est plus éloignée où la courbe descendante va se renverser, si même cela n'est déjà fait en beaucoup d'endroits. Nul ne peut plus ignorer la montée quantitative (et qualitative) des jeunes foyers chrétiens, dans les régions rurales traditionnellement désertiques comme dans les milieux ouvriers jusqu'ici éloignés de l'Église. [...] Qui pourrait douter qu'on ne soit en progrès très sensible – spécialement pour les hommes – par rapport à la situation d'il y a cinquante ans [1905] ? peut-être d'il y a seulement quinze ans [1939] ? Les efforts apostoliques, multipliés et patients – notamment, pour ne parler que des milieux populaires, ceux des patronages, puis de la JOC [Jeunesse ouvrière chrétienne] et de la JAC [Jeunesse agricole chrétienne] –, ne sont sûrement pas étrangers à ces résultats. Le risque serait plutôt aujourd'hui de s'en contenter. Si l'on ne paraissait pas ainsi se désintéresser du salut individuel de tous ceux qui vivent en dehors du bercail, on oserait écrire que le problème apostolique numéro 1, maintenant, en France, n'est plus celui de la quantité des pratiquants, mais de leur *qualité* chrétienne[1].

Il est remarquable de constater que cet optimisme n'avait pas encore été entamé en 1966 par une autre courbe qui présentait pourtant déjà, depuis le milieu des années 1950, un profil assez inquiétant : celle du

1. Fernand Boulard, *Premiers itinéraires en sociologie religieuse*, *op. cit.*, p. 100, note 20.

recrutement sacerdotal[1]. Dans le grand livre qu'il a consacré au sujet en 1950, Boulard écrivait que, si la situation était encore un peu critique, on verrait bientôt entrer dans les petits et grands séminaires les enfants des couples de l'Action catholique, qui, eux, régleraient le problème. En attendant, la « fécondité spirituelle » à l'ancienne des familles nombreuses des régions de chrétienté permettrait de tenir l'intervalle et de faire la soudure. « Parce que monte un laïcat chrétien, écrivait-il, il y aura bientôt, à n'en pas douter, un clergé renouvelé. Mais les espoirs que donnent les enfants des foyers militants d'Action catholique ne nous donneront pas dès demain les prêtres qu'il nous faut. C'est quinze années pendant lesquelles il nous faut attendre et tenir[2]. » Quinze années, c'est-à-dire 1965, l'année de la rupture. Cependant, encore en 1957, une enquête de Mgr de Bazelaire, menée à l'occasion de l'assemblée plénière de l'épiscopat, paraissait confirmer le pronostic de Boulard en montrant un redressement des entrées dans les petits séminaires et les noviciats[3].

Force est de constater que cette génération fiévreusement attendue sur le champ de bataille apostolique, comme Grouchy à Waterloo, n'est finalement jamais arrivée. Ou que, si elle est bien arrivée, elle a tourné casaque

1. Cf. notamment R. Izard, « La vitalité sacerdotale de la France de 1951 à 1960 », *Vocations sacerdotales et religieuses*, n° 216, 1961, p. 65-98, qui, sans se cacher la profondeur de la crise, estimait tout de même qu'on était alors dans une phase de « redressement ».

2. *Essor ou déclin du clergé français ?*, *op. cit.*, p. 438.

3. Cf. Jean Pélissier, « Les visites *ad limina* de LL. EExc. NN. SS. Marmottin, Petit et Michon », *La Croix*, 17 octobre 1957.

rapidement et s'est dispersée. Mais le constat demeure qu'en 1965 encore ces indices inquiétants du côté du recrutement sacerdotal n'étaient pas encore parvenus à dissiper l'optimisme dominant, d'autant que le concile a valu un surcroît de sympathie à l'Église dans une grande partie de l'opinion, provoquant même, semble-t-il, un léger ressaut temporaire dans la courbe des ordinations. Le Bras estimait encore en 1965 que la France ne manquait pas de prêtres, mais qu'il s'agissait simplement d'un problème de formation du clergé et de gestion des effectifs[1]. Il faut attendre 1968 et ses effets dévastateurs sur la population des séminaires pour que les choses commencent à changer de ce point de vue. Dans l'article qu'il a consacré en 1976 à la « question des départs » dans les séminaires, Boulard montre que les « cours » (promotions) 1967 et 1968 ont connu un taux de perte vertigineux de 80 %, alors qu'il tournait autour de 20 % dans les années 1950, à une époque où régnait pourtant déjà un certain malaise dans ce type d'établissements[2].

Un autre élément qui a pu rendre difficile l'appréciation en temps réel des événements est le dynamisme démographique de la période. Aux classes creuses de l'avant-guerre avaient succédé les générations pleines du baby-boom : huit

1. « La France manque-t-elle de prêtres ? », *Ecclesia*, n° 193, 1965, p. 37-44.

2. « Qui êtes-vous ? Jeunes ou adultes des centres ou groupes de formation. Quelques résultats d'une enquête nationale auprès des séminaristes », *Vocation dans des mondes nouveaux*, n° 273, 1976, p. 39-82. Pour une analyse contemporaine du phénomène qui s'est révélée prémonitoire, cf. Dominique Julia, « La crise des vocations. Essai d'analyse historique », *Études*, février et mars 1967, p. 238-251 et 378-396.

cent mille naissances au moins chaque année entre 1946 et 1973, contre six cent cinquante mille entre 1935 et 1940, soit 23 % de plus[1]. Ce « coup de jeune » de la société française, pour reprendre l'expression d'Alfred Sauvy[2], était d'autant plus spectaculaire que la natalité y avait été longtemps plus déprimée. La vague démographique a rempli « mécaniquement » les catéchismes, les mouvements de jeunesse et les églises, où les enfants avaient toujours constitué une part importante de l'assistance. C'était particulièrement vrai, paradoxalement, dans les pays déchristianisés où la pyramide des âges des assistances dominicales était plus déséquilibrée. Le baby-boom, en ce sens, a nourri le petit boom religieux des années 1950.

Dans ces conditions, surtout à ces niveaux encore relativement élevés de participation, il était difficile de s'aviser du décrochage des *proportions* au sein de la génération. En perception visuelle (de la nef par son curé) ou en nombre de communions, c'est-à-dire par les moyens empiriques les plus couramment utilisés par le clergé pour apprécier l'évolution de la participation, la croissance des effectifs liée au baby-boom a masqué la réduction des proportions « accrochées » dans la génération. On peut même se demander si, à court terme, cet afflux d'enfants n'a pas avivé le sentiment d'agacement éprouvé par une partie du jeune clergé de sensibilité progressiste (vicaires, aumôniers) devant la surcharge pastorale impliquée par ce surcroît de catholicisme « sociologique », sans croissance proportionnée des

1. Antoine Prost, *Histoire de l'enseignement et de l'éducation*, t. 4, *L'école et la famille dans une société en mutation, depuis 1930* (1981), Paris, Perrin, 2004, p. 12.
2. *La Montée des jeunes*, Paris, Calmann-Lévy, 1959.

effectifs ecclésiastiques. Si l'on ajoute qu'en France, depuis le début du XIXe siècle, le décrochage des jeunes était considéré comme un événement regrettable, certes, mais normal et plus ou moins inévitable, on conçoit qu'il était difficile pour les observateurs du temps de s'apercevoir qu'ils décrochaient nettement *plus* qu'autrefois.

À l'optimisme du temps et à ces effets de brouillage de la mutation liés au facteur démographique, il faut sans doute ajouter le changement de *signification* de la pratique religieuse induit par les nouvelles orientations pastorales nées du concile, ou adoptées à sa suite. L'ancienne pastorale insistait beaucoup sur l'obligation de recevoir les sacrements et en particulier d'assister à la messe. La nouvelle, dans la lignée du mouvement liturgique lancé par Pie X au début du siècle, se préoccupait davantage de favoriser la « participation active » des fidèles. L'important était moins désormais d'assister, voire de « pointer » à la messe tous les dimanches, que d'y participer dans un esprit communautaire. Les fidèles devaient cesser d'être ces « spectateurs étrangers et muets » évoqués par la constitution conciliaire sur la liturgie[1], qui reprenait une formule de Pie XI en 1928[2]. Dans ces conditions, il était légitime de se demander si l'ancienne sociologie pastorale qui reposait sur le principe de l'obligation de la pratique avait encore un sens et si le décrochage des courbes ne reflétait pas plutôt ce changement de régime de la pratique qui constituait à la

1. Constitution sur la sainte liturgie, dans *Le Concile Vatican II*, *op. cit.*, p. 29.
2. Constitution apostolique *Divini cultus*, 20 décembre 1928, citée par Daniel Moulinet, *La Liturgie catholique au XXe siècle. Croire et participer*, Paris, Beauchesne, 2017, p. 126.

limite un progrès plutôt qu'une baisse de tonus religieux. Dans un article inspiré de 1972, l'historien catholique lyonnais André Latreille, qui était pourtant assez sceptique devant les thèses de Le Bras sur la déchristianisation comme « mot fallacieux », parlait de « changement saisissant » dans la conception de la pratique.

> Il se pourrait que nous assistions en ce moment à une rupture du cours de l'histoire capable de remettre en question les résultats obtenus par les efforts concertés de la sociologie et de l'histoire en ces trente dernières années. Et ceci sous l'effet soit de mutations intérieures à l'Église romaine depuis Vatican II, soit de transformations dans les mœurs et les manières de pensée du public. Nous avions érigé en règle de comptabiliser les actes religieux et voilà que la crainte du formalisme et le discrédit du juridisme dans l'Église vont enlever toute signification à des critères tenus jusqu'ici pour particulièrement expressifs. [...] [I]l devient évident que, dans le public des baptisés catholiques, le sentiment des pratiques prescrites par l'Église est allé s'effaçant rapidement[1].

Études de cas

Les monographies diocésaines d'inspiration sociologique ont constitué, pendant plusieurs décennies du XXe siècle, un

1. André Latreille, « Pratique, piété et foi populaire dans la France moderne du XIXe et XXe siècles », dans Geoffrey J. Cumming et Derek Baker (dir.), *Popular Belief and Practice*, Cambridge, Cambridge University Press, 1972, p. 288.

des genres les plus prisés de l'histoire religieuse française. Elles sont aujourd'hui très délaissées, ce qui est dommage parce qu'elles continuent d'offrir une échelle d'observation nécessaire, *a fortiori* dans un pays longtemps aussi diversifié sur le plan religieux que la France. Sans prétendre faire le tour de la question, on se propose de présenter ici un certain nombre de cas émanant du fonds Boulard ou d'archives diocésaines (pour la Vendée) qui sont susceptibles d'étayer et d'affiner les thèses avancées par Boulard en 1969-1972.

Le cas vendéen

Sur la carte Boulard de 1947, le département de la Vendée (correspondant au diocèse de Luçon) faisait partie des « pays chrétiens », à l'exception de sa partie méridionale, classée dans les « pays indifférents à traditions chrétiennes ». Au nord se trouvaient les cantons les plus fervents ; au sud, dans la Plaine et sur la côte, les plus déchristianisés, du moins selon les normes locales puisqu'ils descendaient rarement au-dessous de 35 % de pratique dominicale, ce qui les situait malgré tout dans la fourchette haute des pays « B ». Entre les deux s'étendaient des zones de transition plus ou moins larges. En 1956, année d'enquête Boulard, le taux de pratique dominicale du diocèse était d'un peu plus de 60 %, avec de notables disparités géographiques : près de 50 % dans l'arrondissement méridional de Fontenay-le-Comte, un peu au-dessus de 50 % dans celui des Sables-d'Olonne, pas loin de 80 % dans celui de La Roche-sur-Yon[1].

1. *Matériaux*, *op. cit.*, t. 1, 1982, p. 377.

Le canton nordiste de Saint-Fulgent offre la possibilité assez rare de comparer la situation entre 1956 et 1979[1]. En 1956, il était l'un des plus croyants du Bocage, la région la plus fervente de Vendée. Avec près de 93 % de pratique dominicale chez les adultes (hommes et femmes confondues) et 97 % de pratique pascale, on était en pleine unanimité religieuse. Dans des communes d'environ mille deux cents habitants (la taille ordinaire dans le pays), on pouvait dénombrer tout au plus quelques dizaines de « déviants » (divorcés, instituteurs publics, originaux, alcooliques, etc.). « On est tout à fait fondé à se demander, écrivait le père Baudry, qui pourrait bien se permettre de prendre le risque de se distinguer dans un pareil contexte[2]. » Les contrastes habituels de la pratique entre classes d'âge, hommes et femmes, milieux sociaux, pratiques dominicale et pascale, y étaient à peine perceptibles. Les agriculteurs représentaient le groupe le plus pratiquant mais les ouvriers, les artisans et les commerçants pratiquaient tout de même à plus de 80 %. Le père Baudry en était lui-même une bonne illustration puisque, originaire du canton, il était l'aîné d'une famille modeste de onze enfants dont le père était tisserand, trois de ses frères (sur cinq passés au séminaire) étant devenus prêtres[3].

1. Grâce à une étude menée localement à l'initiative de l'université de Nantes par le père Henri Baudry, membre de la congrégation des Missionnaires de la Plaine et ancien élève de Boulard (« Y a-t-il changement dans les pratiques religieuses des habitants du canton de Saint-Fulgent ? », dans *Actes du colloque de Saint-Fulgent, 27-28 septembre 1979*, s. l., CNRS-CEAS Vendée-Insee-Laboratoire de géographie rurale de l'université de Nantes, 1979).

2. *Ibid.*, p. 127.

3. Sur le contexte général, cf. Charles Suaud, *La Vocation. Conversion et reconversion des prêtres ruraux*, Paris, Minuit, 1978.

Cette unanimité était ancienne car en 1823-1826, sous l'épiscopat de Mgr Soyer, la pratique pascale à Saint-Fulgent atteignait déjà les 93,8 %[1], mais rien ne dit qu'elle se soit maintenue à ce niveau tout au long du XIXe siècle. Il est même assez probable qu'elle ait été plus faible dans le dernier tiers du siècle. En 1894-1896, le taux de pratique pascale était de 78,8 % et le taux de pratique dominicale de 82,8 %. La situation des années 1950, en revanche, était déjà acquise dans les années 1930, le redressement ayant eu lieu avant, à la faveur d'une modernisation réussie du « système paroissial » (avec son réseau particulièrement dense d'œuvres et d'associations) mis en place sous la IIIe République et d'un effort missionnaire accru en direction des pays de la Plaine (la zone la plus déchristianisée de la région).

Le système fonctionnait encore parfaitement dans les années 1950. Il est vrai que les conditions s'y prêtaient bien, surtout dans les cantons du nord puisqu'on avait affaire à des communes populeuses, un clergé respecté (le curé étant généralement épaulé par un vicaire qui s'occupait de la jeunesse), des familles nombreuses, des emplois industriels en nombre suffisant pour fixer la main-d'œuvre et permettre une modernisation sur place, limitée mais bien réelle[2]. À quoi s'ajoutait tout un réseau dense d'œuvres et d'écoles libres pour la défense desquelles l'évêque du lieu, Mgr Cazaux, s'était fait connaître à l'échelle nationale en 1950 par un retentissant appel à la grève de l'impôt. Pour cimenter le tout, des

1. *Matériaux*, *op. cit.*, t. 1, p. 361.

2. Cf. *Des curés aux entrepreneurs. La Vendée au XXe siècle*, La Roche-sur-Yon, Centre vendéen de recherches historiques, 2004.

missions, fondées sur la prédication des « grandes vérités » du salut (la mort, le jugement, l'enfer, etc.), ramenaient périodiquement au bercail les rares éléments dispersés et réparaient, le cas échéant, les fissures du bloc paroissial survenues entre-temps.

En 1979, la situation était évidemment très différente. La pratique dominicale (hommes et femmes confondus) était passée de 92,9 % à 55,5 % et la pratique pascale de 96,5 % à 84,5 %. La pratique dominicale avait été réduite presque de moitié et le taux d'abstention, qui partait de très bas, multiplié par cinq. Aux pratiquants encore nombreux s'ajoutait désormais un nombre non négligeable d'abstentionnistes et de pratiquants irréguliers. Les contrastes, jadis imperceptibles, s'étaient accusés. La différence de pratique entre hommes et femmes – ce que l'ancienne sociologie appelait le « dimorphisme sexuel de la pratique religieuse » – s'est accentuée, la baisse de la pratique dominicale ayant été de 49 % pour les hommes et de 31 % pour les femmes. Une dissonance rituelle s'est creusée entre la pratique pascale (restée très élevée) et dominicale (devenue plus optionnelle). Sur le plan sociologique, les ouvriers, dont le nombre augmente avec l'exode rural et agricole, sont de moins en moins pratiquants, en particulier les femmes, dont les niveaux de pratique tendent à se rapprocher de ceux de leurs maris. Bref, commente Henri Baudry, « [l]'unanimité […] de 1956 n'existe plus et se trouve remplacée par une réelle diversité d'attitudes[1] », sur fond de pratique encore assez

1. Henri Baudry, « Y a-t-il changement dans les pratiques religieuses des habitants du canton de Saint-Fulgent ? », étude citée, p. 128.

massive étant donné les niveaux de départ très élevés lors du décrochage.

Un des enseignements les plus intéressants de l'enquête concerne la pratique par âge. Les retraités de 1979 ont maintenu à peu près leur niveau de pratique de 1956. Ils ne sont donc pour rien dans la baisse globale. Plus largement, le niveau de pratique de tous ceux qui avaient plus de 45 ans au milieu des années 1950 était resté à peu près inchangé. Chez les 35-44 ans, en revanche, c'est-à-dire dans la génération immédiatement antérieure au baby-boom, celle qui a fait la guerre d'Algérie, la transformation est déjà notable, mais c'est surtout chez les 20-34 ans, c'est-à-dire chez les baby-boomers, qu'elle est importante. Leur taux de pratique dominicale est de 24,1 % contre 93 % en 1956, soit une division par quatre du taux de départ.

Il est difficile de savoir cependant à quand exactement remonte la rupture. En 1956, elle n'a pas encore eu lieu et, en 1979, elle est déjà largement effective. Que s'est-il donc passé entre-temps ? Pour le savoir, il faudrait disposer pour le même canton d'une enquête équivalente intermédiaire qui n'existe pas. J'ai pensé, dans un premier temps, pallier cette lacune en me reportant aux rapports préparatoires aux missions cantonales, liées à la nouvelle « pastorale d'ensemble », qui avaient succédé aux anciennes missions paroissiales[1]. Dans les archives diocésaines de Luçon, on trouve en effet des enquêtes de ce type

1. Sur ce changement, cf. Pierre Legal, « De la norme à l'action : la réception du concile Vatican II dans le diocèse de Luçon », dans *Cinquantenaire du concile Vatican II : une herméneutique de la continuité*, La Roche-sur-Yon, Presses universitaires de l'ICES, 2012, p. 142.

correspondant aux années qui nous intéressent pour les cantons de Maillezais (1963), de Saint-Hilaire-des-Loges (1965), de Mareuil (1966) et de Sainte-Hermine (1966), mais ils se trouvent tous dans le sud du département, soit dans la partie du diocèse considérée autrefois comme déchristianisée.

À défaut, je me suis reporté aux enseignements d'une autre enquête réalisée en 1966 par le père Baudry à Aigrefeuille, en Loire-Atlantique. Le canton, qui se trouve dans le sud du département, à la frontière de la Vendée, est très semblable à celui de Saint-Fulgent. On y trouve les mêmes racines liées à l'expérience de la « Vendée militaire », les mêmes communes populeuses, la même unanimité ou quasi-unanimité religieuse dans les années 1950. Or l'enquête de pratique réalisée en janvier 1965 montre qu'à cette date la situation était encore très semblable à celle des années 1950. Le taux de pratique pascale était de 90,7 % et celui de la pratique dominicale de 87 %. Les contrastes classiques de la sociologie des années 1950 sont encore quasi inexistants. Toutes les tranches d'âge au-dessus de 20 ans ont un même taux de pratique dominicale de 87 %. Le bloc des pratiquants était encore sans faille[1].

La rupture a donc eu lieu *après*, mais quand exactement ? Le rapport contient, de ce point de vue, une source intéressante : une enquête sur la pratique religieuse des jeunes du canton réalisée début 1966. On a vu que, dans l'enquête de janvier 1965, la pratique des plus de 20 ans était non seulement élevée (87 %) mais presque identique pour tous les âges. Avant 20 ans, comme partout ailleurs

1. Henri Baudry, *Mission cantonale. Canton d'Aigrefeuille*, s. l., 1966, p. 63 (Archives diocésaines de Luçon).

en France, la pratique des jeunes était supérieure à celle des adultes (ce qui veut dire ici unanime) et les phénomènes de décrochage postérieurs à la communion beaucoup plus limités qu'ailleurs. Or un an plus tard, début 1966, les choses ont déjà sensiblement évolué pour les garçons (mais pas encore pour les filles). Si le taux de pratique dominicale des 15-16 ans est encore de 94 %, celui des 17-19 ans est déjà de 76,4 % et celui des 20-26 ans de 61,1 %. Le plancher des 87 % est donc largement percé. Le phénomène est assez spectaculaire si l'on tient compte des délais très courts (un an) qui séparent les deux enquêtes. On a affaire ici, me semble-t-il, de manière exceptionnellement visible dans la documentation, à la première génération de jeunes qui ont pris leurs positions religieuses dans le nouveau contexte culturel et religieux. On voit qu'ils les ont prises nettement au-dessous de leurs parents, même si prévalaient encore localement des niveaux de participation élevés. « Ce qui est certain, écrivait prudemment Henri Baudry en 1966, c'est que le décrochage progressif des jeunes prend assez d'ampleur pour qu'on puisse le traduire en chiffres non équivoques[1]. »

Le cas parisien

Le cas parisien confirme l'évolution d'ensemble[2], lors même que, par le passé, et déjà sous l'Ancien Régime, il avait plutôt fait figure d'exception en France par la

1. *Ibid.*, p. 69.
2. Cf. notamment Luc Perrin, *Paris à l'heure de Vatican II*, Paris, Éditions de l'Atelier, 1997.

précocité des phénomènes de détachement religieux qui s'y étaient manifestés. Il a fait l'objet de trois enquêtes successives en 1954, 1962 et 1975, qui permettent de se faire une idée précise de son évolution sur la période[1]. Ces enquêtes ont donné lieu à des commentaires plus ou moins développés, par Jacques Desabie de l'Insee en 1954[2], l'abbé Maurice Toutain, curé en Seine-et-Oise, en 1962[3], et Boulard en 1975-1977[4].

Le recensement du 14 mars 1954 avait montré que le taux de pratique dominicale de la Seine s'établissait autour de 15-16 %, soit 12,5 % pour la banlieue et 18 % pour Paris. En 1962, la situation n'avait pas tellement changé.

1. Les deux premières étaient des recensements dominicaux, opérations lourdes portant à la fois sur Paris *intra muros* et le département de la Seine, qui ont laissé une masse impressionnante d'archives. Ceux-ci avaient été organisés parallèlement au recensement civil et, pour le recensement religieux de 1954, conjointement avec le diocèse de Versailles (correspondant alors à l'ancienne Seine-et-Oise). En mars 1975, l'opération était plus limitée (les sources parlent d'un simple « comptage ») et ne portait que sur Paris *intra muros.* Entre-temps était intervenu un nouveau découpage diocésain de l'ensemble de la région parisienne.

2. *Le Recensement de pratique religieuse dans la Seine (14 mars 1954)*, préface de Francis-Louis Closon, directeur général de l'Insee, Paris, Insee, s. d. Il s'agit d'un travail remarquable.

3. Maurice Toutain, « Quelques résultats d'ensemble du Recensement religieux du 18 mars 1962 », *Les Dossiers de la « semaine religieuse »*, 22 juin 1963, p. 624-642 ; *id.*, « Premiers résultats du recensement diocésain du 18 mars 1962 », *Semaine religieuse du diocèse de Paris,* s. d., p. 656-662.

4. Rapport du 29 septembre 1975 ; note d'octobre 1975 ; rapport final du 7 février 1977 adressé au chanoine Lanfry (14 PP 78, diocèse de Paris, 1954-1975, CNAEF).

Maurice Toutain en tirait des conclusions « réconfortantes » pour le présent et « sagement optimistes » pour l'avenir (selon ses propres termes). D'une part, le taux de pratique était resté stable d'une enquête à l'autre, en dépit de bouleversements démographiques *a priori* peu favorables, notamment un surcroît de population de cinq cent mille individus dans le département et une mobilité croissante des habitants en lien avec la diffusion de l'automobile. D'autre part, le taux de persévérance des jeunes paraissait en voie d'amélioration : les décrochages étaient moins nombreux et ils avaient lieu plus tard, autour de 15 ans, contre 13 en 1954, « phénomène heureux » que l'abbé Toutain attribuait à « l'influence de la prolongation de la scolarité et d'un plus grand soin apporté à la pastorale des adolescents », ainsi qu'au « renouveau des méthodes catéchétiques »[1].

L'enquête de mars 1975 révélait une tout autre situation. En chiffres bruts, la pratique avait connu depuis 1962 une chute de 47 %. La nouvelle en fut rendue publique par une conférence du cardinal Marty, archevêque de Paris, en octobre 1975[2]. La baisse était générale, mais elle était particulièrement prononcée dans les quartiers populaires des IIe, IIIe, IVe, XIe, XIIIe, XIVe, XVIIIe, XIXe et XXe arrondissements de Paris. Partout, on passait nettement sous la barre des 10 %, sauf dans les secteurs plus bourgeois des VIe, VIIe, VIIIe et XVIe arrondissements. La fréquentation

1. « Quelques résultats d'ensemble du Recensement religieux du 18 mars 1962 », art. cité, p. 642.

2. « Conférence pastorale de M. le cardinal François Marty aux prêtres de Paris – septembre 1975 », *Paris*, n° 70, 1975, p. XVIII-XX.

des chapelles résistait mieux que celle des paroisses (la baisse y était de 25 % contre 54 %) et certaines églises, comme le Sacré-Cœur, Saint-Louis-d'Antin, Notre-Dame de Paris, la Médaille miraculeuse et Saint-Bernard, près de Montparnasse (qui n'existait pas en 1962), avaient même vu leur fréquentation augmenter. Se devinaient, derrière ces chiffres, des phénomènes, assez nouveaux dans leur intensité, de redistribution des pratiquants en fonction des orientations spirituelles et pastorales des différents lieux de culte, là où ce genre de choix, autrefois, était surtout commandé par l'horaire des messes. Le Sacré-Cœur, sous la houlette de Mgr Maxime Charles, incarnait la résistance à l'Action catholique et à la pastorale parisienne officielle, Saint-Louis-d'Antin devenait un centre de messes pour cadres et employés arrivant à Paris par la gare Saint-Lazare, Saint-Bernard jouait davantage la carte de l'enfouissement. Les messes en latin enfin rassemblaient 10 753 fidèles, soit 5,4 % de l'assistance totale.

Dans sa conférence, l'archevêque de Paris avançait plusieurs explications pour essayer de rendre compte de cette baisse spectaculaire : la concurrence des messes télévisées et radiodiffusées, la rénovation urbaine de plusieurs quartiers de Paris, qui avait pu rompre les liens traditionnels avec la paroisse, le vieillissement du clergé et ses effets sur la pratique des jeunes, les difficultés de « communication » et autres « malentendus » engendrés par la réforme liturgique. La question des jeunes était particulièrement préoccupante. En 1962, les 7-24 ans représentaient 44,5 % de l'assistance dominicale dans le diocèse, et souvent plus de 50 % en banlieue. « L'éducation de la foi qui depuis dix ans est proposée aux jeunes, écrivait le cardinal en 1975, si elle favorise une démarche libre et prend en compte les questions posées par la vie, insiste moins sur l'obligation de la pratique. D'autant plus que les jeunes eux-mêmes n'acceptent plus de s'ennuyer, n'acceptent plus de faire un effort pour participer à un office qu'ils ne comprennent pas immédiatement. Les jeunes d'aujourd'hui – c'est une évidence – ont subi une évolution très rapide du comportement social et des mœurs[1]. » Il en appelait à une restauration du « sens du dimanche » dans les consciences catholiques : « L'obligation de participer chaque dimanche à l'assemblée dominicale n'est pas une règle vaine ; elle demeure. Faut-il urger le précepte ? Il n'est pas inutile de le rappeler ; il est temps de rééduquer la conscience chrétienne sur le sens du dimanche[2]. »

Sans doute les organisateurs de l'enquête de mars 1975 s'attendaient-ils à une baisse de la pratique, mais pas de cette ampleur, d'autant qu'elle contrastait avec la stabilité de la période antérieure, maintenue dans un contexte social pourtant déjà bouleversé. D'où leur recours à Boulard en septembre de la même année pour qu'il les aide à comprendre ce qui s'était passé. Celui-ci a accédé d'autant plus volontiers à leur requête qu'il était lui-même en train de s'interroger activement sur le sujet. Il a ainsi rédigé plusieurs notes confidentielles, dont un rapport final en février 1977, peu de temps avant sa mort. Il en a aussi parlé dans ses conversations privées[3]. De cette réflexion du dernier Boulard sur la chute de la pratique religieuse à Paris, il ressort plusieurs points notables.

1. *Ibid.*, p. XIX.
2. *Ibid.*, p. XX.
3. Note de Fernand Boulard du 15 novembre 1976, transmise à l'auteur par son neveu Pierre Barral.

Il s'est d'abord efforcé, comme à son habitude, de relativiser le déclin et donc de rassurer un peu ses commanditaires. Si la baisse du taux brut était bien de 47 %, expliquait-il, comme l'avait annoncé sans langue de bois le cardinal Marty dès octobre 1975, celle du taux réel en revanche, qui tenait compte de la diminution de la population parisienne *intra muros* depuis 1962 et de l'augmentation de la part des non-catholiques, était plutôt de l'ordre de 35 %. Il est vrai que, pour obtenir ce chiffre plus favorable, il avait choisi de ne pas tenir compte de la possible surévaluation de la pratique induite au moment de l'enquête par la présence en nombre à Paris, notamment dans les sanctuaires du Sacré-Cœur et de la Médaille miraculeuse, des pèlerins en transit de l'Année sainte de 1975 à Rome (qui avait connu un grand succès).

Le deuxième constat est que ce sont les arrondissements *populaires* qui ont connu la plus fort baisse, c'est-à-dire ceux qui présentaient déjà au départ le niveau le plus bas. La baisse était de 28 % pour les VIe, VIIe, VIIIe et XVIe arrondissements, contre 43 % pour les IIe, IIIe, X^e^, XIe, XIIIe, XVIIIe, XIXe et XXe. Difficile dans ces conditions d'imputer la baisse, comme Boulard en avait eu l'idée au départ, au développement du phénomène des week-ends, lié à l'automobile et à la multiplication des résidences secondaires (phénomène lui-même lié en partie à l'exode rural). Si tel avait été le cas, elle aurait dû *a priori* concerner davantage les arrondissements les plus aisés. Derrière cette baisse de la pratique populaire, il proposait plutôt de voir un effet du déclin des patronages et de la pratique provisoire des enfants sans leurs parents dû au catéchisme de communion à l'ancienne. En 1954, à l'époque où le baby-boom a commencé à remplir les catéchismes, le recensement avait montré que le taux de présence à 12 ans des enfants baptisés dans l'Église était de 79 % pour les garçons et de 87 % pour les filles, ce qui signifiait concrètement que, dans les quartiers populaires, ce sont les enfants qui « faisaient les taux » de l'assistance dominicale, comme ce sont probablement eux aussi (j'y reviendrai) qui les ont « défaits » après 1965.

Le troisième constat, lié à la ventilation de la pratique sur le week-end, était qu'outre le pic dominical de la messe de 11 heures (qui représentait 28 % de l'assistance totale) on assistait à la montée en puissance de la messe du samedi soir, autorisée depuis janvier 1969, qui accueillait désormais 22 % de l'assistance. Corrélativement, la fréquentation de la messe du dimanche soir, dont le recensement de 1954 avait montré l'importance nouvelle, avait désormais tendance à baisser, avec 13 % de l'assistance. La messe « de rattrapage » du dimanche soir était devenue, pour beaucoup, la messe « d'anticipation » du samedi soir.

Le cas lillois

Des trois diocèses de la région Nord-Pas-de-Calais (Lille, Arras et Cambrai), le premier est celui où l'évolution de la pratique dominicale est la mieux connue. Là aussi, les enquêtes furent nombreuses, initiées dès 1949 à Lille (première grande ville à avoir été étudiée dans toutes ses paroisses) et renouvelées jusqu'aux années 1970[1].

1. L'enquête pionnière de 1949 a été réalisée à l'instigation du cardinal Liénart (Jacques Verscheure, *À partir d'une enquête menée en 1949-1950 dans le diocèse de Lille sur quelques*

En mars 1971, sous l'influence de Boulard[1], ainsi que de rumeurs persistantes concernant une chute récente de la pratique, le Centre diocésain d'études sociologiques, créé en 1959 et dirigé par le chanoine Jacques Verscheure (le Boulard du Nord), lança une nouvelle enquête auprès du clergé paroissial pour essayer d'y voir plus clair[2]. Ses conclusions ont beaucoup intéressé Boulard parce qu'elles étaient convergentes avec ses propres observations.

De la comparaison entre les enquêtes antérieures[3] et celle de 1971, il ressortait trois grandes conclusions. La première confirmait la réalité de la baisse pressentie. Lors de l'enquête diocésaine de 1957, le taux de pratique dominicale des plus de 12 ans était de 24,5 % contre 17 %

éléments de pratique religieuse, notamment la messe un dimanche ordinaire, s. l. n. d.). Elle fut suivie le 27 octobre 1957 par un grand recensement dominical dont les résultats ont été publiés dans *Aspects sociologiques de la pratique dominicale. Diocèse de Lille*, en collaboration avec le chanoine Jacques Verscheure, l'abbé Gérard Deprost et Claude Traullé, Lille, Centre diocésain d'études socio-religieuses, 1961. Deux opérations plus localisées ont suivi, à Dunkerque en novembre 1964 et à Lille en octobre 1965, ainsi qu'une enquête sur les quêtes en 1970 qui contenait des données sur la pratique dans l'ensemble du diocèse. Tous ces rapports se trouvent dans 14 PP 58, diocèse de Lille (CNAEF).

1. Notamment de « La "déchristianisation" de Paris. L'évolution historique du non-conformisme », art. cité.

2. Cf. le rapport remarquable de Jean-Pierre Mouvaux (membre du Centre diocésain de sociologie), « Où en est la pratique dominicale dans les trois diocèses de la région Nord-Pas-de-Calais ? », *Bulletin d'information du Centre régional d'études socio-religieuses*, n° 13, décembre 1971, p. 1-4.

3. Je passe sur les opérations techniques destinées à rendre comparables les enquêtes de 1949, 1957 et 1970.

en 1970, soit une différence de 7,5 points et une baisse de 31 %. Rapportée à l'ensemble de la séquence 1957-1970, elle n'était pas négligeable, sans être vertigineuse.

La deuxième était le caractère récent de la baisse qui prenait de ce fait un relief plus accentué. La comparaison entre les données de 1949 et de 1957 avait montré que la pratique dominicale était restée à peu près stable entre les deux dates, et même qu'elle avait légèrement augmenté. Cette stabilité globale rejoignait les conclusions d'autres enquêtes contemporaines. Les enquêtes de 1964 et 1965 à Dunkerque et Lille semblaient indiquer une baisse, mais trop peu marquée encore pour qu'on puisse l'affirmer avec certitude. Les réponses à l'enquête de 1971 permettent de préciser les choses. Elles ont rendu possible d'établir la courbe de la pratique, dans les années 1960, au sein de neuf paroisses du diocèse de Lille réparties dans les trois archiprêtrés de Lille-Centre, Tourcoing et l'archidiaconé des Flandres[1].

Les statistiques confirment que la rupture a bien eu lieu en 1965-1966. Avant, on enregistre dans ces paroisses une alternance de hausses et de baisses relativement modérées, qui se compensent plus ou moins et qui reflètent la stabilité d'ensemble de la pratique sur la période. Après, en revanche, sur la base de signes perceptibles dès 1964, la baisse est importante et généralisée. Elle est trop convergente pour s'expliquer par une simple intensification des migrations interparoissiales, comme on a pu le penser au départ. Certaines paroisses, dans la

1. Lille Saint-Sauveur, Marcq Saint-Paul, Méteren, Tourcoing Consolation, Bollezeele, Mouvaux Saint-Germain, Hondschoote, Tourcoing Sacré-Cœur.

période 1966-1970, perdent de 10 à 16 % de leur assistance chaque année. Notre-Dame-de-la-Consolation à Tourcoing, par exemple, perd 2 % de pratiquants entre 1966 et 1967, 12 % entre 1967 et 1968, 14 % entre 1968 et 1969, 7 % entre 1969 et 1970, soit, sur une base 100 en 1966, une perte de 31 points en quatre ans.

Le sociologue lillois n'avait donc pas tort de conclure en 1971 au caractère récent d'une rupture qui datait du milieu des années 1960 et qui avait concerné presque un tiers des pratiquants en cinq ou six ans. « Si l'hypothèse de baisse qu'on a pu formuler était confirmée, écrivait-il, il resterait encore à savoir si cette baisse tient à des abandons de la pratique chez les adultes ou à un non-renouvellement de l'effectif des pratiquants par suite d'une baisse de la pratique chez les jeunes[1]. »

Le rapport terminait sur une remarque d'ordre géographique. Les statistiques montraient une convergence tendancielle des taux liée au fait que les zones les plus religieuses du diocèse avaient connu une baisse plus importante que les autres. En 1949, les taux de pratique dominicale variaient en fonction des archiprêtrés, de 15 % (à Lille-Centre) à 50 % (à Hazebrouck), et localement ils pouvaient monter jusqu'à 75 %. Dans son rapport sur l'enquête de 1949, Jacques Verscheure écrivait classiquement : « Des bandes territoriales homogènes se dessinent sur la carte des paroisses et communes du diocèse. [...] C'est presque une géographie religieuse, stupéfiante du fait qu'à quelques kilomètres près, sur

1. Jean-Pierre Mouvaux, « Où en est la pratique dominicale dans les trois diocèses de la région Nord-Pas-de-Calais ? », art. cité, p. 3.

100 individus, 3 ou 96 pratiquent la messe[1]. » En 1970, les contrastes géographiques demeuraient mais les taux ne variaient plus que de 12 à 36 %. La partie rurale de l'arrondissement de Dunkerque, correspondant aux archiprêtrés de Bergues et d'Hazebrouck, restait la plus pratiquante, mais la pratique y avait beaucoup baissé depuis 1949, et probablement déjà en 1957. Sans faire disparaître les contrastes, un processus d'homogénéisation par le bas de l'espace religieux régional était en cours.

Le cas poitevin

En octobre 1966, le chanoine Guy Martin, directeur des œuvres du diocèse de Poitiers, avait souhaité réaliser une enquête sur la pratique religieuse urbaine en vue de la préparation de missions, notamment à Bressuire. L'opération n'eut finalement lieu que le 31 mars 1968 pour bénéficier, dans l'exploitation des résultats, de la simultanéité avec le recensement civil de la même année[2]. Elle a donné lieu en 1969 à une publication sommaire dans la *Semaine religieuse* du diocèse[3], puis, en 1972, à la lumière

1. *À partir d'une enquête menée en 1949-1950 dans le diocèse de Lille*, *op. cit.*, p. 37 (14 PP 58, diocèse de Lille, CNAEF).

2. Sur une suggestion de Philippe Lacoudre, le secrétaire de Boulard (14 PP 82, diocèse de Poitiers, CNAEF).

3. *L'Assistance à la messe dominicale dans le diocèse de Poitiers. Résultats d'un recensement partiel fait en mars 1968*, supplément à la *Semaine religieuse du diocèse de Poitiers*, 15 février 1969 (14 PP 82, diocèse de Poitiers, CNAEF).

des résultats du recensement civil, à un commentaire plus développé de Boulard, resté confidentiel[1].

L'enquête poitevine de 1968 présente pour nous un intérêt exceptionnel parce que rares sont les villes de France pour lesquelles on dispose de deux recensements comparables, sérieux et bien exploités, qui permettent de mesurer la situation avant et après le concile Vatican II. La plupart se sont calés, pour des raisons de méthode, sur les recensements civils de 1954 et 1962, si bien qu'ils « ratent » l'événement, tandis qu'en 1968 la mode des recensements dominicaux était déjà en partie passée (mais fort heureusement pas partout). « Une quarantaine de villes, écrivait Boulard, ont [...] procédé à un deuxième recensement dominical après quelques années, mais l'un des deux, habituellement le deuxième, a été très mal exploité[2]. » La persévérance pastorale était rare. Pour les villes du diocèse de Poitiers, le recensement de 1956 avait bénéficié de la compétence du père Lapraz, dominicain du groupe « Économie et humanisme », et le recensement de 1968 avait été analysé avec soin. L'autre motif d'intérêt de ces enquêtes poitevines, imprévisible au départ, est que l'opération eut lieu en mars 1968, juste avant les événements de mai, de sorte qu'elles permettent à la fois de se faire une idée du contexte religieux dans lequel ceux-ci vont avoir lieu et d'en isoler les effets. « S'il ne nous renseigne pas sur ce qui s'est passé depuis mai 1968, écrivait Boulard [...], [le recensement de 1968] a du moins l'avantage de nous donner une photographie

1. *La Messe dominicale au diocèse de Poitiers (1956-1968)*, s. d. (probablement 1972) (14 PP 82, diocèse de Poitiers, CNAEF).
2. *Ibid.*

exacte de la situation, juste avant les changements que nous pressentons[1]. »

On peut tirer des données disponibles deux graphiques récapitulatifs *(voir figures 7 et 8)*. Le premier concerne l'évolution de la pratique entre 1956 et 1968 dans cinq villes de plus de dix mille habitants (Poitiers, Châtellerault, Niort, Thouars, Parthenay) et le second, dont les données paraissaient plus discutables à Boulard pour des raisons techniques, dans cinq villes de moins de dix mille habitants (Civray, Loudun, Montmorillon, Bressuire, Saint-Maixent).

Figure 7. Structures par âge de la pratique dans le diocèse de Poitiers n° 1 (villes de plus de dix mille habitants ; en pourcentage de la classe d'âge)

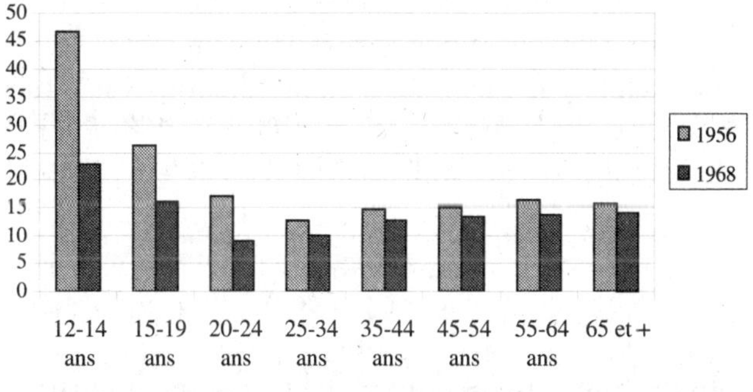

Source : 14 PP 82, diocèse de Poitiers, CNAEF.

1. *Ibid.*

Figure 8. Structures par âge de la pratique dans le diocèse de Poitiers n° 2 (villes de moins de dix mille habitants ; en pourcentage de la classe d'âge)

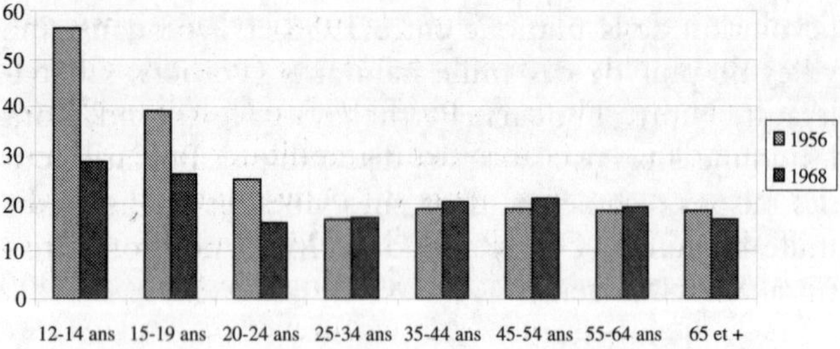

Source : 14 PP 82, diocèse de Poitiers, CNAEF.

On peut retenir plusieurs enseignements.

Le premier, auquel nous sommes désormais habitués, est la baisse de la pratique entre 1956 et 1968. Pour les villes de plus de dix mille habitants, elle est passée de 20,6 % à 13,9 %, soit une différence de 6,7 points et une baisse de 32,5 %. Pour les agglomérations de moins de dix mille habitants, elle est passée de 26,4 % à 20,5 %, soit une différence de 5,9 points et une baisse de 22,3 %. Autrement dit : un déclin général de l'ordre du quart ou du tiers de la pratique rapporté au niveau de 1954. Dans son commentaire, Boulard soulignait que la baisse était antérieure à Mai 68, ce qui est vrai, et il ajoutait qu'elle avait été progressive depuis 1954, ce qui est moins sûr (surtout que l'on ne dispose pas de données pour 1962) mais qui était conforme aux conclusions qu'il avait cru pouvoir tirer de ses travaux antérieurs sur la déchristianisation.

L'essentiel est l'évolution de la composition par âge de la pratique. Elle révèle, là encore, une différence majeure entre les jeunes et les adultes : la frontière passe entre ceux qui avaient plus ou moins de 25 ans en 1968, soit ceux qui étaient nés avant ou après 1943, date habituellement retenue dans les études démographiques pour désigner les premiers frémissements du baby-boom en France[1]. On retrouve ici, exceptionnellement visibles dans ces petites villes de l'ouest de la France des années 1960, les spécificités religieuses et culturelles de la génération des baby-boomers. Leurs aînés, à cette date encore, avaient à peu près maintenu leur niveau de pratique, quand ils ne l'avaient pas augmenté, dans le cas des villes de moins de dix mille habitants (phénomène perceptible dans les générations nées entre 1905 et 1940). Dans les villes de plus de dix mille habitants, la baisse des 12-24 ans, en revanche, est de 55 %. Dans celles de moins de dix mille habitants, de 39 %. Dans les deux cas, c'est pour les 15-19 ans qu'elle est la plus importante, c'est-à-dire, au moins à Paris et dans les grandes villes, pour les futurs « piétons » de Mai 68. Les adolescents et les jeunes paraissent donc responsables de l'essentiel de la baisse.

Il en résulte une modification sensible de la pyramide des âges de la pratique qui tend à s'homogénéiser, les taux de pratique des adolescents se rapprochant de ceux des

1. Ce qui donnerait à penser que la reprise de la natalité elle-même daterait plutôt de 1942 (Catherine Bonvalet, Céline Clément et Jim Ogg, *Réinventer la famille. L'histoire des baby-boomers*, Paris, PUF, 2011, p. 29-32).

plus de 65 ans. Ils continuaient à cette date de leur être supérieurs mais dans un ratio qui n'était plus que de un à deux, contre un à trois auparavant. L'évolution était pour le moins inquiétante puisque, dans l'ancien système, il fallait en gros trois ou quatre adolescents pratiquants à 12-14 ans pour espérer en conserver un à 25 ans. Signe d'une transition en cours, la classe d'âge la plus défaillante n'était plus celle des 25-34 ans mais celle des 20-24 ans.

On peut noter enfin que la baisse était légèrement plus importante, en proportion, chez les femmes que chez les hommes au sein des tranches d'âge 12-24 ans. Dans les villes de plus de dix mille habitants, elle était comparable (46,5 % pour les garçons et 45,9 % pour les filles) ; cependant, dans celles de moins de dix mille habitants, elle était plus accentuée (37,4 % pour les garçons et 43,5 % pour les filles). L'âge l'emportait sur le sexe comme facteur déterminant, mais on peut penser que les progrès de la mixité à l'école, dans la vie amicale, sociale et associative, révolution aussi silencieuse que capitale, ont pu contribuer à aligner tendanciellement les taux des filles sur ceux des garçons.

La tâche première de l'historien est de ranger les événements dans l'ordre chronologique. Dessein qui peut paraître bien modeste et qui n'épuise certes pas son travail, mais qui est parfois difficile à atteindre et qui peut s'avérer de grande portée quand il met sur la voie d'explications ou d'interprétations nouvelles. En l'occurrence, il s'est agi pour nous, dans la continuité d'un effort initié par Boulard, d'insister sur le tournant de 1965 dans l'évolution de la pratique religieuse en France, en amont de celui, mieux connu et mieux installé dans les mémoires, de 1968, qu'on impute généralement aux événements du mois de mai ou à la publication en juillet de l'encyclique *Humanae vitae* de Paul VI sur la limitation des naissances.

CHAPITRE 3

Les causes de la rupture

Le problème des causes de la mutation n'est pas moins complexe que celui de sa datation et de sa description, et sans doute même l'est-il davantage. Boulard s'en est tenu prudemment à distance, conformément à sa méthode avant tout descriptive mais aussi, peut-être, parce que sa conviction ancienne que les phénomènes religieux avaient des causes avant tout religieuses, et plus précisément pastorales, pouvait s'avérer un peu délicate à mettre en œuvre dans ce contexte puisqu'elle aurait pu le conduire à rechercher des responsables, et pourquoi pas des coupables, à la situation qu'il découvrait.

Au début de sa réflexion sur le sujet, Boulard a plutôt cherché une explication du côté de la mobilité croissante de la société française, notamment le développement du phénomène des week-ends et de l'essor du parc automobile. En facilitant l'exode dominical, cette motorisation croissante avait pu provoquer une baisse des taux de pratique, soit parce que les fidèles s'étaient mis en nombre à pratiquer en dehors de leur lieu de résidence (hypothèse optimiste qui expliquerait pourquoi ils étaient sortis des radars de la sociologie religieuse), soit, ce qui paraissait malgré tout plus probable, parce qu'ils avaient tout bonnement cessé de pratiquer à cette occasion. Il s'est assez rapidement convaincu cependant que l'explication ne pouvait rendre compte à elle seule de l'ampleur et de la brutalité de la mutation, d'autant que les enquêtes disponibles suggéraient que le décrochage affectait en priorité les classes populaires, qui n'étaient pas *a priori* les plus mobiles.

Vatican II, événement déclencheur

D'où cette rupture, puisque rupture il y a eu, a-t-elle donc bien pu venir ? Il faut qu'il y ait eu un *événement* derrière un phénomène de cet ordre, au moins pour le *provoquer*. Mon hypothèse est qu'il s'agit du concile Vatican II. On ne voit pas en effet quel autre événement contemporain aurait pu engendrer une telle réaction. La chronologie montre que ce n'est pas seulement la manière dont le concile a été appliqué après sa clôture qui a provoqué la rupture. Par sa seule existence, dans la mesure où il rendait soudainement envisageable la réforme des anciennes normes, le concile a suffi à les ébranler, d'autant que la réforme liturgique, qui concernait la partie la plus visible de la religion pour le grand nombre, a commencé à s'appliquer dès 1964.

Il est impossible ici d'entrer dans les détails de l'histoire du concile et de sa réception française, sur laquelle il existe désormais une littérature considérable[1], qui s'est

1. On peut renvoyer cependant à la grande histoire du concile publiée sous la direction de Giuseppe Alberigo et Étienne Fouilloux (pour la version française), entreprise internationale dont les

encore accrue depuis 2012 et les manifestations scientifiques organisées à l'occasion du cinquantenaire de son ouverture.

Rappelons simplement qu'annoncé en 1959 par Jean XXIII – un « pape de transition », réputé conservateur, dont on n'attendait pas grand-chose –, le concile a été préparé à Rome dans les années suivantes, sous la direction de la Curie, dans une perspective assez conservatrice, comme le montrent les documents issus de cette préparation transmis aux pères du concile. Ce dernier a pris cependant, lors de son ouverture en octobre 1962, un cap réformiste assez inattendu ayant obligé à refaire partiellement la préparation *concilio sedente* et débouché sur l'adoption de seize textes de portée diverse (constitutions, décrets, déclarations), qui ont renouvelé profondément le visage du catholicisme. En termes sociologiques, on peut le définir comme une entreprise de modernisation de l'Église conforme aux aspirations des milieux avancés du catholicisme occidental, et même plus précisément ouest-européen, avec des nuances et des thèmes privilégiés selon les pays et les épiscopats. Ouvert à l'automne 1962, il s'est prolongé jusqu'en décembre 1965, au cours de quatre grandes sessions entrecoupées de phases de travail intermédiaires.

La question qui se pose est de savoir ce qui, dans le concile, a pu provoquer cette rupture de la pratique des années 1965-1966. *A priori*, le concile lui-même (dans

---

contributions sont de valeur inégale et qui n'est pas sans arrière-pensées théologiques dans sa conception d'ensemble, mais qui donne le dernier état de la réflexion savante sur le sujet (*Histoire du concile Vatican II, 1959-1965*, Paris, Cerf, 1997-2005).

ses textes) n'y est pas pour grand-chose, quoi qu'en ait dit la polémique intégriste ou traditionaliste, même si certains aspects de la réforme liturgique ou du texte sur la liberté religieuse ont pu y contribuer. On ne voit pas, par exemple, qu'il ait lui-même relativisé en quelque manière l'obligation de la pratique. La constitution sur la liturgie, qui est le premier texte à avoir été adopté dès décembre 1963, insiste sur le fait que le sacrifice eucharistique est le sommet de la vie de l'Église et encourage la « participation active » des fidèles. Le « jour dominical », était-il rappelé, est « le jour de fête primordial qu'il faut proposer avec insistance à la piété des fidèles »[1].

On pourrait se demander cependant si le fameux texte sur la liberté religieuse, *Dignitatis humanae*, promulgué en décembre 1965, dont on sait qu'il a suscité d'âpres résistances de la part de la fraction conservatrice du concile, ne pourrait pas avoir eu un effet de ce genre. La liberté religieuse existait *déjà* en France depuis les lendemains de la Révolution. Le débat était crucial sur le plan théorique, où il a posé des problèmes redoutables aux théologiens soucieux de permettre à l'Église catholique d'évoluer sans avoir l'air de contredire son passé récent, en particulier le *Syllabus* de Pie IX en 1864, mais il ne l'était pas tellement sur le plan pratique, puisque l'égalité des cultes était acquise depuis longtemps et largement entrée dans les mœurs. Du coup, comme s'il avait eu besoin de produire malgré tout un effet proportionné à son importance théorique, il a eu tendance à s'appliquer non pas *ad extra*, dans les rapports de l'Église et de la société, car sur ce terrain,

1. Constitution sur la sainte liturgie, dans *Le Concile Vatican II*, *op. cit.*, p. 45.

dans les pays occidentaux, il n'y avait pas grand-chose à conquérir, mais *ad intra*, dans la façon dont les catholiques concevaient leurs devoirs religieux. Non pas sur le terrain de la liberté *de* conscience (puisqu'elle était déjà acquise) mais sur celui de *la* conscience religieuse (encore à conquérir). Le texte a pu ainsi apparaître comme une sorte d'autorisation officieuse à s'en remettre désormais à son propre jugement en matière de croyances, de comportements et de pratique. Le fait est que cette consécration tardive d'une sorte d'*Aufklärung* catholique dans la définition que Kant donnait des Lumières (comme liberté de penser par soi-même) contrastait fortement avec le régime antérieur. Le théologien Louis Bouyer résumait bien la situation en 1968 d'une formule chagrine : « Chacun ne croit plus, ne pratique plus que ce qui lui chante[1]. »

Quoi qu'il en soit de cette hypothèse, le point important est que Boulard, dans ses papiers personnels, ne fait jamais le lien, lui, entre la date de la rupture et le concile lui-même, comme s'il s'interdisait d'y penser. Il y avait là chez lui, ainsi que chez beaucoup d'autres, une forme de résistance intérieure, d'autant plus compréhensible qu'il avait joué un rôle important dans l'événement comme expert officiel[2], et ce dès la phase préparatoire, au sein notamment de la commission des évêques et du gouvernement des diocèses. Il n'a fini par en convenir que plus tard, contraint et forcé en quelque sorte, au moment

1. *La Décomposition du catholicisme*, Paris, Aubier-Montaigne, 1968, p. 46.

2. Christan Sorrel, « Le chanoine Boulard, un inconnu célèbre », *id.* (dir.), *Les « Matériaux Boulard » trente ans après*, *op. cit.*, p. 23-30.

de la fameuse querelle de la « religion populaire », ouverte en 1974 par la publication du livre de Robert Pannet sur le *catholicisme populaire*[1].

Dans un texte important de 1976, Boulard expliquait qu'un écart s'était créé depuis le concile entre les « nouvelles normes » religieuses qui en étaient issues et celles du « peuple chrétien traditionnel », qui expliquait en partie la crise présente dans le triple domaine de la piété, des croyances et de l'image de l'Église et du clergé[2]. Il citait en ce sens l'ouvrage récent du sociologue dominicain Serge Bonnet *Prières secrètes des Français*[3], étude des cahiers d'intentions de prière récoltées dans onze grands sanctuaires nationaux qui montrait que, là où l'on avait respecté la piété populaire, elle ne se portait pas si mal. Il en concluait qu'une pédagogie moins soucieuse des « provocations évangéliques », plus progressive, moins intellectuelle et élitiste, aurait pu éviter de voir se créer des « déserts spirituels » où menaçaient désormais de s'implanter les « sectes ». Bref, il admettait que certaines des orientations pastorales post-conciliaires (dont le rapport au concile lui-même était laissé prudemment dans l'ombre) étaient en partie à l'origine de la situation.

Il me semble qu'il y a beaucoup de vrai dans cette analyse.

Dans le domaine de la piété, des aspects de la réforme liturgique qui pouvaient paraître secondaires, mais qui ne

1. *Le Catholicisme populaire. Trente ans après « La France, pays de mission ? »*, Paris, Le Centurion, 1974.

2. Fernand Boulard, « La religion populaire dans le débat de la pastorale contemporaine », dans Bernard Plongeron (dir.), *La Religion populaire. Approches historiques*, Paris, Beauchesne, 1976, p. 27-49.

3. Paris, Cerf, 1976.

l'étaient pas du tout sur le plan psychologique et anthropologique, comme l'abandon du latin, le tutoiement de Dieu, la communion dans la main, la relativisation des anciennes obligations, ont joué un rôle important. De même que les critiques de la communion solennelle qui se sont multipliées à partir de 1960 et surtout de 1965, ainsi que la nouvelle pastorale du baptême (à partir de 1966) et du mariage (en 1969-1970), qui avait tendance à hausser le niveau d'accès aux sacrements en exigeant des candidats davantage de préparation et d'investissement personnel.

Dans le domaine des croyances, sans doute plus encore que les nouvelles orientations de la théologie et de la catéchèse débattues en octobre 1966 à l'occasion de la publication projetée de « nouveaux catéchismes », c'est le fait même du changement de discours qui a compté. Le philosophe Théodore Jouffroy disait déjà au XIXe siècle, dans un texte célèbre, que la variation de l'enseignement officiel rendait sceptiques les humbles[1]. Non qu'ils ne puissent éventuellement en comprendre les raisons, mais parce qu'ils en déduisent que, si l'institution s'est « trompée » hier en donnant pour immuable ce qui avait cessé de l'être, on ne pouvait pas être assuré qu'il n'en irait pas de même à l'avenir. Toute une série de « vérités » anciennes, liées notamment à la pastorale des « fins dernières », sont tombées brutalement dans l'oubli, comme si le clergé lui-même avait cessé d'y croire ou ne savait plus qu'en dire, après en avoir si longtemps parlé et de façon si dramatique.

1. « Sur le scepticisme de notre époque », dans Théodore Jouffroy, *Cours de droit naturel, professé à la Faculté des lettres de Paris*, Paris, Prévost-Crocius, 1834, p. 1-7.

Un autre domaine dans lequel la conjoncture a pu déstabiliser les fidèles est celui de l'image de l'Église, de sa structure hiérarchique et du sacerdoce. La « crise catholique » des années 1965-1978 fut d'abord une crise du clergé et des militants catholiques[1]. L'abandon de la soutane (dès 1962) et de l'habit religieux, la politisation (à gauche généralement) du clergé, les départs de prêtres, de religieux et de religieuses, parfois suivis de leur mariage, sont apparus à beaucoup comme une véritable « trahison des clercs », sans équivalent depuis les « déprêtrisations » de la Révolution, qui a eu les mêmes effets déstabilisants.

La sortie de la culture de la pratique obligatoire

Plus fondamentalement, le concile a ouvert la voie à ce qu'on pourrait appeler une « sortie collective de la culture de la pratique obligatoire sous peine de péché mortel », laquelle occupait une place centrale dans l'ancien catholicisme. Cette culture, qui a laissé à ceux qui l'ont connue de vifs souvenirs, était plus rigoureuse encore au XIXe ou dans la première moitié du XXe siècle qu'à l'époque moderne[2]. Certes, depuis les années 1930, sous l'influence de l'Action catholique, du mouvement « missionnaire » d'après-guerre,

1. Denis Pelletier, *La Crise catholique*, *op. cit.* ; Martine Sevegrand, *Vers une Église sans prêtres. La crise du clergé séculier en France, 1945-1978*, Rennes, PUR, 2004.

2. C'est du moins l'impression qui se dégage des travaux d'Alain Cabantous sur l'observation du dimanche sous l'Ancien Régime, qui montrent que la norme, pour les fidèles du commun, était d'assister à la messe *au moins* un dimanche sur trois (*Le Dimanche, une histoire*, *op. cit.*) p. 53.

du Centre de pastorale liturgique, créé en 1943, et des premiers essais de paroisses « communautaires », les choses avaient déjà commencé à évoluer, notamment dans les grandes villes. Luc Perrin a bien montré dans sa thèse qu'à Paris, à la veille du concile, bon nombre de paroisses avaient déjà adopté une partie des réformes qui allaient être promues à Rome à l'échelle du monde quelques mois plus tard[1]. Mais, outre le fait que le catholicisme ordinaire, dans sa masse, était souvent resté à l'écart du changement, la réforme, qui était à la fois un point d'aboutissement et une sorte de loi-cadre des réformes à venir, a vite dépassé ses objectifs initiaux. Sous couvert de « restauration » et de « progrès », elle a changé en profondeur la vie religieuse du grand nombre, et ce dès janvier 1964, puisque la constitution sur la liturgie, adoptée en décembre de l'année précédente, a commencé à s'appliquer tout de suite, ouvrant un cycle de réformes graduelles très dense qui s'est poursuivi jusqu'au milieu des années 1970.

Cette ancienne culture de la pratique obligatoire s'exprimait principalement dans le domaine dit « des commandements de l'Église », que les enfants apprenaient par cœur au catéchisme et dont il convenait de vérifier, lors de l'examen de conscience préparatoire à la confession, si on les avait bien respectés. Ils étaient au nombre de six :

1. Les fêtes tu sanctifieras
Qui te sont de commandement.
2. Les dimanches, messe ouïras
Et les fêtes pareillement.
3. Tous tes péchés confesseras
À tout le moins une fois l'an.

1. *Paris à l'heure de Vatican II*, *op. cit.*, p. 297.

4. Ton Créateur tu recevras
Au moins à Pâques, humblement.
5. Quatre-Temps[1], Vigiles[2] jeûneras
Et le Carême entièrement.
6. Vendredi, chair ne mangeras,
Ni jours défendus mêmement[3].

La sanctification des dimanches et fêtes, les pratiques dominicale et pascale, la confession annuelle, le respect des règles alimentaires du jeûne[4] et de l'abstinence[5], en particulier le vendredi, étaient ainsi les principaux « devoirs religieux » du chrétien. Il y avait certes des dérogations et des excuses canoniques, mais c'était là un ensemble d'obligations strictes intériorisées par beaucoup. Quand il opérait le décompte méthodique des pratiquants, le sociologue boulardien des années 1950 n'imaginait certes pas qu'il tenait déjà comptoir dans la vallée de Josaphat et faisait par avance le bilan des brebis et des boucs du Jugement dernier, mais il devait bien penser malgré tout qu'il y aurait un certain rapport entre les deux[6]. Le sociologue jésuite Émile Pin, qui a enquêté à l'époque dans la

1. Les *quatre temps* correspondent à l'entrée dans chaque nouvelle saison et comportent un jeûne de trois jours, les mercredi, vendredi et samedi.
2. Veilles des grandes fêtes.
3. *Catéchisme à l'usage des diocèses de France*, Tours, Mame, 1938, p. 72.
4. Un repas par jour, plus une légère collation matin et soir. Sont soumis à la loi du jeûne les fidèles entre 21 et 60 ans.
5. Pas de viande mais éventuellement des laitages et des œufs.
6. Cf. la notation amusante en ce sens d'Émile Pin dans *Pratique religieuse et classes sociales…*, *op. cit.*, p. 8.

paroisse de Saint-Pothin à Lyon, connue pourtant pour ses audaces liturgiques et fréquentée de ce fait par un public ouvert aux innovations, écrivait en 1956 : « Comme l'affirment plusieurs paroissiens, si l'Église cessait d'obliger les catholiques à assister à la messe le dimanche, bien peu continueraient à le faire[1]. »

L'Église n'est certes pas allée jusque-là, du moins en théorie. Il n'est pas question dans la constitution conciliaire sur la liturgie de les dispenser de la messe, mais de les encourager à y participer davantage, ce qui est bien différent. Les obligations canoniques ont été, pour une part, maintenues ; elles ont cependant été assouplies et parfois sérieusement relativisées dans la pratique. Pour l'historien, le phénomène est un peu difficile à saisir parce qu'il ne correspond à aucune consigne expresse de la part du concile, du pape ou des évêques, même s'il est partout palpable dans sa documentation. Simplement, les priorités étaient désormais ailleurs, dans la participation des fidèles, la vie communautaire, les engagements évangéliques au service de la société et du monde, le respect scrupuleux de la liberté religieuse de chacun. Toute une série de mesures allait en ce sens, et ces mesures, additionnées, ont fini par déboucher sur un régime de la pratique tout à fait nouveau.

On le voit bien, par exemple, dans le domaine du jeûne eucharistique. En janvier 1953, dans la constitution apostolique *Christus dominus*, Pie XII avait décidé, tout en maintenant l'obligation du jeûne depuis minuit avant la communion, que la prise d'eau ne le « romprait » plus désormais. En mars 1957, petite révolution rituelle non

1. *Ibid.*, p. 234.

négligeable, par le motu proprio *Sacram communionem*, le jeûne avait déjà été réduit à trois heures pour la nourriture solide et une heure pour les liquides. En novembre 1964, Paul VI décréta qu'il suffirait dorénavant d'une heure dans les deux cas, donnant ainsi malgré lui le signal d'un processus de dépérissement du principe même du jeûne eucharistique. En décembre 1965, les évêques français, qui étaient encore à Rome pour la fin du concile, ont adopté un texte important sur le baptême[1] dans lequel ils demandaient que, désormais, on imposât aux parents qui souhaitaient faire baptiser leurs enfants, non seulement la promesse de les envoyer plus tard au catéchisme, comme il était d'usage de le faire, mais une préparation au sacrement au cours de laquelle le clergé pourrait tester le sérieux de leur demande et, éventuellement, en différer la réception. Cette pastorale du délai, censée permettre de tester la foi des candidats, était en franche rupture avec l'ancienne insistance sur la nécessité de faire baptiser les enfants au plus tôt dans les seules limites de la validité canonique du sacrement, elle-même largement entendue. En janvier 1967, quand est entrée en vigueur la suppression du maigre du vendredi, Boulard a noté que le marché du poisson a plongé immédiatement, avant de retrouver son niveau antérieur le premier vendredi du Carême suivant, où l'obligation était toujours de rigueur[2], preuve que la norme était encore bien vivante aux yeux des fidèles quand on l'a supprimée. De même, à partir de

1. « La pastorale du baptême des petits enfants », *La Documentation catholique*, n° 1466, 6 mars 1966, col. 457-466.

2. *Pratique religieuse urbaine et régions culturelles*, *op. cit.*, p. 27-28, note 1.

janvier 1969, on a pu assister à la messe de façon anticipée le samedi soir pour le dimanche, facilité qui n'eût pas été envisageable avant le concile. L'ensemble a donc débouché sur une nette relativisation des anciennes obligations, souvent perçue par les contemporains comme un progrès évangélique et une crise nécessaire pour accéder à une forme de pratique plus libre et plus consciente.

Luc Perrin a parlé de « néo-tridentinisme »[1] pour désigner cette nouvelle pastorale, comme si Vatican II avait été, dans ce domaine, le fils légitime du concile de Trente, qui avait déjà incarné au XVIe siècle une volonté analogue de favoriser une conception plus spirituelle des sacrements et de purifier la religion populaire. Il ne faudrait pas voir trop vite en effet dans ce genre de mesures une forme de libéralisme assez étrangère à la culture ecclésiastique du temps, même si l'assouplissement général des normes qui a marqué la période s'y est ensuite engouffré. Il est frappant au contraire de voir à quel point le clergé a « désinstallé » volontairement l'ancien système de normes qu'il s'était donné tant de mal à mettre en place. Dans les consultations préparatoires aux missions des années 1970 au sein des anciennes régions de chrétienté comme la Vendée[2], on trouve des traces nombreuses de cette perplexité des fidèles. Faut-il encore obliger les enfants à aller à la messe, se demandent les parents ? Doit-on absolument y aller tous les dimanches ? Peut-on, dans ce domaine, permettre aux cadets ce qu'on a interdit aux aînés ? Quelle

1. *Paris à l'heure de Vatican II*, *op. cit.*, p. 300.

2. *1970 Bocage. Synthèse des réunions de quartiers (189). Canton de Saint-Fulgent, 3000 participants, décembre 1970* (je remercie le père Henri Baudry de m'avoir communiqué ce document).

religion transmettre à ses enfants : celle d'hier ou celle d'aujourd'hui ? À l'un de ses neveux qui l'interrogeait sur les raisons de la baisse de la fréquentation des églises, Boulard répondait à la veille de sa mort qu'autrefois la famille et les coutumes du pays (il aurait pu ajouter l'Église !) « obligeaient » les gens à pratiquer, mais que, désormais, on était beaucoup plus libre de soi, de sorte que beaucoup s'en dispensaient[1]. Les polémiques suscitées par la réforme liturgique et la messe, qui ont davantage retenu l'attention des contemporains et des historiens, ont masqué cet événement fondamental (la sortie de la culture de la pratique obligatoire) dont les effets ont été d'autant plus puissants qu'il a eu lieu à l'intérieur d'une mutation générale des formes de l'autorité dans la société, en particulier dans le domaine familial et scolaire, amplifiée par la baisse du contrôle social liée à l'exode rural.

Face au décrochage de la pratique dont elle s'est avisée à partir de la fin des années 1960, une partie du clergé a pris conscience tardivement qu'elle avait peut-être été un peu imprudente en sciant si allègrement la branche sur laquelle elle était assise. Un certain nombre de clercs ont commencé alors à rappeler que l'obligation de la pratique n'était pas caduque et qu'il importait d'en restaurer le sens dans l'esprit des fidèles, à l'instar du cardinal Marty à Paris en 1975[2]. Le jésuite Pol Virton, dans le judicieux commentaire qu'il a donné en 1971 de la fameuse enquête de Rouen de mars 1969 qui a révélé l'ampleur du décrochage des jeunes, écrivait :

1. Notes manuscrites de son petit-neveu Henri Studer citées.
2. « Conférence pastorale de M. le cardinal François Marty aux prêtres de Paris – septembre 1975 », art. cité.

> Les prêtres pensent, avec raison, que la messe du dimanche est tout autre chose qu'un acte de soumission ; certains d'entre eux, dans la crainte de voir prédominer dans les esprits une telle conception, hésitent à promulguer l'obligation sous peine de faute grave. Nous n'avons pas à nous prononcer ici sur ce qu'il convient de dire ou de faire. On comprend que tout prêtre désire élever les fidèles à un niveau plus personnel et plus spirituel. Mais notre réflexion pastorale doit aussi éviter une erreur de jugement : il serait trop sommaire de conclure qu'il suffit de retirer à la messe du dimanche son caractère d'obligation, ou d'atténuer profondément ce caractère, pour que, *ipso facto*, les consciences réagissent dans le sens d'une compréhension profonde du mystère. L'éducation de l'âme ne se fait pas d'un coup. Et comment arriveront-ils à comprendre le sens sacré de la messe, à la vivre, ceux qui n'y vont jamais ? [...] Sans nier la valeur essentielle – et profondément religieuse – de la recherche d'une présence au monde, de l'édification d'un monde actuel, plus juste, plus libre et plus fraternel, l'aspect sacramentaire et mystique ne peut pas être omis ou négligé[1].

Mon hypothèse est que cette fin de l'insistance *pastorale* sur le caractère obligatoire de la pratique survenue à la faveur du concile a joué, sur le plan collectif, un rôle fondamental dans la rupture, comparable à la fin de l'obligation *civile* sous la Révolution, surtout pour les groupes

1. *Structures humaines et assistance dominicale dans le diocèse de Rouen*, *op. cit.*

qui restaient particulièrement soumis à cette obligation, comme les enfants et les jeunes.

Le décrochage des jeunes, fait générateur de la crise

La grande leçon des analyses de Boulard et de ses correspondants dans les diocèses est que le décrochage du milieu des années 1960 est surtout venu des jeunes de 15 à 24 ans, les adultes, au-dessus de 35 ans en particulier, ayant plutôt eu tendance, au moins dans un premier temps, à maintenir leurs taux. Les événements de 1968, que ce soit ceux de mai ou les conséquences de la publication en juillet de l'encyclique *Humanae vitae* de Paul VI sur la contraception, ont *amplifié* le phénomène, notamment en élargissant la base d'âge du décrochage, mais ils ne l'ont pas créé. Or les 15-24 ans de 1965 sont nés entre 1941 et 1951 : il s'agit donc, pour l'essentiel, des baby-boomers, auxquels s'ajoutent les cohortes immédiatement antérieures. Ce n'est sans doute pas un hasard si la Jeunesse étudiante chrétienne, mouvement né en 1929 qui recrutait principalement dans les classes moyennes, a connu, elle aussi, une grave crise au printemps 1965[1]. Elle comptait alors entre soixante mille et quatre-vingt mille membres (filles et garçons), et elle va largement « rater », en partie pour cette raison, l'explosion des effectifs de l'enseignement secondaire dans les deux décennies suivantes. Sa littérature interne révèle

1. Cf. Bernard Giroux, *La Jeunesse étudiante chrétienne. Des origines aux années 1970*, Paris, Cerf, 2013.

que, dès les années 1962-1963, ses responsables avaient le sentiment d'avoir du mal à pénétrer la nouvelle vague des préadolescents du baby-boom, phénomène signalé en 1965 dans *Gaudium et spes.*

On a vu que la sociologie de l'époque, du moins celle de Boulard, ne s'attendait pas à cette rupture et encore moins à ce qu'elle vienne des jeunes. Elle s'intéressait bien davantage au destin religieux des paysans et des ouvriers ; les enfants – le tout-venant de la communion solennelle – étaient considérés par elle comme une sorte de clientèle captive qui, une fois dégonflée la bulle artificielle du rite de passage, avait tendance à s'aligner mécaniquement sur le niveau de pratique de ses parents. De même s'intéressait-elle davantage aux hommes qu'aux femmes, toujours plus pratiquantes que les premiers, surtout dans les régions déchristianisées. À propos des enfants, l'abbé Michonneau écrivait en 1945 dans *Paroisse, communauté missionnaire* :

> Il semble que, depuis un demi-siècle, les prêtres se soient consolés de la perte d'un royaume par la conquête d'un autre : ne pouvant avoir les hommes, on s'est attaqué à grouper les femmes ; ne pouvant avoir les adultes, on a cherché les jeunes ; et comme les jeunes gens sont encore difficiles à atteindre, on s'est rabattu sur les enfants… Ils offrent un domaine presque certain, c'est un royaume assuré[1].

1. Abbé Michonneau et l'équipe sacerdotale du Sacré-Cœur de Colombes, *Paroisse, communauté missionnaire. Conclusions de cinq ans d'expérience en milieu populaire*, Paris, Cerf, 1945, p. 139.

L'époque allait se charger d'apprendre au clergé que ce « royaume assuré » ne l'était pas. On paraît avoir alors un peu oublié que la transmission ne va jamais de soi et que, pour n'importe quel système de valeurs et d'idées, la jeunesse est toujours un moment délicat à passer. Pascal, avec son étrange génie sociologique, ne pensait-il pas que, dans la Bible, les patriarches vivaient plusieurs centaines d'années parce que Dieu avait voulu limiter les générations, précisément pour ne pas mettre en péril la transmission de la vérité en ses stades initiaux[1] ? Boulard recommandait même au départ à ses collaborateurs de ne pas compter les moins de 14 ans, voire de 21 ans, parce que leur pratique lui paraissait peu significative. C'était considérer que les milieux se reproduisaient presque mécaniquement et garantissaient une stabilité relative des taux de pratique dans la longue durée. Dans la courbe de pratique par âge, de part et d'autre du pic de la communion solennelle, on retrouvait ainsi à 25 ans le contingent des pratiquants de 7 ans, qui venaient généralement des mêmes familles.

L'hypothèse est, au demeurant, difficile à vérifier dans le détail parce que très peu d'enquêtes se sont intéressées à la famille comme unité de base de la pratique. La perspective était focalisée sur le pratiquant isolé, si bien que les faits de transmission, pourtant essentiels, échappaient largement à l'analyse. Au début des années 1950 à Saint-Pothin, 70 % des pratiquants étaient issus de familles entièrement pratiquantes : « Ce sont des familles, concluait Émile Pin, et non des individus qui vont à la messe[2]. »

1. *Pensées*, *op. cit.*, p. 1229.
2. *Pratique religieuse et classes sociales…*, *op. cit.*, p. 104.

À ma connaissance, la seule enquête qui se soit penchée sérieusement sur le problème est l'« enquête jeunes » du diocèse de Besançon en 1962. Elle montrait, dans ce grand diocèse « chrétien » de l'Est, que les trois quarts des jeunes vivaient dans des familles homogènes sur le plan religieux – dont les deux parents pratiquaient ou s'abstenaient ensemble. Les deux milieux se reproduisaient très bien. Seul un quart des enfants vivait dans des familles aux profils plus indécis, soit que les deux parents fussent des pratiquants irréguliers, ou le père pratiquant irrégulier et la mère pratiquante, le père non pratiquant et la mère pratiquante (éventuellement irrégulière). Le cas inverse (le père pratiquant et la mère non pratiquante) étant statistiquement marginal. Le destin religieux de ces enfants était plus aléatoire que dans les couples homogènes. Fait remarquable, l'enquête de 1962 montrait que cette volatilité relative jouait alors plutôt en faveur de la pratique qui avait tendance à gagner du terrain. Le milieu pratiquant était d'une compacité reproductive impressionnante, avec un taux de transmission réussie de quasiment 100 %. Ici, le contraste est total avec la situation qui allait prévaloir dans les années suivantes, puisque la crise est venue en partie du décrochage des jeunes issus de ces familles pratiquantes.

Comment expliquer un tel phénomène ?

Le décrochage des jeunes n'était pas en soi une nouveauté. Le problème de leur « persévérance » était déjà un lieu commun et la croix des pasteurs du XIXe siècle. Les enquêtes des années 1950 faisaient apparaître invariablement la même courbe de pratique par âge *(voir figure 9)*, qui commençait vers 7 ans, du fait de l'obligation dominicale, un peu avant dans les familles pratiquantes (mais, contrairement à aujourd'hui, on n'emmenait guère à la messe les tout petits enfants). Elle culminait vers 12 ans lors de la communion solennelle, avec, à ce moment-là, autour de 80 % de la génération concernée, peut-être même plus. Au lendemain même de la cérémonie, avec des nuances et des rythmes différents selon les régions et les sexes, commençait une impressionnante dégringolade au terme de laquelle une génération « prenait ses positions religieuses » (l'expression est de Boulard) vers 25 ans, après le mariage et le service militaire pour les garçons. Celles-ci étaient, en général, à peu près définitives et ne variaient guère par la suite. Tout au plus peut-on noter sur la fin, après 60 ou 70 ans, un léger ressaut terminal de courbe, variable selon les diocèses, imputable au veuvage, aux éventuels loisirs de la retraite (encore qu'ils fussent assez rares) ou à l'angoisse de la mort. En règle générale cependant, on mourait comme on avait vécu, dans l'axe de ses positions antérieures. L'enterrement religieux, en revanche, restait massif, de sorte que la grande majorité des Français sortaient de ce monde en passant physiquement par l'église. La nouveauté, dans les années 1960, n'était donc pas tant de voir les baby-boomers décrocher, puisque les jeunes l'avaient « toujours » fait en un sens, au moins depuis les lendemains de la Révolution, mais qu'ils se soient mis à décrocher *nettement plus* que leurs prédécesseurs. En termes sociologiques, on peut dire que le système a été cassé par la combinaison d'un effet d'âge et d'un effet de génération.

Figure 9. Courbe de la pratique par âge
(diocèse de Nantes, 1958)

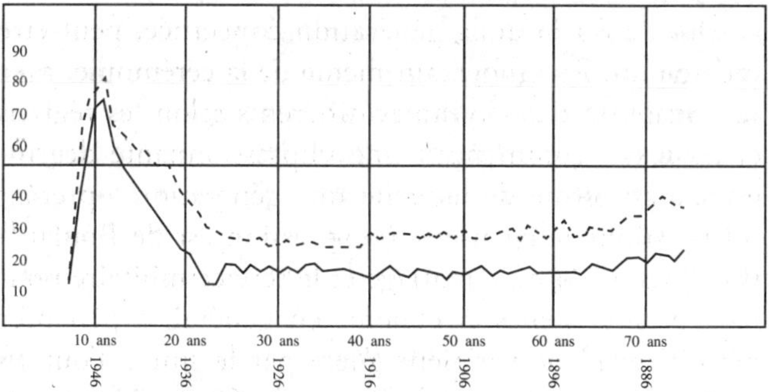

SOURCE : *La Pratique religieuse dans l'agglomération nantaise*, t. 3, Nantes, Commission de sociologie de la Mission de Nantes, 1958, p. 5 (14 PP 70, diocèse de Nantes, CNAEF).

Il reste que les raisons de ce surdécrochage des baby-boomers par rapport à leurs devanciers demeurent, malgré tout, assez mystérieuses. Le phénomène nous parle *a priori* autant de leurs parents que d'eux-mêmes, dans la mesure où, bon gré mal gré, les premiers ont laissé faire les seconds. Une génération peut toujours en cacher une autre[1]. Il faudrait poursuivre l'enquête mais on peut noter d'ores et déjà que ces parents étaient nés généralement dans l'entre-deux-guerres et que paradoxalement,

1. Yann Raison du Cleuziou, « Quand une génération en cache une autre. Différenciations générationnelles et mobilisations réformatrices dans la Province dominicaine de France autour de Mai 68 », *Politix*, n° 96, 2011, p. 115-138.

sur le plan religieux, ils ont appartenu à des générations qui étaient plutôt *plus* religieuses que les précédentes (de l'époque de la séparation des Églises et de l'État).

Quoi qu'il en soit, il me semble que ce déclin a procédé de l'addition de deux phénomènes assez différents : une amplification du *décrochage* des jeunes, lequel était très ancien et presque structurel depuis les lendemains de la Révolution, et un moindre *accrochage* de la génération en amont par la communion solennelle, appelée de plus en plus « profession de foi »[1], soit parce que les catéchismes étaient moins fréquentés, soit parce qu'on a cessé d'exiger des enfants qui les fréquentaient qu'ils assistent à la messe dominicale, comme c'était le cas jadis, en leur faisant dûment poinçonner un bulletin spécial.

On l'a un peu oublié en effet, mais beaucoup d'enfants entre 9 et 12 ans allaient à la messe sans leurs parents, où ils rejoignaient sur les bancs leurs camarades du catéchisme de communion. Dans certaines paroisses urbaines des années 1950, on a commencé à proposer des messes d'initiation spécialement pour les enfants. Il est vrai qu'au lendemain de la Seconde Guerre mondiale, dans bon nombre de paroisses, notamment rurales, les familles se séparaient encore en arrivant à l'église, les hommes partant d'un côté, les femmes de l'autre, les jeunes filles se rassemblant derrière l'harmonium et les enfants dans les premiers rangs, pour la discipline. Dans un rapport de 1946 sur la pratique religieuse dans le diocèse de Rodez, un

1. Point bien souligné par Roger Mols dans « La pratique dominicale en Belgique. Situation actuelle et évolution récente », *Nouvelle revue théologique*, n° 4, 1971, p. 423.

ecclésiastique commentait : « Nos paroissiens démolissent leur propre famille pour former la famille paroissiale[1]. »

Le premier facteur est donc sans doute la réduction de la base d'accrochage de la génération à travers le rite de la communion solennelle[2]. Les règlements diocésains des années 1950 précisaient encore clairement que, pour y être admis, il fallait assister régulièrement à la messe et au catéchisme, et se confesser au moins une fois par mois. L'attachement à ce rituel de terminaison de l'enfance était encore largement répandu. Il fournissait à la famille l'occasion de se réunir, faisait plaisir à ses représentants les plus pieux (et on avait encore facilement un oncle prêtre ou une tante religieuse) et laissait des souvenirs émus à tous, surtout lorsque les enfants venaient demander pardon à leurs parents de leurs offenses passées. Le décrochage de la pratique commençait parfois le dimanche d'après, même si le système du « renouvellement » à un an de distance servait de filet temporaire et qu'il était variable, dans son

1. *Semaine sacerdotale de Rodez (8-14 juillet 1946). Rapport sur la messe et les vêpres du dimanche par M. Marty, doyen de Rieupeyroux* (14 PP 90, diocèse de Rodez, CNAEF).

2. Cf. notamment Henri-Charles Chéry, O. P., *La Communion solennelle en France*, Paris, Cerf, 1952 ; M. Gaucheron, *L'Église de France et la communion des enfants. Quarante ans après le décret de Pie X*, Paris, Cerf, 1952 (l'auteur regrette qu'on n'ait pas appliqué plus franchement le système de Pie X en 1910 au lieu d'adopter la formule transactionnelle de la communion solennelle) ; Jean Christin *et al.*, *La Communion solennelle à l'heure du Concile. Expériences pastorales, éléments de cérémonies*, Paris, Le Centurion, 1964 ; Serge Bonnet et Augustin Cottin, *La Communion solennelle. Folklore païen ou fête chrétienne*, Paris, Le Centurion, 1969 ; Maurice Lelong, O. P., *Le Livre blanc et noir de la communion solennelle*, Tours, Mame, 1972.

ampleur et son rythme, selon les sexes (les garçons décrochant avant les filles), les milieux et les régions.

La réforme de Pie X qui, par le décret *Quam singulari* du 8 août 1910, avait recommandé de faire communier les enfants dès 7 ans, n'y avait pas changé grand-chose. Les évêques français, qui avaient été d'abord bien embarrassés de cette nouvelle exigence pontificale, s'étaient contentés de dissocier la communion « privée », rendue désormais possible dès 7 ans, de la communion « solennelle », maintenue vers 12 ans, de manière à éviter de perdre les bénéfices pastoraux du rite de passage. En 1936, sous le Front populaire, l'allongement de la scolarité obligatoire jusqu'à 14 ans, au lieu de 13 ans auparavant, n'avait pas bouleversé le système, même si une partie du clergé aurait voulu alors repousser l'âge de la communion d'un an pour retrouver une meilleure cohérence avec l'obligation scolaire.

Dans les années 1950, la communion solennelle avait déjà suscité de nombreux débats dans le clergé français. Les éléments réformateurs avaient tendance à critiquer un rite perçu comme formel, hypocrite, « sociologique », sans véritable valeur spirituelle, et ce d'autant plus que le baby-boom avait accru la demande sans accroître en proportion le nombre de prêtres susceptibles d'y faire face. Les églises des années 1950, surtout dans les pays déchristianisés où la pyramide des âges de l'assistance dominicale était plus déséquilibrée, étaient pleines d'enfants et de jeunes. Beaucoup de prêtres se plaignaient de ce que le message des parents (« Fais ta communion et tu seras débarrassé ») était aux antipodes de celui qu'ils voulaient faire passer. « Chaque année, au jour de la communion, résumait l'abbé Gaucheron en 1952, c'est la grande apostasie solennelle[1]. » L'abbé Michonneau estimait que, dans sa paroisse de banlieue parisienne, au bout de trois ou quatre ans, 80 % des enfants avaient disparu et ne remettaient jamais les pieds à l'église[2].

L'épiscopat cependant restait attaché au rite dans sa définition ancienne et il avait rappelé dans son *Directoire sur la pastorale des sacrements* d'avril 1951 qu'il fallait le conserver en l'état, ainsi que l'expression de « communion solennelle », à laquelle certains voulaient déjà substituer celle de « profession de foi ». On s'est contenté alors d'aménagements mineurs du rite et de la généralisation de l'aube, en lieu et place des costumes traditionnels (la robe de mariée pour les filles, le costume pour les garçons), présentée à l'époque comme un progrès spirituel mais aussi démocratique dans la mesure où elle limitait la concurrence somptuaire entre les familles qui laissait de vifs souvenirs aux enfants, pas toujours heureux.

Sur ces entrefaites, deux éléments nouveaux sont intervenus au début des années 1960 : le concile et la réforme Berthoin qui a porté l'obligation scolaire de 14 à 16 ans.

Le concile et la réforme liturgique consacraient globalement les positions des réformateurs, de sorte que la critique de la communion solennelle (dont il ne disait pourtant rien) s'en est trouvée indirectement relancée, avec cette fois des effets sensibles. Dès 1963, dans une partie de la presse confessionnelle, il est question du « scandale » (réel ou imaginaire, selon les opinions) de la communion

1. *L'Église de France et la communion des enfants*, *op. cit.*, p. 177.
2. *Paroisse, communauté missionnaire*, *op. cit.*, p. 282.

solennelle et de sa transformation en profession de foi[1]. La tendance était à la désolennisation de la cérémonie et à en restreindre l'accès aux éléments vraiment motivés, quitte à imaginer des rites de consolation pour le tout-venant des fidèles ou une plus grande progressivité dans son administration. Comme l'ont bien perçu à l'époque Serge Bonnet et Augustin Cottin, auteurs d'un ouvrage retentissant sur la question en 1969, il s'agissait d'un débat sociologiquement fondamental parce que la communion solennelle était, à bien des égards, la clé du catholicisme populaire et « saisonnier »[2]. Le débat sur les conditions d'admissibilité à la communion et la tendance à les restreindre ont eu de grandes conséquences, en amont sur la demande de baptêmes, dont on s'est mis à discuter des conditions d'admissibilité à partir de 1963-1964 (juste avant que les premières cohortes de baby-boomers ne commencent à faire baptiser leurs propres enfants), et en aval sur celle des mariages (puisqu'on faisait aussi sa communion pour pouvoir se marier à l'église). Bref, ce qui était en jeu était rien moins que l'avenir du troisième cercle lebrasien de la pratique, qualifié de plus en plus de « catholicisme festif ».

L'autre élément important fut la réforme Berthoin de 1959, qui a donc fait passer l'âge de la scolarité obligatoire à 16 ans révolus. Elle concernait les enfants qui atteindraient l'âge de 6 ans à compter du 1er janvier 1959, donc nés à partir de 1953. Le décrochage spectaculaire des jeunes de 12 à 14 ans tel qu'il apparaît dans les statistiques de 1968 du diocèse de Poitiers concernait précisément

1. Jean Christin, « Y a-t-il un scandale de la communion solennelle ? », *Témoignage chrétien*, 10 mai 1963.

2. *La Communion solennelle*, *op. cit.*

des enfants nés entre 1954 et 1956, c'est-à-dire les premiers bénéficiaires de la réforme. On peut penser que ce qui était en cause plus généralement était la conception traditionnelle du passage de l'enfance à la jeunesse, perçu désormais comme plus tardif et plus progressif, en même temps que la généralisation dans la société française de l'« adolescence », cet âge intermédiaire entre l'enfance et l'âge adulte qui était plutôt autrefois l'apanage de la bourgeoisie.

Bref, il est probable que la crise de la communion solennelle et sa transformation en « profession de foi » (qui avait généralement lieu quand l'enfant était en classe de cinquième) ont joué un rôle majeur dans le déclin de l'accrochage religieux de la génération parmi les anciens catholiques « saisonniers ». Le changement rituel a dû ici provoquer ou fournir le prétexte à la rupture. Pour bien faire, il faudrait reprendre le dossier diocèse par diocèse en regardant chaque fois quand et comment s'est produit le changement et avec quelles conséquences[1]. Robert Pannet, l'auteur du livre qui a lancé en 1974 la querelle de la « religion populaire », écrivait que, partisan au début des années 1960 de la suppression ou, en tout cas, de la désolennisation de la communion solennelle, il avait changé d'avis ensuite, au vu de ses effets sur le catholicisme populaire[2].

L'autre élément décisif a été l'amplification du décrochage des jeunes après la communion, notamment dans les familles pratiquantes et celles qui présentaient un profil

1. Cf. « Pas de communion solennelle en 1967 dans le diocèse de Nancy », *La Croix de l'Est*, 11 septembre 1966.

2. *Le Catholicisme populaire*, *op. cit.*, p. 133.

mixte. A dû jouer un rôle ici le nombre des baby-boomers, c'est-à-dire l'effet de masse, le fait qu'ils étaient, dans l'ensemble, plus éduqués que leurs parents et que cette supériorité intellectuelle a pu rejaillir en disqualification religieuse et morale des seconds[1], le développement de l'enseignement secondaire public, la difficulté pour le privé de soutenir la concurrence et pour l'Église de fournir des aumôniers en nombre suffisant, l'exode agricole et rural qui a touché une partie de cette jeunesse avec ses effets de déracinement habituels, l'évolution des méthodes pédagogiques et la tendance à privilégier désormais la négociation, notamment dans les domaines jugés d'importance secondaire comme la religion (pour préserver des chances de l'emporter dans les domaines prioritaires tels que les études), la mixité croissante des relations sociales, due notamment à cette révolution silencieuse qu'a été la mixité scolaire, qui, en favorisant la sociabilité commune, a pu rapprocher les standards de pratique des filles et des garçons.

À l'intérieur d'une même famille, l'attitude des parents a ainsi pu varier en fonction du sexe, de la date de naissance et de la place dans la fratrie de l'enfant. Une chrétienne vendéenne, née en 1950, troisième d'une famille pratiquante de cinq enfants nés sur une période de huit ans, relate ainsi un souvenir de la fin des années 1960 : « Il s'agit d'une discussion avec maman. Je lui disais mon étonnement de voir que rien n'était dit à mon frère plus jeune qui prenait la liberté de ne pas aller à la messe, surtout parce qu'il n'y avait que trois ans d'écart entre nous

1. C'est la thèse, qui me paraît convaincante, de Mgr Simon dans *Vers une France païenne ?*, Paris, Cana, 1999.

deux[1]. » Sans doute le fait qu'il s'agissait d'un garçon a joué dans ce cas précis, mais la date aussi. À trois ans près, elle pouvait déterminer au sein d'une même génération des cohortes au profil religieux sensiblement différent.

Je résumerais donc volontiers le propos en disant que le décrochage des jeunes a été le *fait générateur* de la crise (au sens de facteur principal) et qu'il a procédé d'un triple effet cumulé d'âge (le décrochage postcommunion), de génération (les baby-boomers) et de période (Vatican II et Mai 68 notamment).

La mutation socioculturelle

Si les phénomènes « religieux » ont souvent des causes « religieuses » parce qu'il faut bien arriver à comprendre, par exemple, pourquoi, concrètement, on cesse un jour d'aller à la messe ou, au contraire, on y retourne, il est bien certain que, derrière ou concurremment avec elles, jouent des causes « sociologiques » (au sens large). Le départ entre les deux n'est jamais facile à faire. Je ne crois pas qu'il y ait à choisir une causalité contre une autre, comme si les unes étaient réelles et les autres imaginaires, ou purement prétextuelles. Mais le fait est que, pour comprendre le fonctionnement de ces causes socio-culturelles en terrain religieux, il faut être très attentif à l'évolution des modes concrets d'administration des sacrements et aux débats pastoraux qu'ils suscitent. Invoquer sans plus de commentaires, comme on l'a souvent fait, les changements

1. Lettre à Henri Baudry, janvier 2014, aimablement transmise à l'auteur.

« sociaux » comme causes d'évolution des phénomènes « religieux » revient un peu à donner sa langue au chat. Tout le problème est de montrer *comment*, c'est-à-dire par quels cheminements concrets, une mutation culturelle ou sociale peut produire de tels effets religieux.

Or il me semble que, chemin faisant, on a déjà vu se profiler à diverses reprises des mécanismes de ce genre. L'important ici est de souligner la simultanéité, au milieu des années 1960, de deux mutations, l'une religieuse, l'autre socio-culturelle, qui, en renforçant mutuellement leurs effets, ont donné à la période son explosivité particulière.

La rupture religieuse que nous avons décrite est exactement contemporaine du « tournant de 1965 », dont sociologues et historiens ont beaucoup dit, à la suite notamment d'Henri Mendras, qu'il correspondait au moment où les changements économiques et sociaux de l'après-guerre avaient vraiment commencé à produire leurs effets culturels[1]. Le constat s'inscrit à l'intérieur d'une chronologie affinée des Trente Glorieuses dans laquelle on distingue mieux désormais trois phases principales : la reconstruction et le relèvement des ruines de la guerre entre 1945 et 1949, la modernisation économique et sociale des années 1950 et du début des années 1960, et le changement culturel à partir du milieu des années 1960. Les démographes considèrent ainsi classiquement que le baby-boom a pris fin assez brutalement au milieu des années 1960, quand

1. Henri Mendras, *La Seconde Révolution française, 1965-1984*, Paris, Gallimard, 1994, p. 16. Cf. aussi Gérard Pavy, « Le retournement de l'année 1965 », dans Henri Mendras (dir.), *La Sagesse et le Désordre. France 1980*, Paris, Gallimard, 1980, p. 63-77.

les baby-boomers eux-mêmes sont arrivés en âge d'avoir des enfants[1] ; Paul Yonnet enregistrait une mutation du même genre dans les attitudes face à la mort[2] ; Antoine Prost, dans l'évolution des méthodes éducatives, fondées de plus en plus sur la psychologie et la négociation, ainsi que dans la tolérance collective à l'égard de la sexualité préconjugale des jeunes[3]. Plus généralement, Jean-François Sirinelli, dans ses travaux sur les baby-boomers, considère que tout ce qui précède 1965 relève désormais pour nous de l'« anthropologie historique », avec ce que le terme suggère de distance et d'étrangeté culturelle[4]. Nul doute que la thèse ne possède une grande part de validité en matière religieuse.

Est-ce un hasard, par exemple, si la courbe d'équipement des ménages français en postes de télévision, qui a connu une croissance presque verticale dans les années 1960[5], est la symétrique inversée de celle de la pratique religieuse ? La télévision a fait ses débuts véritables en France en 1948-1949 ; cependant, en 1959, moins de 10 % des foyers encore étaient équipés. La France était alors très en retard, non seulement sur les États-Unis, mais encore sur la Grande-Bretagne ou l'Union sovié-

1. Henri Leridon, *Les Enfants du désir. Une révolution démographique*, Paris, Julliard, 1995, p. 49.

2. *Le Recul de la mort. L'avènement de l'individu contemporain*, Paris, Gallimard, 2006, p. 68.

3. *Histoire de l'enseignement et de l'éducation*, *op. cit.*, t. 4, p. 582.

4. *Mai 68. L'événement Janus* (2008), CNRS Éditions, 2013, p. 40.

5. Monique Sauvage et Isabelle Veyrat-Masson, *Histoire de la télévision française*, Paris, Nouveau Monde, 2014.

tique. Dans les années 1960, en revanche, ce sont près de six cent mille récepteurs qui ont été vendus chaque année, de sorte qu'on est passé d'un million de postes en 1958 à dix millions en 1968, dans un marché désormais quasi saturé. Une deuxième chaîne naît en 1964, une troisième en 1972.

Un tel croisement de courbes ne signifie évidemment pas que la télévision a combattu délibérément et triomphé de la religion, pas plus que l'automobile ou l'allongement de la scolarité obligatoire. Un certain nombre de catholiques militants ont été parmi les premiers à s'intéresser à la télévision et à ses potentialités apostoliques. Le futur *Télérama* est né en 1950 et la première messe télévisée (célébrée à Notre-Dame de Paris par le cardinal Suhard) date de 1948. Dans les années 1970, l'émission dominicale pouvait à bon droit se présenter comme la « première paroisse de France », d'autant plus qu'elle a récupéré une partie du public pratiquant déstabilisé par les transformations post-conciliaires. Mais la télévision a certainement eu de puissants effets « religieux » indirects en substituant des distractions profanes à d'anciennes distractions religieuses, dans une espèce de passage général au stade industriel du divertissement qui est un des traits marquants de la période. Elle a aussi réduit la sociabilité collective (qui a eu tendance à se replier sur le for familial) et, à travers un renforcement de l'unité culturelle du pays, nivelé les différences régionales et leurs spécificités religieuses.

Trois nappes de charriage sociologiques de la mutation

L'événement Vatican II et la mutation socioculturelle des années 1960 n'auraient sans doute pas produit de tels effets s'ils n'avaient rencontré à ce moment-là de grandes transformations sociales qui les ont portés et qui ont fonctionné pour eux comme des nappes de charriage en géologie. On en mentionnera ici trois principales.

La fin des réserves rurales du catholicisme

La première est que le catholicisme français a fini par perdre ses réserves rurales en raison de l'urbanisation et de l'exode rural. Celles-ci lui ont longtemps permis de maintenir ses taux (de pratique et d'ordination) au prix, il est vrai, d'une exploitation de plus en plus intensive, notamment dans l'entre-deux-guerres. Il a suivi sur cette pente son vieux rival, le protestantisme français, qui a perdu les siennes peu de temps auparavant, dans l'Est, le Midi et le Rhône, ainsi que dans l'Ouest (en Charente, Charente-Maritime, dans le sud des Deux-Sèvres). L'historien protestant Émile Léonard écrivait en 1955 : « Autrefois en majorité rural, le protestantisme tend à devenir urbain[1] », et à s'étaler sur l'ensemble du territoire, au-delà de ses vieux bastions traditionnels du Gard, de l'Ardèche, de la Drôme, du Tarn et de l'Alsace. Dans les années 1950, les catholiques avaient plutôt tendance à s'en féliciter discrètement (parce que les relations avec les

1. Émile Léonard, *Le Protestant français*, *op. cit.*, p. 92-93.

« frères séparés », en ces temps pré-œcuméniques, étaient déjà devenues relativement courtoises), leur poids relatif dans ces régions traditionnellement partagées s'en trouvant accru d'autant, mais ils ont été rattrapés par le phénomène.

Or celui-ci est doublement important. Non seulement en raison du poids persistant de la population rurale dans la France d'après-guerre, mais aussi parce que le catholicisme urbain présentait encore, au début des années 1960, des cadres mentaux largement ruraux. C'était la leçon implicite du livre de 1968 de Boulard et Remy sur la pratique urbaine qui montrait que la dispersion des taux de pratique urbains reflétait celle des arrière-pays ruraux dans lesquels ils se recrutaient[1]. Boulard avait trouvé à l'époque la conclusion plutôt rassurante parce qu'elle tendait à montrer que la ville était moins déchristianisante qu'on ne l'avait longtemps dit. Mais cette conclusion signifiait aussi que le catholicisme urbain vivait en grande partie sous perfusion rurale et qu'il aurait un sérieux problème le jour où celle-ci lui ferait défaut. De fait, le catholicisme tend désormais à se concentrer de plus en plus dans les villes ou certains quartiers des grandes métropoles, où il forme parfois des minorités substantielles. À partir des années 1980, à des rythmes variables selon les diocèses, les effets de ce qu'on a appelé pudiquement le « regroupement des paroisses », lié à la crise des vocations sacerdotales et à l'impossibilité de maintenir en état de fonctionnement l'ancien maillage paroissial, ont achevé de laminer le catholicisme rural. De plus en plus, l'ancien doyenné ou chef-lieu de canton est devenu la circonscription de base du diocèse avec, à la clé, des difficultés croissantes pour l'Église à maintenir le service public de la transcendance sur tout le territoire.

1. *Pratique religieuse urbaine et régions culturelles*, *op. cit.*

Le parallèle avec les difficultés actuelles de l'État à maintenir les services publics tout court dans les zones rurales n'est pas fortuit. Dans la plupart de ses anciens bastions ruraux, le catholicisme est dorénavant réduit à une peau de chagrin, surtout là où, comme dans certains pays du Massif central, les communications sont difficiles et la population dispersée en petits villages qui permettent difficilement d'atteindre le seuil critique de la communauté vivante.

L'événement était plus ou moins attendu d'ailleurs, et Boulard le redoutait déjà au sortir de la Seconde Guerre mondiale quand il écrivait dans ses *Problèmes missionnaires* :

> Si une paroisse ne monte pas tout d'un coup, elle met aussi longtemps à s'effondrer. Le conformisme social a eu du bon. Il ne faut pas nous endormir sur cette constatation réconfortante. Nous avons écrit : a *eu*, au passé. C'est que maintenant le frein ne fonctionne plus, et la descente – s'il n'est porté hardiment remède – va s'accélérer. Ce frein, c'était une vieille civilisation paysanne et chrétienne, combinaison solide d'esprit paysan et de christianisme, et qui a empêché, partout où elle n'a pas été rongée par l'influence citadine, les grosses descentes au moins *extérieures*. Mais maintenant cette vieille civilisation touche partout à sa fin [...] et rien n'empêche plus les chrétientés de s'affaisser et tourner en pays d'indifférence. Que les responsables veillent ! *Caveant consules*[1].

Il faisait cependant la distinction à l'époque entre deux types de chrétientés rurales : celles qui lui paraissaient devoir

1. *Problèmes missionnaires de la France rurale*, *op. cit.*, t. 1, p. 107.

leur vitalité religieuse apparente à leur isolement ou à leur retard, et qui devraient faire face un jour ou l'autre à une épreuve décisive si rien ne changeait d'ici là, et les chrétientés ouvertes et modernisées qui conciliaient progrès « humain » et « spirituel », dont l'avenir lui paraissait mieux assuré. En gros, la Bretagne (en dehors du Léon), la Vendée (ce qui était assez discutable), le nord des Deux-Sèvres, la Savoie tarentaise d'un côté, l'Alsace, la Lorraine, les Flandres de l'autre. L'avenir n'a pas vraiment confirmé le pronostic parce que la crise a finalement été générale et qu'elle a affecté aussi bien les pays réputés « retardataires » que les plus « modernisés ». Mais il est significatif de voir que ce thème de l'effondrement possible des vieilles chrétientés rurales, après être passé au second plan dans les années 1950, est revenu au centre des réflexions de Boulard au milieu des années 1960, juste avant la rupture. *La Fin des paysans* d'Henri Mendras, ce grand classique de la sociologie rurale française, date de 1967[1]. En avril 1966, lors d'une session à Albi, dans le Tarn, département dont la population urbaine était devenue majoritaire très récemment et qui se situait à l'extrémité sud-ouest de la zone religieuse du Massif central, Boulard déclara :

> [...] voyez-vous j'ai souvent l'impression, en regardant cette carte de France que je médite depuis vingt ans et que je connais de plus en plus intimement, que nous sommes, au niveau du christianisme populaire français, villes et campagne, devant une pratique religieuse souvent plus sociologique qu'une conviction personnelle. Il ne faut pas mépriser ce fond sociologique parce qu'il permet à des pauvres, au sens humain du terme, de

1. Arles, Actes Sud, 1984.

> rester fidèles au Christ. Ce n'est pas rien, puisque c'est le Seigneur qui a voulu que l'homme soit dépendant de son milieu social. Mais nous n'avons pas le droit de nous en contenter. Et je pense que dans un temps de mutation de civilisation, comme nous sommes actuellement, si nous n'arrivons pas à un christianisme plus mordant, nous n'empêcherons pas les descentes[1].

Émouvante méditation sur la carte, en amont immédiat de la chute (les données de l'enquête locale dataient de 1964), de qui sentait venir confusément l'événement apocalyptique (la fin du catholicisme « sociologique ») censé révéler le niveau religieux « réel » des masses sur lequel, comme on voit, il n'était pas très optimiste, même s'il n'avait pas l'ingénuité de croire, à l'instar de beaucoup de ses confrères, qu'une religion de masse puisse jamais se passer de sociologie, comme une âme de corps.

Une moindre vitalité démographique des familles catholiques

L'autre grand phénomène qui me paraît avoir sous-tendu la mutation est démographique. On a vu que la carte Boulard recoupait encore largement, dans les années 1930, celle de la vitalité démographique française. Entre 1860-1862 et 1930-1932, la fécondité « légitime » (dans le mariage) avait baissé de 40 %, mais sa carte était restée à peu près la même, sauf évolutions de détail. En 1860-1862, le département

1. 14 PP 132, diocèse d'Albi, CNAEF. Il avait déjà dit la même chose à Perpignan en janvier précédent.

le plus fécond était le Haut-Rhin (avec 267 naissances vivantes pour 2 000 femmes mariées de 25 à 49 ans), le moins fécond le Lot-et-Garonne (104) ; en 1930-1932, ces positions étaient occupées respectivement par le Morbihan (161) et la Seine (67)[1]. Dans les deux cas, des pays « A » et « B » de la carte Boulard, et un rapport entre les deux de 1 à 2,5 environ, bien qu'il ne faille pas oublier que le taux de célibat était traditionnellement plus élevé dans les régions chrétiennes (ce qui favorisait les vocations sacerdotales et religieuses) et la fécondité « illégitime » moindre.

Comme souvent en matière démographique, il faut descendre au niveau des familles pour réaliser ce que signifiaient exactement ces chiffres. Du point de vue des structures familiales, la société française d'avant le baby-boom présentait un double visage : une majorité de familles (61 % en 1931) n'avait aucun (12), un (26) ou deux (23) enfants, et représentait environ 40 % du total des enfants survivants, tandis que 40 % des familles restantes représentaient les 60 % restants[2]. La situation témoignait ainsi de l'ampleur de la révolution malthusienne du XIXe siècle, étudiée par un des tout premiers lecteurs de Le Bras parmi les historiens, Philippe Ariès, dans le livre-source de son œuvre, *Histoire des populations françaises*[3]. Elle signifiait aussi que le pays comprenait encore au début des années 1930 un

1. Je me réfère ici aux données rassemblées dans Pierre Gemaehling, « Structures familiales comparées », dans *Deuxième semaine sociologique organisée par le Centre d'études sociologiques du 12 au 17 mars 1951 (séance X)*, Paris, Armand Colin, s. d., p. 8-9 (dont le tiré à part avait été offert par l'auteur à Boulard).

2. *Ibid.*

3. *Histoire des populations françaises et de leurs attitudes devant la vie depuis le* XVIII*[e] siècle*, *op. cit.*

nombre relativement important de familles nombreuses[1], voire très nombreuses, notamment dans les pays « A » de Boulard. On le voit bien, du reste, sur les monuments aux morts de la Grande Guerre dans ces régions à la récurrence des noms dans les communes, par exemple en Lozère ou en Aveyron (ce qui reflétait aussi des structures familiales spécifiques). Sous ce rapport, la comparaison des extrêmes de la carte Boulard est éloquente *(voir tableau 1)*, même si les cas intermédiaires sont moins clairs.

Tableau 1. Religion et structures familiales départementales[2]

Nombre d'enfants nés pour cent familles en 1931	*Morbihan (pays « A » intégral)*	*Lozère (pays « A » intégral)*	*France entière*	*Lot-et-Garonne (pays « B » quasi intégral)*	*Paris*
0	8	8	12	9	22
1 ou 2	36	35	49	62	56
3	16	14	15	13	10
4 ou plus	40	43	24	16	12
Total	100	100	100	100	100

Source : Pierre Gemaehling, « Structures familiales comparées », dans *Deuxième semaine sociologique organisée par le Centre d'études sociologiques du 12 au 17 mars 1951 (séance X)*, Paris, Armand Colin, s. d., p. 10.

1. Virginie De Luca Barrusse, *Les Familles nombreuses. Une question démographique, un enjeu politique. France (1880-1940)*, Rennes, PUR, 2008.

2. Pierre Gemaehling, « Structures familiales comparées », contribution citée.

Le critère de la famille nombreuse n'était pas seulement religieux mais social[1]. Avaient beaucoup d'enfants, pour dire les choses rapidement, ceux qui en avaient les moyens et pour qui ils étaient une charge supportable, bien que – on peut le noter au passage – ce fût souvent au prix d'une vie assez spartiate (même au regard des standards de l'époque), et ceux qui étaient très pauvres et qui, pour des raisons symétriques mais inverses, ne comptaient plus, ou guère. C'était le cas notamment dans une partie du monde ouvrier et tout un quart-monde rural souvent réputé « pépinière de mauvais sujets ». Quand le critère social croisait le critère religieux, comme dans certaines fractions de la bourgeoisie catholique et du monde paysan, mais parfois aussi dans certaines classes moyennes, on pouvait atteindre des chiffres impressionnants, de douze, quinze, dix-sept enfants. Le père Marie-Dominique Philippe par exemple, fondateur en 1975 de la communauté Saint-Jean, est né en 1912 dans une grande famille du Nord de douze enfants, dont huit sont entrés en religion[2], et le cas n'était pas exceptionnel.

Les familles pratiquantes faisaient donc, dans l'ensemble, *plus* d'enfants que les autres, même si l'on trouvait aussi des catholiques malthusiens et des laïques prolifiques, sans parler évidemment des cas de stérilité. Dans la longue durée, le phénomène a probablement aidé le catholicisme à maintenir ses taux en compensant à chaque génération

1. Antoine Prost, *Éducation, société et politiques. Une histoire de l'enseignement en France, de 1945 à nos jours*, Paris, Seuil, 1992, p. 13-25.

2. Marie-Christine Lafon, *Marie-Dominique Philippe. Au cœur de l'Église du XXe siècle*, Paris, Desclée de Brouwer, 2015.

tout ou partie de ses pertes, en même temps qu'il alimentait régulièrement le camp laïque en « sortants » de fraîche date de la religion, susceptibles de rajeunir son combat et de maintenir son actualité. On peut s'étonner rétrospectivement que le point n'ait pas été davantage souligné par Le Bras et Boulard, qui, il est vrai, n'étaient pas très sensibles aux problèmes démographiques, non plus qu'aux variables de sexe et d'âge de la pratique, qui se sont pourtant finalement avérées essentielles.

Or le paradoxe du baby-boom est qu'il ne s'est pas tant traduit par une multiplication des familles nombreuses, comme on le croit parfois, que par celle des naissances de rang deux et trois dans les fratries, le tout sur fond de promotion officielle (notamment fiscale) d'un modèle à trois enfants qui n'avait rien de particulièrement « catholique ». Le point a été bien vu à l'époque par Alfred Sauvy[1] ou le jésuite Stanislas de Lestapis[2], spécialiste des questions démographiques dans l'Église qui considérait que la bonne mesure dans ce domaine était une famille de cinq à six enfants séparés par des intervalles intergénésiques de deux ans. Ce qui veut dire concrètement que le baby-boom a été « fait » pour l'essentiel par le bloc des quelque 60 % de familles françaises qui étaient déjà plus ou moins malthusiennes dans les années 1930 et qui se sont mises à avoir un ou deux enfants de plus.

Ce n'est pas le lieu ici de discuter des raisons de ce changement. On a évoqué pêle-mêle la baisse de la mortalité

1. *La Montée des jeunes*, Paris, Calmann-Lévy, 1959, notamment p. 92.
2. *La Limitation des naissances*, 2e éd., Paris, Spes, 1960, p. 85 et suiv.

infantile, l'accroissement de la nuptialité, le climat familialiste d'après-guerre, une plus grande activité sexuelle des couples liée à leur plus forte unité, la multiplication des « loupés » induits par le changement de système contraceptif et le passage tendanciel de l'ancien *coitus interruptus*, pénible mais efficace, aux nouvelles méthodes naturelles de régulation des naissances, plus aléatoires. L'important est que le nombre des familles *vraiment* nombreuses (au-dessus de six enfants) ne semble pas s'en être trouvé sensiblement augmenté, bien que les études manquent encore dans ce domaine et qu'il y aurait lieu sans doute de faire des distinctions entre les différentes cohortes de femmes qui ont engendré sur vingt ans les baby-boomers. Parmi celles qui ont accueilli leurs premiers enfants dans les années 1950 en tout cas, la proportion des familles très nombreuses semble avoir nettement diminué. Ce qui signifie que, du point de vue des structures familiales, la « transition démographique »[1] n'a vraiment achevé son cycle dans la société française qu'avec le baby-boom, lequel a raréfié les familles très nombreuses en favorisant une convergence globale vers un modèle à trois enfants. En d'autres termes, si le baby-boom a plutôt été une bonne nouvelle pour la société française, qui s'en est trouvée sensiblement rajeunie après des décennies de démographie anémiée, il n'est pas certain qu'il en ait été de même pour l'Église, aussi bien du point de vue du nombre des pratiquants que des vocations sacerdotales et religieuses, dans

1. Sur le sujet, cf. l'ouvrage classique de Jean-Claude Chesnais, *La Transition démographique : étapes, formes, implications économiques. Études de séries temporelles, 1720-1984, relatives à 67 pays*, Paris, PUF, 1986.

la mesure où il a signifié moins de familles réellement nombreuses et plus de mariages.

Les effets religieux variables de l'immigration

La France est depuis longtemps un pays d'immigration. En 1991, la démographe Michèle Tribalat estimait que quatorze millions de personnes en France étaient immigrées ou d'origine immigrée, soit environ le quart de la population[1]. D'où l'importance de la question des effets religieux de l'immigration, à la fois sur les migrants et sur la société d'accueil. Nos contemporains sont devenus sensibles au problème depuis que l'islam est devenu par ce biais la deuxième religion du pays, mais celui-ci se posait déjà au XIXe siècle.

La France était alors ce « pays d'immigrants dans un continent d'émigrants »[2] qui faisait figure d'exception en Europe, en dehors de certaines régions comme l'Alsace, le Pays basque ou les Alpes qui participaient aux migrations internationales. La bibliographie consacrée au sujet n'est pas très fournie. Aussi les réflexions qui vont suivre n'ont-elles qu'une portée exploratoire, dans l'attente de recherches plus approfondies.

Trois faits majeurs se laissent apercevoir.

Depuis le XIXe siècle, les immigrés en France venaient pour l'essentiel de pays frontaliers de culture catholique

1. Chiffre repris par Virginie De Luca Barrusse dans *La Population de la France*, Paris, La Découverte, coll. « Repères », 2016, p. 83.

2. Marie-Claude Blanc-Chaléard, *Histoire de l'immigration*, Paris, La Découverte, coll. « Repères », 2001, p. 9.

ultramajoritaire. Au recensement de 1931, au terme du grand afflux migratoire des années 1920, la population étrangère était constituée principalement d'Italiens (808 000), de Polonais (507 000, arrivés pour l'essentiel après la Première Guerre mondiale), d'Espagnols (351 900) et de Belges (253 000, qui avaient fourni au XIXe siècle les premiers gros contingents d'immigrés)[1]. L'immigration a donc plutôt eu tendance, jusqu'au seuil des années 1950, à renforcer l'homogénéité religieuse du pays, même si elle comportait déjà un certain nombre de « sujets français » d'Afrique du Nord musulmans, notamment à Paris, à Lyon et à Marseille (102 000, d'après le recensement de 1931), ainsi que des juifs originaires d'Allemagne et d'Europe centrale et orientale, qui fuyaient les persécutions.

Le deuxième point à souligner est que l'immigration était souvent synonyme, pour les populations concernées, de décatholicisation[2], soit parce que le détachement religieux avait eu lieu avant le départ, comme dans le cas, bien souvent, des réfugiés politiques de gauche italiens ou espagnols, soit parce qu'elles se sont déchristianisées dans l'opération, par déracinement et/ou au contact des milieux ouvriers et urbains autochtones. Le problème préoccupait déjà l'Église de France dans les années 1920 et même dès le XIXe siècle. Le premier article du jeune

1. *Ibid.*, p. 31.

2. Gérard Cholvy, « Déracinement et vie religieuse : Italiens, Espagnols et Tsiganes dans le Midi de la France (1830-1980) », *Archives de sciences sociales des religions*, n° 170, 2015, p. 171-189. Cf. aussi les remarques en ce sens de Ralph Schor dans son *Histoire de l'immigration en France de la fin du XIXe siècle à nos jours*, Paris, Armand Colin, 1996, p. 99-100.

Alphonse Dupront en 1926, à l'époque où il était encore un fervent militant de l'Action catholique dans son Gers natal, était consacré à ce problème[1]. Le déracinement, les soucis matériels, le manque de familiarité avec les structures religieuses locales, l'obligation de travailler le dimanche parfois, le fait qu'on avait affaire le plus souvent à une population jeune et masculine, sans famille ni enfants, l'expliquaient. Le problème n'était pas très différent de celui de ces domestiques bretonnes dont Le Bras disait qu'elles abandonnaient leur religion en arrivant à Paris « sur le quai de la gare Montparnasse », quitte à la reprendre au retour, si elles revenaient au pays[2]. Le militantisme syndical et politique au sein d'organisations de gauche souvent très laïques, voire anticléricales, était lui aussi un facteur d'intégration, en même temps que de déchristianisation.

Dans certaines régions chrétiennes et industrielles comme le Nord-Pas-de-Calais, la Lorraine, l'Alsace, le Jura, les nouveaux arrivants pouvaient ainsi détonner sur le fond local par leur indifférence religieuse ou leurs positions laïques avancées. Mais l'inverse était plus fréquent. Le plus souvent, les immigrés qui s'installaient dans des zones urbaines et industrielles étaient plus religieux et pratiquants que la moyenne locale, dont ils contribuaient, de ce fait, à maintenir ou à relever les taux. Dans ce cas, l'immigration, tout en continuant à être tendanciellement déchristianisante pour les immigrés eux-mêmes, au moins

1. « Les immigrés et le catholicisme », *Annales de la jeunesse catholique*, n° 64, 25 avril 1926, p. 281-291, et n° 65, 25 mai 1926, p. 387-402.

2. Préface à Jean Chélini, *La Ville et l'Église*, *op. cit.*, p. 16.

sur deux générations, avait plutôt dans l'immédiat un effet recatholicisant sur la région ou le milieu d'accueil, avec des nuances notables selon les nationalités et les régions d'origine. Un exemple célèbre est l'installation, au début des années 1920, dans les campagnes déchristianisées du Sud-Ouest, dans le Gers, la Haute-Garonne, le Tarn-et-Garonne, d'Italiens originaires de régions chrétiennes du nord de la péninsule, venus parfois en groupes compacts attachés à leur identité[1]. Une enquête de l'Institut national d'études démographiques de 1953 montrait que le taux de pratique des ouvriers italiens du département de la Seine était de 34 %, celui des ruraux italiens du Lot-et-Garonne de 61 %, tandis que les Polonais pratiquaient à 66 % dans l'Aisne (un département pourtant très déchristianisé) et à 63 % dans le Nord-Pas-de-Calais[2]. Pour ces populations (les Portugais ne sont arrivés qu'à partir du début des années 1960), le catholicisme pouvait revêtir aussi une dimension identitaire, renforcée par un clergé venu des pays d'origine, mais il finissait généralement par favoriser l'intégration à la génération suivante *via* le catéchisme, les patronages et les organisations sportives.

1. Cf., à propos de la Haute-Garonne, les remarques en ce sens de l'enquête diligentée par la section de Toulouse du Centre catholique des intellectuels français dans Alain Girard et Jean Stoetzel, *Français et immigrés. Nouveaux documents sur l'adaptation : Algériens, Italiens, Polonais, le service social d'aide aux émigrants*, Paris, PUF-Ined, 1954, p. 153-182.

2. Alain Girard et Jean Stoetzel, *Français et immigrés. L'attitude française : l'adaptation des Italiens et des Polonais*, Paris, PUF-Ined, 1954, p. 84.

La recherche des causes en histoire est toujours une opération délicate dont les philosophes qui ont réfléchi à l'épistémologie de la discipline ont fait remarquer qu'elles n'échappaient pas toujours à certaines simplifications, parfois grossières. Instituées par l'analyse elle-même, les explications oscillent souvent entre déterminisme et probabilité, sans qu'on se préoccupe toujours de bien préciser leur nature exacte et comment elles s'articulent. On ne prétend pas avoir échappé ici au lot commun, d'autant que l'événement qui nous intéresse a manifestement procédé de causes multiples et que ses conséquences ont été hors de proportion avec elles.

Il nous a semblé cependant que, dans cet écheveau dont on peine à démêler les fils, on pouvait au moins distinguer trois choses. Le rôle d'événement *déclencheur* du décrochage et de la crise joué par le concile Vatican II en premier lieu, en particulier de ce mouvement de sortie de la culture de la pratique obligatoire dont il a donné le signal (un peu malgré lui), qui a eu des effets proprement révolutionnaires sur le niveau de la pratique. Le rôle de fait *générateur* de la crise joué par le décrochage des jeunes ensuite, dont les effets se sont étalés dans le temps à mesure que la génération des baby-boomers a remonté les degrés de la pyramide des âges, jusqu'à parvenir dans les années 2010 au seuil de la vieillesse et de la mort. Le rôle enfin de *nappes de charriage sociologiques* de la mutation joué par l'épuisement des réserves rurales de l'ancien catholicisme, sa normalisation démographique et les transformations de l'immigration.

Les différentes temporalités de la christianisation

CHAPITRE 4

Les différentes temporalités de la déchristianisation

Le tournant du milieu des années 1960 en matière de pratique religieuse s'inscrit dans une évolution de plus longue durée, qui remonte au moins à la Révolution, voire plus haut. Le problème pour l'historien est d'arriver à articuler ces différentes temporalités de la déchristianisation : les tendances longues, les phases, les conjonctures et les événements, sans perdre de vue la diversité géographique et sociale du catholicisme français, qui est grande. Rien ne garantit en effet que tout le monde y ait toujours marché du même pas et dans la même direction, même si, par hypothèse et faute d'enquêtes suffisantes, on a souvent fait comme si c'était le cas.

Une rupture de pente

L'idée même de rupture n'avait rien d'évident en soi pour Boulard et ses collaborateurs. Leurs études les avaient plutôt amenés à souligner l'ancienneté et les limites de la déchristianisation, et donc à relativiser le poids des événements dans le processus, qu'il s'agisse de la Révolution, de la politique de laïcisation tertio-républicaine ou des deux guerres mondiales. De surcroît, les enquêtes des années 1950 avaient révélé une situation d'ensemble beaucoup moins critique que redoutée au départ, à l'époque où le mouvement « missionnaire » battait son plein et nourrissait à la fois de grandes alarmes et de grandes espérances. Un certain optimisme régnait dans les milieux de la sociologie pastorale à la fin des années 1950 et au début des années 1960. C'est d'ailleurs, sans doute, l'une des raisons pour lesquelles les évêques, qui étaient un peu réticents au départ devant cette opération vérité assez lourde, se sont ralliés au mouvement : non seulement les enquêtes pouvaient stimuler les ardeurs apostoliques locales à travers tout le travail de préparation qu'elles supposaient, mais il s'est vite avéré que leurs résultats n'avaient rien d'accablant. *A contrario*, les évêques s'en sont détournés sitôt qu'elles n'ont plus apporté que des mauvaises nouvelles.

Commentant les résultats de l'enquête diocésaine de Lille en 1957, le chanoine Verscheure pouvait écrire au seuil des années 1960 : « Les études effectuées en France concordent pour indiquer que la pratique dominicale n'évolue que très lentement. Une série de travaux de Monsieur le Chanoine Boulard à partir de documents historiques divers, notamment les enquêtes annuelles sur les Pâques, démontrent même une continuité séculaire[1]. » Dans le même esprit, Joseph Jeannin, commentant en 1964 les résultats d'une enquête sur la pratique religieuse réalisée dans le Maine-et-Loire en 1961, concluait au maintien global des taux depuis le XIXe siècle accompagné – ce qui était le point important à ses yeux – d'un changement notable du sens de la pratique, qui tendait à devenir de plus en plus personnelle et intérieure, et donc de moins en moins « sociologique », comme on dira bientôt

1. *Aspects sociologiques de la pratique dominicale*, *op. cit.*, p. 44.

pour s'éviter toute nostalgie[1]. La sociologie pastorale avait donc permis d'acquérir une connaissance beaucoup plus précise du catholicisme et de ses différents contrastes (géographiques, sociologiques, de sexe et d'âge), mais elle n'avait pas préparé les esprits à penser la rupture, bien au contraire. Non qu'elle se fût trompée : elle avait raison pour la période qu'elle étudiait. Mais son tort est d'avoir cru pouvoir en tirer des conclusions générales, valables pour le présent et pour l'avenir, au moment même où elles allaient cesser d'être vraies.

Boulard avait ainsi fini par se convaincre que la déchristianisation se présentait dans la longue durée comme une pente légèrement déclive dont les origines se perdaient dans un passé lointain. Elle était certes un peu déprimante parce qu'elle avait résisté jusqu'à présent aux efforts déployés par des générations successives de chrétiens pour en inverser le cours, mais assez rassurante tout de même parce qu'elle préservait *a priori* de toute mauvaise surprise. On peut donc dire que le tournant de 1965 a pris la forme d'une rupture *de pente*, bien que la pente fût légère et que, localement, là où les courbes des années 1950 étaient stabilisées, voire en légère hausse (ce qui n'était pas rare), elle ait pu se présenter comme une rupture *tout court*. Boulard en a parlé ensuite comme du passage d'une « phase de mutation lente » à une « phase de mutation rapide », tandis que Le Bras (qui est mort en 1970, donc un peu tôt pour prendre toute la mesure de l'événement) aurait sans doute évoqué un « palier de

1. *Visages religieux de l'Anjou en 1961. La pratique religieuse en Maine-et-Loire : présentation graphique et cartographique*, avec le concours du CNRS, Paris, PUF, 1964, p. 179-180 (il s'agit de la conclusion de l'ouvrage).

rupture collective »[1], comme la France en avait déjà connu en 1789 (avec la Révolution), 1880 (avec les débuts de la « République des républicains » et de l'application de leur programme laïque), 1914 et 1939-1940 (avec les deux guerres mondiales).

Le choc de la Révolution

Les recherches de Timothy Tackett ont rappelé toute l'importance du choc de la Révolution dans cette histoire[2]. Sur le plan religieux, elle couvre surtout les années 1791-1801, du serment prêté à la constitution civile du clergé à la signature du concordat napoléonien[3]. Elle a été synonyme d'interruption totale ou partielle de la pratique pendant une durée variable selon les lieux mais qui, dans le premier cas, n'a jamais été supérieure à dix-huit mois. Il faut ajouter à cela les divisions entre « constitutionnels » et « réfractaires » au sein du clergé, sources de controverses et de trouble des fidèles quant à la validité des sacrements administrés par les uns et les autres, la fin de l'obligation civile de la pratique et la laïcisation de l'état civil. La déchristianisation violente de l'an II est un phé-

1. *Études de sociologie religieuse*, *op. cit.*, t. 2, p. 675.
2. *La Révolution, l'Église, la France*, *op. cit.*
3. Cf., au milieu d'une vaste bibliographie, Michel Vovelle, *Piété baroque et déchristianisation en Provence au XVIIIe siècle*, *op. cit.* ; *id.*, *Religion et Révolution. La déchristianisation de l'an II*, Paris, Hachette, 1976 ; *id.*, *La Révolution contre l'Église. De la Raison à l'Être suprême*, Bruxelles, Complexe, 1988 ; Claude Langlois et Serge Bonin (dir.), *Atlas de la Révolution française*, t. 9, *Religion*, Paris, Éditions de l'EHESS, 1996.

nomène qui a été généralement imposé *de l'extérieur* aux communautés, même s'il a pu trouver sur place des relais, et qui a laissé dans certaines régions et certains milieux des souvenirs traumatiques durables de charivaris anticléricaux, de déprêtrisations et de mariages plus ou moins forcés, jusqu'au XXe siècle. Le nombre des diocèses a été restreint en 1790 (par la constitution civile) puis en 1801 (par le concordat), et la densité du maillage paroissial revu à la baisse, à telle enseigne qu'en 1803 il n'y avait plus que vingt-sept mille paroisses contre quarante mille environ en 1790. Un des grands efforts des catholiques du XIXe siècle sera d'obtenir l'ouverture de nouvelles paroisses.

Y a-t-il moyen de faire le bilan des pertes du point de vue de la pratique ? L'opération est difficile, faute de documentation suffisante. Dans les « Matériaux Boulard », rares sont les documents antérieurs à 1830. L'historien Jean de Viguerie estime qu'en 1801, donc au moment du concordat, le catholicisme aurait perdu entre le quart et le tiers des fidèles qu'il avait avant la Révolution, soit qu'ils aient cessé de pratiquer, soit qu'ils le fassent désormais de façon irrégulière[1]. Ce qui situerait le taux de pratique entre 66 et 75 %.

Dans les « Matériaux Boulard », il existe au moins six enquêtes immédiatement postérieures au concordat qui comportent des données chiffrées sur les pratiques dominicale et pascale. Elles donnent les chiffres de pratique pascale suivants : 36 % dans le diocèse de Soissons[2], entre 40 et 60 % selon les cantons dans celui de Lyon[3], près

1. *Christianisme et révolution. Cinq leçons d'histoire de la Révolution française*, Paris, Nouvelles éditions latines, 1986, p. 258.
2. *Matériaux*, *op. cit.*, t. 2, p. 363-376.
3. *Ibid.*, *op. cit.*, t. 4, p. 248-249.

de 65 % à Tarbes[1], 69 % à Tours[2], entre 75 et 90 % à Belley[3], 97 % à Clermont[4]. Il serait bien imprudent de prétendre calculer une moyenne à partir de cet échantillon limité, mais l'ensemble paraît assez cohérent avec l'estimation de Viguerie, soit, sur la base d'une hypothétique unanimité antérieure, dont on sait en réalité qu'elle était déjà bien entamée par endroits[5], une perte de l'ordre du quart au tiers des pratiquants de l'Ancien Régime.

Non moins intéressants sont les commentaires du clergé qui accompagnent ces enquêtes, notamment à Soissons, Tours et Clermont. Ils montrent bien que les grands contrastes qui vont caractériser la pratique des XIXe et XXe siècles, qu'ils soient géographiques, sociaux ou de sexe et d'âge, sont déjà en cours d'acquisition à cette date précoce. Clermont et Soissons incarnent les deux extrêmes de l'éventail, Tarbes et Tours des types intermédiaires, tout comme Belley, plus près du cas clermontois.

Clermont apparaît comme un diocèse de chrétienté peu entamé par la Révolution. On n'y discerne pas de dissonance rituelle entre les taux de pratique dominicale et pascale, tous deux très élevés ; l'autorité du clergé reste forte ; la religion est encore un « fait de mentalité » (pour reprendre l'expression de Philippe Boutry[6]) partagé par tous, ou presque. Le clergé ne manque pas de se plaindre, mais ce sont des

1. *Ibid.*, *op. cit.*, t. 3, p. 158.
2. *Ibid.*, *op. cit.*, t. 1, p. 406-407.
3. *Ibid.*, *op. cit.*, t. 4, p. 242.
4. *Ibid.*, *op. cit.*, t. 1, p. 446.
5. Cf. les réflexions de Dominique Julia dans « Déchristianisation ou mutation culturelle ? L'exemple du Bassin parisien au XVIIIe siècle », chap. cité, p. 185-240.
6. *Prêtres et paroisses au pays du curé d'Ars*, Paris, Cerf, 1986.

plaintes rituelles, d'Ancien Régime si l'on peut dire, au total assez anodines. Il déplore l'« ignorance religieuse » accentuée par la Révolution, le manque de ferveur des populations, les « superstitions », les menues infractions aux devoirs religieux et aux règles ecclésiastiques (« abus dans les processions », « dissipation dans l'église », « manquements au catéchisme », « insensibilité pour le salut du Saint-Sacrement », « violation de l'abstinence », confession extraparoissiale). Tout se passe comme si les montagnes, l'isolement, la tradition réfractaire avaient protégé ici le catholicisme d'Ancien Régime des effets religieux de la Révolution.

Soissons présente un visage bien différent, dans le prolongement de tendances que l'on pouvait déjà deviner avant la Révolution. Les traces de l'événement sont omniprésentes : « philosophes de village », prêtres mariés et interdits, couples mariés civilement et non « réhabilités », enfants non baptisés. Déjà, l'écart y est important entre la fréquentation des offices dominicaux (qui reste massive) et celle des sacrements comme la confession et la communion (qui est sérieusement entamée). Les vêpres et les saluts du Saint-Sacrement sont délaissés, parfois aussi la messe ; l'unanimité religieuse a disparu.

Les contrastes de pratique sont importants entre riches et pauvres (les premiers ne venant à la messe que quatre ou cinq fois par an, pour les grandes fêtes), hommes et femmes, jeunes et vieux. Dans certains villages, la structure caractéristique du XIXe siècle est déjà en place, comme à Arcy-Sainte-Restitute, où le curé écrit, en 1810 : « Sacrements : moitié des femmes, les trois quarts des filles, le un huitième des hommes, le quart des garçons, s'approchent des sacrements[1]. » Les jeunes gens, nous dit-on, abandonnent la pratique deux ou trois ans après la communion : on a là la trace de la première génération à avoir adopté le système par temps calme. Le travail du dimanche est chose courante ; les règles du jeûne et de l'abstinence sont peu respectées ; l'unanimité ne persiste que pour les grandes fêtes du calendrier liturgique, l'assistance au catéchisme et la réception des derniers sacrements, de l'extrême-onction en particulier.

La théorie des phases alternées

Le paradoxe est que, sous l'influence de la sociologie lebraso-boulardienne, dont on a vu qu'elle avait plutôt eu tendance à accréditer une vision de la déchristianisation comme processus graduel de longue durée, certains historiens du catholicisme français, en remontant dans les diocèses les courbes établies pour les lendemains de la Seconde Guerre mondiale, ont fini par critiquer cette image et en donner une vision beaucoup plus complexe.

Le schéma ancien de la déchristianisation comme processus d'érosion linéaire, irréversible et homogène, dans l'espace et dans la société, prévalait encore souvent au début des années 1960, par exemple dans *Histoire du catholicisme en France*, dirigée pour la période contemporaine par André Latreille et René Rémond. À cette date, le premier écrivait à propos des décennies centrales du XIXe siècle que si, dans les milieux intellectuels et bourgeois, on avait pu, autour de 1835-1840, avoir une « impression » de renouveau religieux, symbolisé par les célèbres

1. *Matériaux*, *op. cit.*, t. 2, p. 371.

prédications du père Lacordaire à Notre-Dame de Paris à partir de 1835, dans le reste de la population, en revanche, c'est-à-dire pour le grand nombre, on avait assisté entre 1830 et 1870 à un « recul de la foi »[1]. Le Bras également avait déjà dit à diverses reprises son scepticisme devant ce schéma d'une baisse continue de la place dévolue à la religion, mais la réalité de la reprise religieuse du XIXe siècle était trop mal discernée et trop contrebalancée par des impressions inverses pour avoir encore pu s'imposer.

Une élève de Le Bras, Christiane Marcilhacy, a été l'une des premières à mettre concrètement en évidence cette réalité dans un ouvrage remarquable de 1962 sur le diocèse d'Orléans[2]. Le diocèse était celui de Mgr Dupanloup, qui a été un des pionniers de la sociologie pastorale (il parlait du « thermomètre des pâques »), dans un contexte général de développement de la statistique publique. Il était, de ce fait, très favorisé du point de vue archivistique. L'auteur montrait bien comment, dans ce « mauvais » diocèse où la pratique pascale des adultes tournait autour de 11 % en 1852, la décennie 1850 correspondait à un temps de « reconquête partielle des populations », suivi dans les années 1860 par une consolidation de ces acquis, la reprise culminant vers 1868.

De fait, la plupart des spécialistes sont d'accord aujourd'hui pour dire *a minima* que le processus est pluriel, ni univoque ni homogène, aussi bien géographiquement que sociologiquement, mais qu'il est passé par des

1. André Latreille, René Rémond *et al.*, *Histoire du catholicisme en France*, t. 3, *La période contemporaine*, Paris, Spes, 1962, p. 353.

2. *Le Diocèse d'Orléans sous l'épiscopat de Mgr Dupanloup*, *op. cit.*, p. 574.

phases alternées de baisse et de reprise. L'ancien schéma de la déchristianisation linéaire et irréversible n'a pas totalement disparu[1], mais il est devenu assez rare. Gérard Cholvy et Yves-Marie Hilaire, qui ont été parmi les historiens les principaux disciples de Boulard, ont proposé une chronologie de ces variations, qui a connu une large diffusion grâce au succès de leur *Histoire religieuse de la France contemporaine* dans les années 1980[2].

On peut le résumer de la manière suivante. Un premier flux, lié à la Réforme catholique, aurait culminé autour de 1760, suivi d'un reflux jusqu'au milieu des années 1830, dans lequel se serait inscrite, comme un formidable amplificateur, la Révolution. Un deuxième flux aurait démarré entre 1810 et 1840 (selon les diocèses et les milieux) et se serait prolongé jusqu'en 1860, ou 1880. Après une période de déclin correspondant à l'entrée dans la « République des républicains », entre 1877 et 1880, et à la mise en œuvre de son programme de laïcisation de la société française, à peu près achevé en décembre 1905 avec le vote de la loi de séparation des Églises et de l'État, un troisième flux aurait commencé vers 1910 et culminé au début des années 1960, celui-là même que les enquêtes Boulard après-guerre ont enregistré.

Sans prétendre trancher le débat dans tous ses développements, je dirai que le schéma me paraît convaincant surtout dans sa partie centrale, au sens où les plus belles

1. Cf. par exemple Jean-Paul Terrenoire, « Les pratiques cultuelles dans leur contexte social et historique. À propos de l'*Atlas de la pratique religieuse des catholiques en France* », *Archives de sciences sociales des religions*, n° 54, 1982, p. 149-158.

2. Cf. la conclusion de Gérard Cholvy et Yves-Marie Hilaire, *Histoire religieuse de la France contemporaine*, t. 3, *1930-1988*, Toulouse, Privat, 1988, p. 485-495.

années du XIXe siècle pour l'Église catholique correspondent bien pour moi à la décennie 1850, soit la première période, dite « autoritaire », du Second Empire, même si les initiatives qui en sont à l'origine remontaient souvent au milieu des années 1830 et que certains bons esprits du temps, comme Tocqueville ou Renan, s'interrogeaient déjà à l'époque sur les fondements réels et l'avenir d'une telle prospérité. Dans ses *Études d'histoire religieuse* parues en 1857, ouvrage qui a fait de lui l'ennemi public numéro un des catholiques (avant même la parution de la *Vie de Jésus* en 1863), Renan soulignait l'importance de ce « véritable événement de l'ordre moral » que constituait le « retour religieux » de l'époque. Il y voyait cependant un retour au sentiment religieux plus qu'au catholicisme lui-même, bien que, par la force des choses, étant donné la structure religieuse du pays, ce dernier en fût le principal bénéficiaire. Retour qu'il mettait un peu rapidement sur le compte exclusif de la « réaction » politique consécutive à la grande peur sociale de 1848[1]. Dans une lettre à son frère Édouard rédigée au lendemain du coup d'État, Tocqueville écrivait de son côté : « Quant à la religion, rappelle-toi bien ceci pour t'en souvenir un jour : il n'y a jusqu'à présent, Dieu soit loué, qu'une partie du clergé qui ait adhéré publiquement à ce gouvernement. Si le malheur voulait qu'il restât dans l'opinion publique cette impression, que le clergé tout entier a embrassé cette cause, rien ne porterait un coup plus terrible à la religion dans notre pays[2]. » Charles de Montalembert, figure de premier plan du monde

1. *Études d'histoire religieuse, suivi de Nouvelles études d'histoire religieuse*, Paris, Gallimard, 1992, p. 27.

2. Lettre d'Alexis de Tocqueville à son frère Édouard (qui s'était rallié publiquement au nouveau régime), 14 février 1852,

catholique de l'époque, ne l'envisageait certes pas de la même manière que Renan, mais il s'accordait au moins avec lui sur le diagnostic. Il écrivait en 1852 dans *Des intérêts catholiques au XIXᵉ siècle* :

> Nulle part [au début du XIXᵉ siècle] le moindre signe de salut ou d'espérance. La religion, partout oubliée ou anéantie, semblait exilée de la terre. Le catholicisme devait paraître aux sages du monde un cadavre qu'il ne restait plus qu'à enterrer. Un demi-siècle s'écoule, et tout est transformé. Partout la religion a repris sa place, au premier rang ; partout l'Église est reconnue comme une puissance du premier ordre. Invoquée par les uns avec la confiance d'un amour toujours fidèle ; par les autres avec la passion d'une conversion récente ; par quelques-uns peut-être à regret et à contrecœur ; si elle est encore attaquée par quelques aveugles, nul du moins ne méconnaît sa force, sa vie, sa féconde immortalité[1].

Les années 1850 correspondent à un moment d'osmose relative entre l'État et l'Église fondée sur un échange officiel de services mutuels moins compromettant que l'ancienne « alliance du Trône et de l'Autel » de la Restauration. Mais aussi au triomphe des idées « romaines » dans le clergé, au pic de production séculaire du livre religieux (atteint en 1861[2]), à la hausse de certains taux de pratique ou à leur stabilisation, à la multiplication des congrégations et des

---

dans Alexis de Tocqueville, *Lettres choisies – Souvenirs*, Paris, Gallimard, 2003, p. 1023.

1. Paris, Lecoffre, 1852, p. 9-10.

2. Claude Savart, *Les Catholiques en France au XIXᵉ siècle. Le témoignage du livre religieux*, Paris, Beauchesne, 1985, p. 194.

œuvres, au renouveau de la piété populaire marqué par l'explosion de la dévotion mariale. En décembre 1854, Pie IX définit le dogme de l'Immaculée Conception, qui entraîna, dans tous les diocèses de France, l'organisation de fêtes de promulgation ayant marqué les contemporains. En février 1858 eurent lieu les apparitions de Lourdes à Bernadette Soubirous. Ces années ont laissé dans les mémoires catholiques des décennies suivantes le souvenir d'un âge d'or, en même temps, il est vrai, que d'années de plomb dans celles de leurs adversaires.

La sociologie pastorale de Boulard, en incitant à remonter le temps pour découvrir l'origine des contrastes géographiques qu'elle avait mis au jour pour les lendemains de la Seconde Guerre mondiale, a permis de beaucoup progresser dans la connaissance de l'histoire religieuse du XIXe siècle. L'existence de phases de flux et de reflux dans la pratique me paraît bien établie : les contemporains qui les ont signalées avant les historiens n'ont pas rêvé. Ils les ont même d'autant mieux perçues qu'ils étaient eux-mêmes à cheval sur deux phases, et plus en mesure de comparer dans leur propre existence l'avant et l'après.

D'où, dans la littérature du sujet, d'étranges ressemblances entre des textes d'époques différentes, parfois séparés de plus d'un siècle, comme le tableau de la situation dressé par Montalembert en 1852 et le fameux texte de Le Bras de 1963 sur la déchristianisation comme « mot fallacieux ». Elles me paraissent s'expliquer par le fait que ces auteurs observent le processus non pas au même niveau, puisque les taux de 1963 ne sont pas ceux de 1852 et qu'ils leur sont nettement inférieurs, mais à la même place « structurale », en l'occurrence au sommet d'une vague de reprise avec le souvenir demeuré vif à l'esprit d'une période immédiatement antérieure de reflux. Émile Poulat avait bien noté ce côté cyclique, voire cyclothymique, de la mentalité catholique contemporaine, qui avait souvent tendance à passer sans transition de l'euphorie à l'abattement, et *vice versa*[1]. L'explication ne tient pas seulement à une banale tendance à prendre ses désirs pour des réalités sur fond de mémoire courte, mais aussi à un phénomène de réfraction dans la conscience catholique de ces *phases* qui se succèdent à l'intérieur du trend, et de la manière dont elles traversent la vie des individus.

Tendance globale baissière et phases limitées de reprise

Tout le problème, à vrai dire, est d'évaluer l'importance relative de ces phases.

La diversité géographique du catholicisme français rend périlleuse toute généralisation. On raisonne souvent par hypothèse comme si les tendances enregistrées dans tel ou tel diocèse étaient représentatives de l'ensemble de l'espace religieux français, avec, tout au plus, de légers décalages temporels. Rien ne dit pourtant qu'il en soit toujours ainsi et qu'il n'y ait pas eu, de temps en temps, des mouvements de sens contraire. Il est même assez probable que, dans le dernier tiers du XIXe et au début du XXe siècle, certaines chrétientés rurales ont eu tendance à devenir ou à redevenir très compactes, par exemple en Vendée, alors que la déchristianisation progressait ailleurs.

1. *Église contre bourgeoisie*, *op. cit.*, p. 84.

Il existe d'autre part, à un niveau plus élémentaire et de façon constante, tout un mouvement brownien d'individus qui « entrent » et qui « sortent », se mettent à croire et à « décroire », en fonction d'un calendrier propre fixé par les aléas de l'existence, les effets d'âge, les rencontres, les idiosyncrasies personnelles, sans qu'il en résulte pour autant de modifications parallèles des équilibres religieux globaux. Le problème peut se révéler assez difficile à démêler au niveau biographique, où la possibilité d'itinéraires contracycliques non généralisables est permanente.

Or, pour trancher ces débats complexes, il faut bien reconnaître que, le plus souvent, les informations manquent. Les données quantitatives sont rares avant 1840, pas toujours convergentes, et les témoignages varient selon les sensibilités et les situations, tout en synthétisant des éléments souvent trop hétérogènes pour qu'on puisse les utiliser sans discernement. Ils reflètent ainsi, selon les cas, des hausses réelles ou seulement apparentes de la pratique, des mutations qualitatives ou des variations de la visibilité sociale de l'Église : soutien de l'État, processions, fêtes, construction, reconstruction ou embellissement d'édifices et de monuments religieux, multiplication des congrégations religieuses, masculines et féminines, des confréries, des œuvres, ou retour (toujours très prisé) des élites sociales et des milieux intellectuels.

Peuvent cependant être distinguées, parmi les historiens, deux grandes lectures du processus.

Selon la première, on assisterait dans la longue durée à un *déclin tendanciel* de la pratique marqué par une série d'ajustements à la baisse des régions plus pratiquantes sur celles qui le sont moins, surtout dans les zones limitrophes, et de la pratique des femmes sur celle des hommes. Dans cette hypothèse, l'apport de la sociologie lebrasienne aurait surtout consisté à nuancer et affiner l'ancien schéma du déclin linéaire, sans le remettre véritablement en cause.

Selon la seconde, on aurait affaire, au contraire, par-delà le choc de la Révolution, à une *alternance* de périodes de croissance et de décroissance plus ou moins longues, dans une sorte de mouvement de balancier dont on ne voit pas très bien (et c'est justement le problème) dans quelle mesure les flux compensaient ou non les reflux.

Ces deux lectures ne sont pas nécessairement incompatibles. Sans chercher à tout prix le compromis, il me semble que chacune fait droit à une dimension constitutive du processus global. La première minore sans doute trop l'importance des phases de reprise, dans lesquelles elle a tendance à voir des « mouvements dans l'Église », limités et réversibles, plus que des « mouvements dans la société », capables d'inverser durablement la tendance. Mais la seconde risque à l'inverse de perdre de vue le trend global, qui est bien déclinant, en valorisant les variations de moyenne amplitude de la courbe quand elles vont dans le « bon » sens (c'est-à-dire quand elles montent), quitte à contester la valeur de l'indice quand il repart dans le « mauvais ».

On pourrait dire, pour essayer de penser ensemble ces constats divers, qu'*à l'intérieur* d'une tendance baissière de longue durée, bien établie et difficilement contestable, on a assisté périodiquement depuis la Révolution à des phases de reprise partielles, de sorte qu'à l'échelle du trend, la déchristianisation a eu tout jusqu'à présent d'une espèce de loi d'airain, mais qu'à l'échelle des *phases*, qui est, soit dit en passant, de la seule échelle *vécue*, elle a présenté des visages successifs très différents, tantôt ascendants et tantôt descendants. Je reprendrai ici volontiers l'heureuse formule d'Yvon Tranvouez, qui a parlé jadis, pour désigner ce processus, de « Kondratieff religieux » à l'intérieur d'un trend séculaire baissier[1]. La pente est plombée par des facteurs de longue durée sur lesquels on ne peut pas s'attarder ici, mais elle n'est pas continue et n'exclut pas des phases de reprise.

L'indice de la courbe des ordinations

À vrai dire, la seule courbe que l'on connaisse avec certitude pour l'ensemble de la période est celle du recrutement sacerdotal établie par Boulard dans son ouvrage pionnier de 1950, *Essor ou déclin du clergé français ?*[2]. Il l'a rédigé à la demande du cardinal Suhard, archevêque de Paris, dans le prolongement des analyses de sa célèbre lettre pastorale de 1947, *Essor ou déclin de l'Église*[3]. Pour réaliser ce travail, il avait envoyé en décembre 1948 à tous les responsables de séminaires en France un questionnaire détaillé concernant les entrées dans les petits et grands séminaires, les taux de « persévérance », de « perte », et le recrutement comparé des clergés séculier et régulier.

Parmi les données rassemblées, trois indicateurs principaux sont susceptibles de nous renseigner sur ces flux : le mouvement des ordinations en chiffres absolus,

1. Yvon Tranvouez, *Catholiques d'abord. Approches du mouvement catholique en France, XIXe-XXe siècle*, Paris, Éditions ouvrières, 1988, p. 253.
2. *Op. cit.*
3. Paris, Lahure, 1947.

l'évolution des effectifs généraux du clergé tous âges confondus, et le *taux d'ordination*, c'est-à-dire la moyenne quinquennale des ordinations rapportée à la génération *(voir figure 10)*. Si les effectifs généraux renseignent sur le niveau d'encadrement ecclésiastique de la population, le taux d'ordination est plus représentatif de la vitalité religieuse du pays dans la mesure où il élimine les causes d'inexactitude provoquées par les accroissements de la population générale.

Figure 10. Taux d'ordination en France entre 1806 et 1950

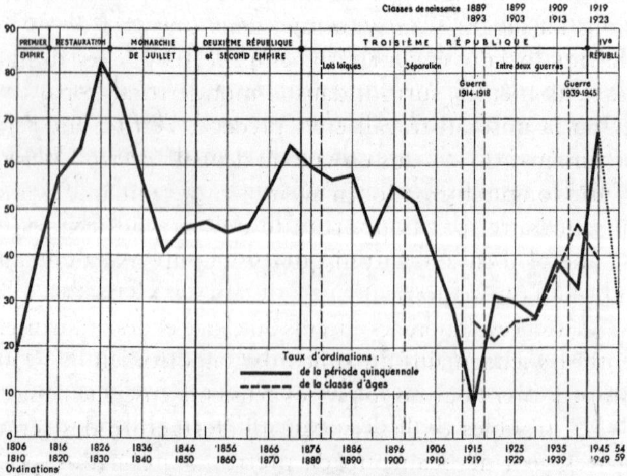

Fig. 22. Taux d'ordinations. L'évolution de 1806 a 1950.

Jusqu'en 1906-10, les périodes quinquennales partent de l'année du recensement. Depuis, on les a avancées d'un an : 1910-14 ; 1915-19, etc. pour les faire mieux cadrer avec les événements nationaux.

Les variations démographiques étant éliminées, ce sont les variations de la vitalité religieuse qui apparaissent ici clairement.

Source : Fernand Boulard, *Essor ou déclin du clergé français ?*, Paris, Cerf, 1950, p. 462.

Le sommet historique des effectifs du clergé au XIXe siècle a été atteint au début de la IIIe République, en 1871-1875, avec 56 500 prêtres, soit 1 pour 639 habitants, un des taux les plus élevés au monde. En 1950, 70 % des vocations venaient encore des petits séminaires, mais Boulard soulignait comme un signe encourageant pour l'avenir l'essor récent des vocations dites « tardives », soit, dans le langage de l'époque, déclarées entre 17 et 21 ans, du fait notamment de l'essor des mouvements de jeunesse depuis l'entre-deux-guerres. Ces vocations tardives lui paraissaient non sans raison plus adaptées au monde de demain, même si, dans l'Église, elles avaient longtemps été considérées comme des vocations au rabais. Il est vrai que, dans une société où les destins sociaux étaient rarement choisis par les individus eux-mêmes, surtout dans le monde rural et paysan, et où la mise au travail était précoce, l'entrée au petit séminaire à 11-12 ans en vue de devenir prêtre à l'issue d'une longue formation n'avait rien d'étonnant, sinon, au contraire, par l'opportunité de faire des études et la liberté d'en sortir (puisque beaucoup n'allaient pas jusqu'à l'ordination).

De cette évolution des effectifs du clergé et des ordinations entre les lendemains du concordat napoléonien et 1950, on peut tirer pour notre propos plusieurs enseignements.

Les troubles de la Révolution[1] (fermeture des séminaires, exil de beaucoup de prêtres, « abdications » et « déprêtrisations », exécutions) expliquent que le clergé

1. Cf. Paul Chopelin, *Ville patriote et ville martyre. Lyon, l'Église et la Révolution, 1788-1805*, Paris, Letouzey & Ané, 2010.

du début du XIXe siècle était peu nombreux et vieillissant. Les années les plus difficiles, de ce point de vue, ont été celles des débuts de l'Empire napoléonien, vers 1805-1806[1], parce qu'à ce moment-là les rescapés de la génération formée sous l'Ancien Régime commençaient à disparaître, tandis que la relève n'avait pas encore été recrutée. Dans les diocèses, rares étaient les prêtres de moins de 40 ans. Les ordinations ont repris progressivement et leur nombre a explosé sous la Restauration, régime sous lequel le catholicisme était redevenu la « religion de l'État », au point d'atteindre en 1830, à la veille des « Trois Glorieuses », un maximum séculaire de 2 357 ordinations.

L'Église du XIXe siècle a ainsi pu reconstituer ses effectifs d'avant la Révolution en quelques décennies, même si les situations variaient grandement d'un diocèse à l'autre. Ce qui signifie que, si la « déchristianisation » révolutionnaire, en termes de pratique, n'a jamais été complètement rattrapée au XIXe siècle, la « décléricalisation », elle, l'a été, et ce dès la fin de la Restauration ou les débuts de la monarchie de Juillet. Le maximum séculaire des effectifs a été atteint vers 1875, au début de la IIIe République, avec 56 500 prêtres. Entre 1830 et 1870, les effectifs avaient augmenté de près de 40 %, contre 17 % pour la population. D'où le fort développement des congrégations religieuses masculines, surtout à partir de 1850, qui ont désencombré les carrières du clergé séculier. Les vocations missionnaires étaient nombreuses dans les régions

1. Cf. l'exemple de la Bretagne, notamment du diocèse de Saint-Brieuc, dans Samuel Gicquel, *Prêtres de Bretagne au XIXe siècle*, Rennes, PUR, 2008, p. 279.

de chrétienté[1], et l'on estime qu'au début du XXe siècle les trois quarts des missionnaires catholiques dans le monde étaient français.

À partir de la fin des années 1870 et des débuts de la « République des républicains », le trend est reparti à la baisse. En 1878, l'abbé Bougaud publiait *Le Grand Péril de l'Église de France au XIXe siècle*, sur la crise du recrutement sacerdotal. « Les eaux sacrées baissent visiblement », écrivait-il[2]. Mêmes inquiétudes, mais redoublées par les conséquences de la séparation des Églises et de l'État, et de la guerre de 14, chez le jésuite Paul Doncœur en 1932 dans *La Crise du sacerdoce*. Mais la tendance était malgré tout modérée, de sorte qu'en 1950, au moment où Boulard a publié son ouvrage sur le sujet, on comptait encore 51 000 prêtres, environ 1 pour 1 000 habitants (réguliers compris), et un millier d'ordinations par an. La France avait alors un des clergés les plus abondants au monde, avec le Québec et la Belgique.

La rupture dans ce domaine a été plus précoce mais aussi plus progressive que dans celui de la pratique. Le recrutement avait connu une phase difficile après la séparation des Églises et de l'État, suivie d'un redressement dans les années 1930, assez concentré cependant dans ses bases géographiques et sociologiques, qui s'est prolongé jusqu'au lendemain de la guerre. Dès 1947-1948, un mouvement de déclin s'amorçait qui allait s'avérer durable. Le tournant n'avait pas échappé à Boulard qui en soulignait l'importance dès 1950 et notait qu'une « cause

1. Joseph Michel, *Missionnaires bretons d'outre-mer, XIXe-XXe siècles*, Rennes, PUR, 1997.
2. Paris, Poussielgue, 1878.

nouvelle » semblait être entrée en jeu[1], ce que la suite a amplement confirmé[2].

Peut-on repérer, dans le domaine des ordinations, un écho des phases signalées précédemment dans celui de la pratique ? Il faut tenir compte, pour répondre correctement à la question, de trois éléments importants dans l'interprétation de la courbe. Le premier est son hypersensibilité à la conjoncture politique. Les régimes favorables à l'Église, comme la Restauration, la IIe République et le Second Empire, favorisaient le recrutement sacerdotal, et inversement (pour la monarchie de Juillet et la IIIe République). À cela s'ajoutaient une forme de régulation interne du flux des ordinations lié au nombre de postes disponibles dans les diocèses, ainsi que le problème central des *délais* nécessaires à la formation des prêtres, soit quatre ou cinq ans pour les grands séminaires, et douze ou treize pour les petits (c'est-à-dire pour le plus grand nombre). Or, si l'on tient compte de cet écart incompressible entre la date d'entrée au séminaire et celle de l'ordination, on retrouve bel et bien, à la hausse comme à la baisse, l'écho des phases identifiées pour la pratique, à savoir la remontée des années 1840-1870, le déclin de la IIIe République, le redressement des années 1930 et de la guerre, le tout à l'intérieur d'un trend global à la baisse.

1. *Essor ou déclin du clergé français ?*, *op. cit.*, p. 39.

2. Hervé Le Bras et Monique Lefebvre, « Une population en voie d'extinction, le clergé français », *Population*, vol. 38, n° 2, 1983, p. 396-402.

Esquisse de reconstitution du processus d'ensemble

Si l'on essayait maintenant de replacer la rupture de la pratique du milieu des années 1960 dans ce cadre global issu des travaux historiques des dernières décennies, on aurait à peu près, me semble-t-il, le schéma suivant : deux grandes ruptures historiques, la Révolution en amont, Vatican II en aval, l'une et l'autre déclenchées ou favorisées par un changement important dans le régime de la pratique (la fin de la pratique *civilement* obligatoire dans le premier cas, de l'obligation *pastorale* claire dans le second), encadrant un processus long marqué par des paliers de rupture secondaires (1830, 1880, 1914) et une alternance, dans le trend, de phases de reprise et de déprise limitées.

Le schéma est-il toujours valable aujourd'hui ou n'a-t-il pour nous qu'un intérêt historique et rétrospectif ? Il est bien difficile de le dire. Gérard Cholvy et Yves-Marie Hilaire pensaient hier encore qu'il était toujours d'actualité, et le succès de leur *Histoire religieuse de la France contemporaine* dans les années 1980 était, d'une certaine manière, en phase avec la « nouvelle évangélisation » promue par Jean-Paul II, pour qui il a pu apparaître, un temps, comme une sorte de caution scientifique. Ils ont beaucoup insisté – Cholvy surtout – sur le « tournant spirituel de 1975 »[1], qui leur paraissait avoir mis un terme à la crise post-conciliaire et ouvert un cycle de réception

1. Gérard Cholvy, « 1975 : tournant spirituel et intellectuel », *Revue des deux mondes*, mai 1996, p. 96-106.

constructive du concile annonçant à terme un redressement de la situation, ou au moins une stabilisation. Dans leur schéma, dont il faut souligner qu'il était surtout inspiré par l'observation de la situation des années 1835-1860, un *réveil spirituel* devait annoncer et préparer à terme une reprise relative des courbes. Cholvy écrivait ainsi au milieu des années 1990 :

> La question est de savoir si le renouveau spirituel [de 1974-1976] qui est bien de l'ordre du qualitatif peut déboucher sur un réveil aux assises plus larges. Une vingtaine d'années après, on sait qu'il n'y paraît guère. Mais l'historien invite à la prudence quant aux conclusions que l'on pourrait en tirer. Vingt ans après la publication, en 1802, du *Génie du christianisme* [de Chateaubriand], cette alternative culturelle aux Lumières, jamais les éditions de Voltaire et de Rousseau n'avaient été aussi nombreuses, et, en 1830 encore, Casimir Périer considérait que l'Église vivait ses derniers moments. C'est en 1835-1840 seulement que la réalité des réveils romantiques devint manifeste, soit un écart d'une bonne génération. Vingt ans après 1886 [année de la conversion de Paul Claudel et de Thérèse de Lisieux], la séparation de l'Église et de l'État venait d'être votée, les Inventaires (1906) ne laissaient guère prévoir une évolution de sens inverse dans les profondeurs du pays. Les « Trente Glorieuses » du catholicisme français ne commencent qu'en 1925. On sera sensible aux pesanteurs et aux inévitables décalages dans les évolutions[1].

1. *Ibid.*, p. 105.

On ne voit pas, à distance, que la reprise se soit davantage manifestée depuis, même si le milieu catholique français connaît périodiquement, après des moments d'abattement, des phases d'euphorie relative, souvent au lendemain d'une mobilisation réussie, comme en 1984 pour l'école libre, en 1997 pour les Journées mondiales de la jeunesse ou en 2013 pour la « Manif pour tous ». En 1997 en particulier, la « génération Jean-Paul II » a pu croire qu'elle allait enfin toucher les bénéfices pastoraux de l'œuvre de redressement entreprise au début des années 1980. L'historien, qui n'a pas de boule de cristal, n'est pas en mesure d'en dire davantage. Tout au plus peut-il noter que le passage au-dessous d'une certaine barre statistique, que l'on pourrait considérer comme étant celle des effets sociaux directs possibles, difficile à évaluer mais que l'on peut situer probablement autour de 10 %, rend de plus en plus improbable la transformation des « mouvements dans l'Église » en « mouvements dans la société », bien que les chiffres ne soient pas seuls en cause et qu'il existe des minorités influentes.

Le dernier en date de ces « mouvements dans l'Église », qu'on le fasse commencer en 1975 (dans les dernières années du pontificat de Paul VI) ou en 1978 (avec l'élection de Jean-Paul II), a certes transformé l'Église de France dans un sens plus « identitaire »[1] et conservateur par rapport à son état immédiatement antérieur, mais on ne voit pas qu'il ait eu un impact réel sur la société française dans

1. Sur cette notion et les nuances qu'il convient de lui apporter, je me permets de renvoyer à mon article « Identité et ouverture dans le catholicisme français », *Études*, février 2017, p. 65-77.

son ensemble, dont aucune des courbes religieuses n'en a été sérieusement infléchie. Il y a là sans doute, pour s'en tenir aux seuls aspects quantitatifs, un problème de *masse critique* qu'on aurait tort de négliger et qui explique en partie pourquoi (avec d'autres raisons qui tiennent aux spécificités de la scène religieuse américaine) la même « réaction » aux États-Unis dans les années 1970 a produit des effets bien supérieurs (au sein du protestantisme évangélique) et socialement beaucoup plus sensibles[1]. Parce que la base de départ de cette réaction n'était pas la même.

La crise religieuse des années 1960 est à replacer dans le cadre plus large de la décatholicisation de la France dans la longue durée, dont on a vu qu'elle correspondait à un processus complexe sur la signification, les étapes et les causes à propos duquel les avis sont partagés. La plupart des spécialistes cependant sont d'accord pour dire que ce processus n'a été ni linéaire, ni irréversible, ni homogène, pas plus dans la société que dans l'espace, même si l'on voit bien apparaître des tendances dominantes. Les données statistiques sont rares avant 1840 et le sens même de la pratique dominicale ou pascale a évolué sensiblement entre la fin de l'Ancien Régime et les lendemains du concile Vatican II, de sorte qu'en suivant la courbe on n'est jamais certain de mesurer la même chose à chaque moment. J'ai tendance à penser cependant que l'indice conserve sa pertinence relative, non seulement parce que la longue durée aplanit ces différences, mais parce que la

1. Cf. notamment Robert D. Putnam et David E. Campbell, *American Grace : How Religion Divides and Unites Us*, New York (N. Y.), Simon & Schuster, 2010.

messe reste le cœur sacral du système catholique tout du long et que la pratique, quelles que soient les raisons qu'on ait d'y venir, est christianisante en elle-même, tout comme la non-pratique est déchristianisante. Dans ces conditions, il pourra paraître bien hasardeux de prétendre proposer une reconstitution d'ensemble du scénario ; cependant, celle-ci ne prétend pas être autre chose qu'une théorie qui tente de penser ensemble les éléments les mieux établis du dossier et d'articuler ses différentes temporalités : évolutions de longue durée, variations de la conjoncture et événements. Puisque événements il y a.

CHAPITRE 5

La crise du sacrement de pénitence

Certains faits, des publications[1], des déclarations du pape François, des initiatives pastorales du type « journées du pardon » et « année de la Miséricorde », voire, dans certains cas, la remise en service de confessionnaux[2], donnent à penser que pourrait bien se dessiner, dans le catholicisme actuel, un mouvement de reprise de la confession. L'avenir dira s'il ne s'agit que d'une manifestation parmi d'autres du mouvement de retour à certains usages préconciliaires qui, de la soutane au latin, prévaut de nos jours dans une partie du catholicisme français, ou de quelque chose de plus profond. Mais, tel quel, ce mouvement de reprise fournit d'ores et déjà à l'historien, qui ne sait jamais très bien de quoi il est lui-même le symptôme, l'occasion de revenir sur la crise d'un sacrement qui fut, dans les années 1960-1970, si brutale et si profonde que certains

1. Par exemple, « Confession, le renouveau », *La Croix*, 19 février 2016, et l'ouvrage dirigé par Hélène Bricout et Patrick Prétot, *Faire pénitence, se laisser réconcilier. Le sacrement comme chemin de prière*, Paris, Cerf, 2013, rapidement épuisé.

2. Cf. par exemple Michel-Marie Zanotti-Sorkine, *Au diable la tiédeur, suivi d'un Petit traité de l'essentiel*, Paris, Robert Laffont, 2012, p. 66.

ont pu s'imaginer qu'il avait été tout bonnement supprimé par le concile Vatican II.

Et, de fait, quiconque fréquente ou visite un tant soit peu les églises n'a pu manquer d'être frappé un jour par les files de confessionnaux désaffectés qui en peuplent les bas-côtés, surtout des plus importantes, ou les centres de pèlerinage. Ils font figure de vestiges, plus ou moins décoratifs, d'un ancien régime pénitentiel révolu et de flux largement taris, dont on devine cependant qu'ils ont dû être particulièrement importants. Il est difficile de se figurer aujourd'hui qu'encore au début des années 1960, avec des nuances significatives selon les régions, les confessionnaux étaient pris d'assaut à la veille des grandes fêtes religieuses et que le sacrement de pénitence était considéré par le clergé comme l'un des plus chronophages de son ministère, avec les enterrements. Il suffit de visiter (sans trop tarder) une maison de retraite du clergé, de préférence dans une ancienne région de chrétienté, pour, en discutant avec les pensionnaires, se rendre compte de ce qu'était cette confession de masse des années 1950, désormais pour nous si exotique[1].

La crise de la confession est un des aspects les plus révélateurs et les plus saisissants de la « crise catholique » des années 1965-1978. Dans un dossier du *Pèlerin du 20e siècle* du 3 novembre 1974, intitulé « Les Français et la confession. Un sondage Sofres-*Pèlerin* », un aumônier de l'Action catholique, supérieur de grand séminaire, écrivait : « Dans l'Église, la confession, cela a été la chute libre

1. Sur l'intérêt de ce type d'enquête, je me permets de renvoyer à mon article « Recueillir à temps la mémoire vive de l'Église », *La Croix*, 12 décembre 2016.

sans parachute. Cette chute n'a été rencontrée nulle part ailleurs, ni pour l'eucharistie ni pour la foi[1] », comme si elle avait rajouté à la crise générale les effets de sa crise particulière de longue durée. L'évolution de la doctrine officielle du sujet, qui a substitué à l'ancien « tribunal de la pénitence » le nouveau, et *a priori* plus engageant, « sacrement de la réconciliation », n'y a rien changé, pas plus que l'abandon des confessionnaux ou la diversification des formes de la pénitence.

Cette chute de la confession constitue donc en soi un *fait* sociologique et spirituel majeur dont il est probable qu'historiens et sociologues n'ont pas pris toute la mesure. Rien moins, en somme, que la foudroyante mutation par abandon massif, en l'espace de quelques années seulement, d'une pratique qui a profondément façonné les mentalités catholiques dans la longue durée, ainsi que les formes culturelles de la culpabilité individuelle et collective[2]. Le phénomène incite donc à revenir sur la conjoncture particulière des années 1960-1970, pour essayer de comprendre ce qui a pu précipiter cette chute et voir ce qu'elle peut nous apprendre de la rupture religieuse de l'époque.

1. L'auteur était prêtre depuis quinze ans et avait donc été ordonné à la fin des années 1950.

2. L'historiographie française de la confession à l'époque contemporaine a été marquée par trois ouvrages majeurs : Jean Guerber, *Le Ralliement du clergé français à la morale liguorienne. L'abbé Gousset et ses précurseurs (1785-1832)*, Rome, Università Gregoriana Editrice, 1973 ; Groupe de la Bussière, *Pratiques de la confession. Des Pères du désert à Vatican II : quinze études d'histoire*, Paris, Cerf, 1983 ; Jean Delumeau, *L'Aveu et le Pardon. Les difficultés de la confession. XIIIe-XVIIIe siècle*, Paris, Fayard, 1990.

La chute de la confession, un *fait* sociologique et spirituel majeur

L'ampleur statistique du décrochage

La confession n'a guère retenu l'attention de la sociologie religieuse du XXe siècle en France, ni dans sa version pastorale classique, autour de Boulard et de ses disciples, ni dans sa version laïque et universitaire. Tout au plus la première a-t-elle croisé le problème à propos de ceux qu'elle appelait, dans son jargon, les « cénalisants » (c'est-à-dire les fidèles qui communiaient souvent) et de l'inversion, au tournant des XIXe et XXe siècles, des courbes des pratiques dominicale et pascale qui constituaient ses indices phares. Au XIXe siècle, en effet, l'assistance à la messe dominicale était généralement supérieure à la pratique pascale parce que celle-ci représentait un geste plus onéreux et personnel, dans la mesure où (précisément) son accès était conditionné par la confession. Or, au XXe siècle, sans qu'on sache très bien pourquoi et à des dates variables selon les diocèses, la situation s'est inversée[1].

Pour autant, les données quantitatives ne sont pas totalement absentes dans ce domaine et l'on dispose sur l'évolution de la confession à l'époque contemporaine d'une

1. Cf. cependant les remarques de Claude Langlois dans « "Toujours plus pratiquantes". La permanence du dimorphisme sexuel dans le catholicisme français contemporain », *Clio. Histoire, femmes et sociétés*, n° 2, 1995, p. 229-260.

série éclairante de trois sondages qui fournissent des données comparables pour les années 1952, 1974 et 1983[1].

Le premier, déjà évoqué dans cet ouvrage à propos du rapport de Boulard aux sondages, a été réalisé par l'Ifop à la demande de la revue *Réalités* en 1952. Le deuxième, réalisé par la Sofres en septembre 1974 et publié dans le numéro du *Pèlerin du 20e siècle* du 3 novembre suivant, correspondait à la publication au mois de février précédent du nouveau rituel romain de la pénitence, annoncé dix ans plus tôt par le concile Vatican II[2]. Le troisième, réalisé également par la Sofres en février 1983 et publié dans le numéro du *Pèlerin* du 3 avril, était lié à la parution en janvier du nouveau code de droit canonique de Jean-Paul II et aux discussions en cours sur les « célébrations pénitentielles » avec absolution collective, que le nouveau rituel avait autorisées mais que Rome s'efforçait depuis de raréfier. Les tableaux 2 et 3 résument les principaux enseignements statistiques des trois enquêtes.

1. Les données proviennent de Jacques Sutter, *La Vie religieuse des Français à travers les sondages d'opinion (1944-1976)*, Paris, Éditions du CNRS, 1984, t. 2, p. 898-901, mais le tableau comparatif a été réalisé par le sociologue Julien Potel dans « La Pénitence », *La Maison-Dieu*, n° 167, 1986, p. 44-45.

2. La version latine (*Ordo paenitentiae*) est datée du 2 décembre 1973 mais elle n'a été rendue publique qu'en février 1974. La version francophone officielle date de 1978, avec un titre différent, indice d'inflexions théologiques et pastorales assez sensibles (*Célébrer la pénitence et la réconciliation. Nouveau rituel*, Paris-Bourges, Chalet-Tardy, 1978).

Tableau 2. Évolution de la fréquence de la confession parmi les catholiques français (en %)

Fréquence	*1952*	*1974*	*1983*
Au moins une fois par mois	15	1	1
Quelques fois par an	18	16	8
Une fois par an	18	12	5
Moins d'une fois par an	9	13	13
Jamais	37	54	69
Non déterminé	3	4	4
Total	100	100	100

SOURCE : Julien Potel, « La Pénitence », *La Maison-Dieu*, n° 167, 1986, p. 44-45.

Tableau 3. Confession et différences sexuelles parmi les catholiques français (en %)

Fréquence	*Hommes (1952)*	*Hommes (1974)*	*Femmes (1952)*	*Femmes (1974)*
Au moins une fois par mois	7	1	23	1
Quelques fois par an	15	11	21	21
Une fois par an	18	10	18	13
Moins d'une fois par an	8	11	9	14
Jamais	49	62	26	47

Fréquence	*Hommes (1952)*	*Hommes (1974)*	*Femmes (1952)*	*Femmes (1974)*
Non déterminé	3	5	3	4
Total	100	100	100	100

SOURCE : Julien Potel, « La Pénitence »,
La Maison-Dieu, n° 167, 1986, p. 44-45.

En 1952, 51 % des adultes catholiques déclaraient se confesser au moins une fois par an, généralement à Pâques, comme il était d'obligation de le faire depuis le canon 21 du concile Latran IV de 1215, confirmé par le concile de Trente au XVIe siècle. Sans doute faut-il faire la part dans l'interprétation de ce résultat d'une probable surdéclaration du niveau de pratique de la part des personnes interrogées, comme le grief en avait été formulé à l'époque à l'encontre de l'ensemble de l'enquête, mais, outre le fait que celle-ci était en soi significative (puisqu'elle a disparu ensuite), même ainsi corrigé, le niveau de conformité présumé restait élevé. Manifestement, au lendemain de la Seconde Guerre mondiale, la confession n'était plus tout à fait l'obstacle qu'elle avait été au XIXe siècle, surtout pour les hommes. Boulard, dans son commentaire de l'enquête, avait d'ailleurs bien noté cette apparente banalisation : « À l'occasion du passage de Notre-Dame de Boulogne[1], d'une mission ou d'un pèleri-

1. Du 28 mars 1943 au 29 août 1948, les quatre reproductions de la statue nautonière de Notre-Dame de Boulogne, moulées en 1939, ont sillonné la France. Elles ont ainsi parcouru

nage, le Français moyen ne répugne peut-être plus à aller jusqu'à la confession. [...] Autrefois, la confession – acte vraiment personnel et souvent barrière importante à franchir – était le signe d'une conversion, d'un changement de vie. Aujourd'hui, finirait-elle, pour le Français moyen, par faire partie du "conformisme saisonnier"[1] ? » Plusieurs facteurs ont pu jouer en ce sens, à des titres et dans des proportions variables : la baisse de l'anticléricalisme, la quasi-disparition du délai d'absolution (parfois encore en usage au début du XXe siècle), et donc de la possibilité d'être éconduit, la multiplication des missions intérieures après-guerre, une plus grande mobilité de la population et la démultiplication corrélative des possibilités de confession en dehors de la paroisse.

À l'intérieur de ce groupe important de 51 % de pénitents en règle ou qui prétendaient l'être se détachait un sous-groupe d'environ 15 % de pénitents fréquents, qui se confessaient au moins une fois par mois, et dont 2 % le faisaient même toutes les semaines. Ces « virtuoses » parmi les « dévots », pour reprendre le vocabulaire de Max Weber, étaient une petite minorité, certes, mais consistante qui représentait plusieurs dizaines de milliers de personnes, soit nettement plus que les seuls religieux, religieuses et séminaristes qui y étaient astreints canoniquement[2].

---

plus de cent mille kilomètres, entraînant les foules à pied qui, en priant et en chantant, accompagnaient la Madone.

1. « Un pays où 94 pour 100 des citoyens sont baptisés et où 43 pour 100 des adultes font leurs Pâques est-il un pays de mission ?... », art. cité.

2. Cf. les canons 125, 595 et 1367 du code de droit canonique de 1917.

Au total, la confession des années 1950 se présentait donc sous une double figure : d'une part, un flux intermittent de pénitents occasionnels, lié aux grandes fêtes du calendrier liturgique, qui culminait le samedi saint, à la veille de Pâques ; d'autre part, un flux permanent de pénitents fréquents, qui se confessaient tous les mois, voire toutes les semaines, parce qu'ils avaient l'âme particulièrement « délicate » (pour reprendre le vocabulaire de la théologie morale du XIXe siècle) ou qu'ils pratiquaient une confession « de dévotion », comme le recommandait encore Pie XII dans son encyclique *Mystici corporis* en 1943. Le principe que personne ne contestait alors était que, plus on était chrétien, plus on se confessait. Si l'on y ajoute l'importante clientèle captive des enfants du catéchisme et des écoles catholiques, celle des collèges, des petits séminaires et des maisons d'éducation religieuse, encore accrue par la vague du baby-boom, on comprend que la pratique pénitentielle ait retenu une part importante du ministère pastoral.

En 1974, la situation était bien différente. Les catholiques n'étaient plus que 29 % à se confesser au moins une fois par an, soit pas loin d'une division par deux du total de 1952, et – phénomène spectaculaire – le groupe des pénitents fréquents avait quasiment disparu, passant dans l'intervalle de 15 % à 1 %. En 1983, non seulement ces derniers n'avaient pas reparu, mais la proportion des pénitents simplement en règle était passée de 29 % à 14 %, le tout, faut-il le rappeler, à obligations canoniques constantes[1].

1. Cf. le canon 988, § 1, du code de droit canonique de 1983, où l'obligation annuelle est rappelée.

Ces statistiques ont quelque chose de fascinant pour l'historien en ce qu'elles donnent à voir, ni plus ni moins, une véritable explosion nucléaire du catholicisme français.

Plus que d'une simple évolution de la pratique en effet, il convient de parler d'une véritable *mutation*, avec tout ce que le terme suggère de brutalité dans la rupture, et même de mutation *par abandon*, dans la mesure où tous les niveaux de pratique sont concernés par le déclin. On ne constate pas ainsi de phénomène de récupération dans les étages inférieurs de ce qui a été perdu au niveau supérieur, hormis très légèrement entre 1952 et 1974, dans la catégorie de ceux qui déclaraient se confesser « moins d'une fois par an ». Il ne s'agit pas tant de la recomposition d'un système, ni même de son relâchement, que de sa « décomposition », pour reprendre le titre d'un essai célèbre du grand théologien Louis Bouyer[1].

S'impose ensuite comme un fait majeur la disparition entre 1952 et 1974 du groupe des pénitents fréquents, soit les quelque 15 % de catholiques qui disaient se confesser au moins une fois par mois et qui s'efforçaient d'articuler, avec le plus de cohérence, pratiques, croyances et comportements. Les membres de ce groupe constituaient le cœur de l'Église et sa véritable force de frappe sociale. Or ils semblent s'être volatilisés entre les deux dates, comme si ce noyau dur du catholicisme français avait « éclaté », pour reprendre, là encore, le titre d'un fameux essai, publié par Michel de Certeau et Jean-Marie Domenach[2].

Cet éclatement signifie que ce sont, pour une large part, des émancipés de fraîche date de la pénitence

1. *La Décomposition du catholicisme*, *op. cit.*
2. *Le Christianisme éclaté*, Paris, Seuil, 1974.

traditionnelle, pour ne pas dire des échappés récents de confessionnaux, qui ont « mis en crise »[1] l'institution dans les années 1960, en même temps qu'ils entraient eux-mêmes en crise. Il est difficile en effet de ne pas faire le lien avec le développement parallèle de la contestation dans l'Église, la tendance à la transgression des obligations et tabous d'hier, ainsi que la mise en accusation de l'institution, celle-là même qui avait imposé pendant si longtemps de si lourdes obligations, sans profit apparent. Il y aurait un rapprochement à faire ici avec le tableau du « récidiviste découragé » dans la littérature pénitentielle de l'âge classique, traditionnellement décrit comme en colère contre l'institution et tenté, pour « rattraper le temps perdu », par toutes les transgressions. Cette révolte des pécheurs d'hier et le retournement du sens de l'accusation qui l'accompagne ont été bien soulignés par ce converti contracyclique qu'était Maurice Clavel, qui écrivait dans un ouvrage célèbre de 1976 : « Accusons-nous, ou nous culpabiliserons par névrose ! Battons nos coulpes ou nous aurons des flagellants ! Confessons-nous ou nous aurons des convulsionnaires !… Et surtout n'allez pas plaider coupable pour toute l'Église depuis deux siècles et par jeu de bascule décréter l'innocence de toute l'Humanité, perdue depuis toujours par l'échange égoïste et récupérée d'un coup par la collectivisation des machines,

1. J'emprunte cette notion de « mise en crise » à Yann Raison du Cleuziou, qui l'emploie dans son bel article « Albert-Marie Besnard, un maître dépassé par ses disciples. Mystique de la génération et subversion des formes de l'autorité au couvent d'étude dominicain du Saulchoir », *Genèses*, n° 88, 2012, p. 25-45.

ou des coïts, ou des deux… Allez, c'est plus obscur et noueux que ça, l'homme, même sans Dieu[1] ! »

Le dernier constat important concerne les femmes. En 1952, parmi les catholiques qui se confessaient au moins une fois par mois, on comptait 7 % des hommes et 23 % des femmes, soit un ratio entre les deux sexes d'un à trois environ qui n'était, somme toute, pas si déséquilibré que cela, et probablement moins qu'au XIXᵉ siècle. Sans surprise, on retrouvait dans ce domaine la trace du fameux « dimorphisme sexuel » de la pratique religieuse, les réactions différenciées face à la confession ayant été parfois décrites par les historiens comme étant à l'origine même du clivage en question[2]. En 1974 cependant, l'écart a disparu, les deux sexes ayant atteint *ensemble* le plancher du taux de pratique à 1 %. Ce qui signifie, pour les femmes, un effondrement d'autant plus spectaculaire qu'il est sans véritable équivalent dans les autres indices de la sociologie religieuse, notamment au niveau de la pratique dominicale, où les anciens contrastes sexuels se sont beaucoup mieux conservés.

Au total, la crise du sacrement de pénitence a été double : d'une part, la quasi-disparition du groupe des pénitents fréquents, selon une chronologie qui reste à préciser mais qui paraît avoir été brutale ; d'autre part, le tarissement partiel et plus progressif du flux des pénitents ordinaires.

1. *« Dieu est Dieu, nom de Dieu ! »*, Paris, Grasset, 1976, p. 144-145.

2. Cf. notamment Ralph Gibson, « Le catholicisme et les femmes en France au XIXᵉ siècle », *Revue d'histoire de l'Église de France*, n° 202, 1993, p. 69-93.

Le tournant du milieu des années 1960

Notre source ne dit pas de quand date exactement la rupture, de sorte que, sur ce point, nous en sommes un peu réduits aux conjectures et aux hypothèses. En 1972, la Congrégation pour la doctrine de la foi (ex-Saint-Office) rappelait au clergé qu'il ne fallait pas déconsidérer la confession dite « de dévotion »[1], preuve que certains en avaient déjà la tentation. En 1974, le fait paraissait acquis depuis un certain temps déjà. À propos de la parution en 1972 du livre de Jacques Durandeaux *Chrétiens au feu de la psychanalyse*, le dominicain Jean-Claude Sagne écrivait : « La forme actuelle du sacrement de pénitence subit une désaffection trop générale et trop profonde pour que [cet] essai [...] puisse vraiment alourdir le dossier d'une cause en fait déjà entendue[2]. »

À la fin des années 1950 et au début des années 1960, il était déjà question dans certaines publications religieuses, comme la revue de liturgie *La Maison-Dieu* ou celle de spiritualité jésuite *Christus*, d'une « crise du sacrement de pénitence ». Mais cette crise était moins dans le sacrement lui-même, dont la pastorale, en tout état de cause, avait toujours été problématique, que dans le

1. Congrégation pour la doctrine de la foi, « Normes pastorales pour l'administration de l'absolution sacramentelle générale », *La Documentation catholique*, n° 1614, 6-20 août 1972, p. 715.

2. « Le procès de l'aveu », *La Maison-Dieu*, n° 117, 1974, p. 137.

regard théologique et pastoral porté sur lui au sein des milieux avancés du catholicisme français qui s'exprimaient dans ces organes. En fait, il s'agissait surtout de désigner par là la multiplication des cas de communion sans confession, qui attestaient moins d'un déclin de la pénitence elle-même que de la diffusion de la communion fréquente, ou de la tendance, répandue dans une partie du jeune clergé, à déconsidérer la pratique de la confession fréquente. De même, dans la littérature assez abondante consacrée, au tournant des années 1950-1960, à la question de la « révision de vie »[1] au sein des mouvements de l'Action catholique, il n'était pas question de chute parallèle de la confession, point qu'on n'aurait pas manqué de signaler si tel avait été le cas, puisque l'un des enjeux de ces discussions était de distinguer les deux et de montrer qu'elles ne faisaient pas double emploi. La « révision de vie » était une sorte d'examen de conscience public et collectif, mené en fonction des exigences de l'idéal militant, qui a pu, au demeurant, faire perdre tout ou partie de leur pertinence aux modalités anciennes de la pénitence comme la confession.

Donc, si la rupture n'avait pas encore eu lieu au début des années 1960, c'est qu'elle a eu lieu après, probablement vers 1965-1966. Dans sa fameuse lettre du 24 juillet 1966 par laquelle il faisait part aux évêques de ses inquiétudes quant à l'évolution des esprits depuis la fin du concile Vatican II, le cardinal Ottaviani avait attiré leur attention sur certaines explications récentes du sacrement

1. Cf. notamment l'ouvrage de synthèse de Jourdain Bonduelle, *La Révision de vie. Situation actuelle*, Paris, Cerf, 1964, qui reprend des articles du début des années 1960.

de pénitence qui lui paraissaient erronées, notamment la tendance à y voir un moyen de réconciliation avec l'Église, plus qu'avec « Dieu offensé » (Dieu ne s'offensant plus de rien), et l'idée que la confession personnelle des péchés était inutile[1]. Dans leur réponse commune, les évêques français, qui cherchaient pourtant à minimiser les inquiétudes romaines, lui avaient donné raison :

> Le sens du péché, écrivaient-ils, subit comme une éclipse dans la conscience personnelle d'un grand nombre. D'une part, devant les contraintes croissantes de la vie professionnelle et sociale, certains capitulent ; notre morale leur paraît impossible à appliquer concrètement. D'autre part, sur quelques points, la législation et l'opinion favorisent un émoussement de la conscience (divorce, euthanasie, régulation des naissances). Enfin, la pression collective de la vie sociale ou, dans un autre domaine, le mauvais usage des thérapeutiques psychanalytiques compromettent chez le sujet moral le sens de sa propre responsabilité[2].

Au même moment, on a vu que les courbes de la pratique dominicale fléchissaient. Une enquête de décembre 1967 sur la vie religieuse des Français montre

1. *La Documentation catholique*, n° 1481, 6 novembre 1966, p. 1845-1846. Sur ce document célèbre, qui reprenait pour partie un mémorandum du Saint-Office antérieur au concile, cf. les actes du colloque international des 12 et 13 mai 2016 à Lyon – Christian Sorrel (dir.) *Le Concile Vatican II et la crise doctrinale. Rome et les Églises nationales (1966-1967)*, à paraître.

2. « Réponse de la Conférence épiscopale française à la lettre circulaire de la Congrégation pour la doctrine de la foi », *La Documentation catholique*, n° 1488, 19 février 1967, col. 334.

que la situation de 1974 était déjà en cours d'acquisition, notamment la disparition du groupe des pénitents fréquents[1]. De même peut-on se référer à la place que tient la crise de la confession dans ce texte emblématique de la « crise catholique » qu'est « Le troisième homme » du jésuite François Roustang, paru en 1966 dans la revue *Christus*. Au moment de donner figure concrète à ces chrétiens qui s'éloignaient silencieusement de l'Église, Roustang mentionnait, sans qu'on sache s'il s'agissait d'une personne réelle ou d'un type artificiellement créé pour les besoins de sa démonstration, un « pilier de l'Action catholique depuis plus de vingt ans » qui avait décidé il y a peu d'arrêter de se confesser, « parce que ça ne servait à rien », et qui, apparemment, ne s'en portait pas plus mal[2].

Il n'est pas impossible qu'il y ait eu un lien entre cette évolution et la nouvelle discipline pénitentielle adoptée par les évêques de France en octobre 1966, en application de la constitution apostolique *Paenitemini* de Paul VI, qui supprimait la loi de l'abstinence du vendredi tout en recommandant aux fidèles pour compenser de se confesser davantage pendant la période de l'Avent et du Carême[3].

1. Jacques Sutter, *La Vie religieuse des Français à travers les sondages d'opinion*, *op. cit.*, t. 2, p. 898. Les résultats de cette enquête ont été publiés dans *La Vie catholique illustrée*, n° 1182, 3-9 avril 1968.

2. *Christus*, n° 52, 1966, p. 562. À rapprocher, pour mesurer son évolution personnelle en quelques années, de sa défense et illustration de la confession dans « Pénitence et liberté », *Christus*, n° 12, 1956, p. 497-506.

3. Cf. « La discipline pénitentielle en France. Document approuvé par le Conseil permanent de l'Épiscopat français,

Ces décisions étaient applicables à partir du 1er janvier 1967 et elles ont eu un effet réel[1].

On pourrait donc résumer la séquence globale de la manière suivante : crise larvée de la confession fréquente dès la fin des années 1950, crise ouverte de la confession en général à partir du milieu des années 1960, amplification de la rupture après 1968. Dans tous les cas, la publication du nouveau rituel romain de la pénitence en février 1974 est intervenue trop tard pour enrayer la chute.

Les causes de la crise

Constater un phénomène est une chose, l'expliquer en est une autre. On peut néanmoins tenter de faire l'inventaire des causes de cette rupture, en essayant de préciser à chaque fois quel rôle elles ont joué dans le processus global, étant bien entendu, par ailleurs, qu'il n'est jamais aisé de distinguer avec précision en pareille matière les causalités proprement dites des effets et des symptômes.

---

décembre 1966 », *La Documentation catholique*, n° 1485, 1er janvier 1967, p. 26-31.

1. Fernand Boulard et Jean Remy, *Pratique religieuse urbaine et régions culturelles*, *op. cit.*, p. 27-28, note 1.

Un facteur déclencheur : la fin de la pratique obligatoire

La sortie de la culture de la pratique obligatoire sous peine de péché mortel a joué, dans ce domaine surtout, un rôle capital. Celle-ci a longtemps prévalu au sein du catholicisme, même si le renouveau des années 1930-1960, notamment au sein de l'Action catholique, avait déjà commencé à déplacer les accents pour une partie des fidèles, surtout parmi les jeunes et les militants. La confession était le régulateur par excellence de cette ancienne culture qui avait eu tendance à se durcir au XIXe siècle. Beaucoup de Français d'un certain âge en ont gardé un vif souvenir dans lequel un certain amusement le dispute souvent à une forme d'incrédulité rétrospective sur le mode du « Comment a-t-on pu nous raconter des choses pareilles ? » et du « Comment a-t-on pu y croire ? ». C'est un phénomène fondamental qui fait sentir partout ses effets dans notre documentation et qui, sans correspondre à aucune consigne officielle particulière, relève surtout des effets d'ébranlement indirects du concile.

Le fait est que l'on assiste alors, dès 1963-1964, à une dépénalisation tout à fait nouvelle au sein du catholicisme de l'abstention religieuse, considérée désormais comme secondaire au regard des « vrais » critères de christianisme que seraient la sincérité des consciences, l'engagement militant ou le service de la cité et des pauvres. Les pratiques religieuses – ce qu'on appelait jadis, dans les anciens catéchismes, les « commandements de l'Église » – ont alors cessé d'être présentées comme des devoirs impérieux dont il fallait s'acquitter, bon gré mal gré, parce que c'était l'habitude, que le clergé le demandait et qu'il en allait du salut. Désormais, au contraire, la pratique religieuse devait être d'abord volontaire, et mieux valait à la limite s'en abstenir si l'on ne s'en acquittait que pour de « basses » raisons, comme obéir à de vieilles habitudes ou par crainte de Dieu.

Il en est résulté un vaste phénomène de décompression collective dont toutes les pratiques se sont ressenties, mais tout particulièrement celle de la confession parce qu'elle avait toujours été, pour le grand nombre, la plus coûteuse et la plus problématique.

Le silence sur les « fins dernières »

Les changements survenus dans la conception du salut, sur lesquels nous reviendrons dans le chapitre suivant, ont joué ici aussi un rôle important. La peur de l'enfer, comme l'a souligné Jean Delumeau dans des études classiques qui sont aussi des symptômes d'époque[1], a été, pendant longtemps, un des principaux moteurs de la confession. Le motif était considéré comme normal, même si des raisons plus positives, telles que l'amour

1. Notamment *Le Péché et la Peur. La culpabilisation en Occident, XIIIe-XVIIIe siècles*, Paris, Fayard, 1978. Sur cette dimension « symptomatique » et l'effet de reconnaissance paradoxale des contemporains de Delumeau dans le sombre tableau qu'il leur dressait du catholicisme des XVIIe-XVIIIe siècles, je me permets de renvoyer à Guillaume Cuchet, « La "pastorale de la peur" au XIXe siècle. Continuité, crise et mutations d'un discours », dans Dominique Avon et Karam Rizk (dir.), *De la faute et du salut dans l'histoire des monothéismes*, Paris, Karthala, 2010, p. 155-170.

désintéressé de Dieu, étaient jugées préférables. Le clergé faisait certes bien la différence entre l'« attrition » et la « contrition », la « crainte filiale » et la « crainte servile », mais il considérait qu'à tout prendre mieux valait aller à Dieu par la voie de la peur que de ne pas y aller du tout. Dans le manuel de l'abbé Chanson, dont la première édition date de 1948 et qui a été largement diffusé dans les séminaires et les presbytères français des années 1950, il était encore bien précisé que la croyance en l'existence du « Dieu rémunérateur », « qui récompense les bons au Ciel et punit les méchants en Enfer », était « de nécessité de moyen » pour être sauvé[1]. Dans les régions de chrétienté de la carte Boulard, l'enfer, le purgatoire, le jugement, la mort subite faisaient encore partie de la pastorale ordinaire, *a fortiori* de celle des missions, même si les choses avaient d'ores et déjà commencé à évoluer dans les jeunes générations sacerdotales et militantes.

Or le clergé a cessé assez brutalement de parler de tous ces sujets délicats, comme s'il avait arrêté d'y croire lui-même, en même temps que triomphait dans le discours une nouvelle vision de Dieu, de type plus ou moins rousseauiste : le « Dieu Amour » (et non plus seulement « d'amour ») des années 1960-1970. Delumeau parlait, pour désigner le phénomène, de la « révolution spirituelle de notre temps ». Ceux qui avaient été formés dans l'ancien catholicisme et qui s'étaient efforcés de s'y conformer s'en sont parfois étonnés. Dans le compte rendu d'une réunion préparatoire à une mission au sein du canton de Saint-Fulgent en 1970, on peut lire : « Quelqu'un pense

1. Abbé Chanson, *Pour mieux confesser* (1948), Arras, Brunet, 1949, n° 194.

qu'aujourd'hui, après le concile, il n'y a plus de péché » ; « Il semble qu'actuellement, il n'y ait plus de péché. On ne sait pas où est la limite entre le péché minime et le péché grave. La messe est-elle obligatoire ? » ; « [Autrefois] on nous faisait voir le péché partout, nous étions damnés au feu de l'enfer. Ce qui gêne beaucoup, vu l'évolution actuelle, les personnes qui ont entendu ces choses-là[1]. » « Les curés ont goudronné la route du ciel », résumait, au début des années 1970, une vieille paysanne bretonne (née en 1892) dans un entretien avec le sociologue Fanch Élégoët[2]. Jadis étroite et escarpée, c'était désormais une autoroute empruntée par tout le monde, ou presque. Moyennant quoi, s'il n'y avait plus de péché ni d'enfer, du moins de péché un peu sérieux susceptible de vous priver du ciel, l'utilité de la confession, dans sa définition traditionnelle, était effectivement moins évidente.

La déconnexion entre confession et communion

La déconnexion entre confession et communion, amorcée dans les années 1950 et généralisée dans les années 1970, a joué également un rôle. Une partie du clergé tente de nos jours de rétablir le lien entre les deux en multipliant avant la communion les monitions en ce sens. Dans l'ancien système, on se confessait plus qu'on ne communiait et la confession était d'abord perçue comme

1. *1970 Bocage*, *op. cit.*, p. 140-141.
2. *Paysannes du Léon*, Plouguerneau, Tud Ha Bro, 1980. Cf. aussi *ibid.*, p. 56, à propos des anciens tableaux de mission.

une sorte de rituel de purification conditionnant l'accès à l'eucharistie. C'était là l'un de ses principaux moteurs. « À telle personne, disait le dicton, on donnerait le Bon Dieu sans confession », ce qui n'était précisément pas le cas général. Le plus sûr était encore que l'intervalle entre les deux soit le plus bref possible. Le scrupuleux qui se précipitait du confessionnal à la table de communion pour ne pas avoir le temps de pécher entre les deux était sans doute une exception, mais il ne faisait qu'exagérer une préoccupation considérée comme normale dans la culture spirituelle du temps. C'était en partie pour cela d'ailleurs que l'on confessait aussi pendant la messe.

Dans la période précédente, deux phénomènes avaient commencé à modifier le système.

D'une part, la campagne en faveur de la communion fréquente qui a pris un nouvel essor sous le pontificat de Pie X et qui a été amplifiée par les mouvements apostoliques de l'entre-deux-guerres, notamment l'Action catholique. Elle s'est heurtée aux habitudes anciennes et aux résistances des hommes pour qui, même dans les régions les plus chrétiennes, la communion fréquente paraissait une pratique avant tout féminine[1]. Mais cette dernière a tout de même fini par se répandre assez largement dans les années 1950, surtout chez les jeunes et les militants, de sorte qu'au milieu des années 1960 la carte de la pratique dominicale et celle de la communion fréquente coïncidaient à peu près. En 1963, Le Bras pouvait écrire : « Depuis le début de ce siècle, […] la pratique sacramentelle a décuplé dans les élites populaires

1. Cf. la carte des « cénalisants » ruraux des années 1945-1965 dans François-André Isambert et Jean-Paul Terrenoire, *Atlas de la pratique religieuse des catholiques en France*, *op. cit.*, p. 37.

et bourgeoises[1]. » Ce qui signifie, accessoirement, que la génération de la rupture a des chances d'avoir été aussi celle qui s'est confessée le plus souvent dans son enfance et sa jeunesse. Ceci expliquerait-il cela ? Peut-être. La question mérite en tout cas d'être posée parce qu'elle rappelle que la « crise catholique » a aussi été, de la part des bons élèves du catholicisme des années 1950, une réaction tardive contre une forme d'*overdose* religieuse, assez palpable dans les souvenirs de nombre d'entre eux. Il est vrai que rarement christianisme aura été aussi « pur » en définitive et aussi peu « coupé » socialement et culturellement que celui de cette génération, qui paraît en avoir été un peu saturée sur la fin.

Le choc en retour de la crise sur la *mémoire* de l'ancien catholicisme a été puissant, y compris chez des individus déjà relativement âgés dans les années 1960-1970, qu'on aurait pu croire plus à l'abri. Les souvenirs de Georges Hourdin, publiés en 1973, sont éloquents de ce point de vue. Né en 1899 dans une famille de commerçant nantais, ancien employé du régime de Vichy, membre du Mouvement républicain populaire, influent directeur de *La Vie catholique* après-guerre, il dressait, à 74 ans passés, un tableau terrifiant de l'éducation « janséniste »[2] qu'il avait reçue au collège Saint-Stanislas de Nantes dans les années 1910, sans qu'on puisse faire aisément le départ rétrospectivement entre la réalité et les reconstructions[3].

1. Gabriel Le Bras, « Déchristianisation : mot fallacieux », art. cité, p. 97.

2. Le terme est généralement employé, à tort, comme synonyme de « rigoriste ».

3. Georges Hourdin, *Dieu en liberté*, Paris, Stock, 1973, p. 23-26.

D'autre part, le second élément qui a contribué à faire évoluer la pratique est l'évolution des règles du jeûne eucharistique au lendemain de la guerre. En 1947, une première série d'assouplissements avait été obtenue à la demande du cardinal Suhard[1]. En janvier 1953, Pie XII stipula, dans la constitution apostolitique *Christus dominus*, que la prise d'eau ne « détruisait » plus désormais le jeûne eucharistique et que celui-ci était réduit à une heure pour le liquide et trois pour le solide. Les enfants des familles pieuses de l'après-guerre se souviennent encore d'avoir planté cérémonieusement leur cuillère dans leur bol du petit déjeuner dominical pour savoir s'ils s'apprêtaient à manger solide ou liquide. Plus généralement, un nombre croissant de fidèles a pris l'habitude, après la guerre, de communier fréquemment en public, à la grand-messe, et non plus, comme c'était souvent le cas auparavant, lors d'une messe basse matinale, dite « de communion » (ce qui impliquait théoriquement de revenir pour la grand-messe ensuite), ou, en dehors de toute messe, lors d'une distribution *ad hoc*.

Après le concile, dans le prolongement de ces évolutions antérieures, la communion s'est banalisée au point de faire désormais partie de la pratique dominicale elle-même, sauf pour les divorcés remariés, qui sont à peu près les seuls à être restés attachés, malgré eux, aux normes de l'ancien système (c'est une des origines, mais non la seule, de leur problème actuel). L'historien Paul Vigneron, dans un ouvrage de 1976, a bien souligné le paradoxe : « Les prêtres [sont rares] qui rappellent encore aux laïques

1. Cf. *La Documentation catholique*, n° 1006, 21 décembre 1947, p. 1601-1608.

que le chrétien ne peut communier, s'il a commis des fautes graves contre la Loi de Dieu, qu'après s'en être confessé. Alors qu'ils manifestent beaucoup de sévérité pour l'admission à d'autres sacrements, semblant toujours redouter que la démarche des fidèles ne soit pas assez sincère, des prêtres les encouragent à communier "sans problème"[1]. » De fait, l'idée s'est imposée qu'il était légitime de communier sans s'être confessé au préalable, et elle reste largement répandue, même si une réaction en sens inverse se dessine dans la jeune génération sacerdotale depuis le milieu des années 2000.

La lassitude de la jeune génération sacerdotale

L'évolution de l'attitude du clergé n'est pas moins importante dans cette histoire car on oublie souvent que la confession était une double contrainte. Pour les fidèles, certes, mais aussi pour le clergé, réduit à passer de longues heures enfermé dans un confessionnal inconfortable à entendre des récits de vie monotones dans lesquels la « qualité des accusations » (comme on disait) faisait le plus souvent défaut. La confession, si elle était parfois le théâtre d'échanges d'une grande intensité, voire de conversions, qui pouvaient compter parmi les moments les plus forts d'une vie sacerdotale, était le plus souvent un *pensum* dont le clergé se serait bien passé, contrairement à ce qu'une certaine littérature anticléricale à la Michelet a pu

1. *Histoire des crises du clergé français contemporain*, préface de Jean-Baptiste Duroselle, Paris, Téqui, 1976, p. 423-424.

s'imaginer assez gratuitement. C'est ainsi que les manuels de confesseurs d'après-guerre insistaient sur l'obligation qu'avait le clergé de ne pas se soustraire à ce devoir ou de ne pas l'abréger indûment, preuve qu'il en avait parfois la tentation. Et de donner en exemple le curé d'Ars, « missionnaire immobile » vissé dans son confessionnal, qui n'hésitait pas, au besoin, à y passer dix-huit heures par jour, été comme hiver[1].

L'enquête orale que j'ai menée en janvier 2013 auprès des pensionnaires de la maison de retraite du clergé du Landreau, en Vendée, m'a amplement confirmé le fait[2]. Mes interlocuteurs m'ont dressé, non sans humour, un tableau sans nostalgie de la confession de masse des années 1950, des files de pénitents qu'on ne gardait généralement pas plus d'une minute par personne parce qu'autrement on aurait pu les compromettre aux yeux de leurs voisins ; qu'on accueillait en leur disant : « Pas de "Je confesse à Dieu", vos péchés tout de suite » ; des confessions mécaniques reconduites *ne varietur* depuis l'enfance (les grands-mères s'accusant d'avoir volé de la confiture ou mal parlé à leur mère) ou décalquées d'un examen de conscience *omnibus*. Sans parler des confessions d'enfants, clientèle forcée des confessionnaux, qui s'accusaient parfois de n'importe quoi et chez qui manquait surtout, en définitive, la matière première de l'opération,

1. Philippe Boutry, « Jean-Marie-Baptiste Vianney, curé d'Ars (1786-1859) », dans Alain Corbin (dir.), *Histoire du christianisme*, Paris, Seuil, 2007, p. 391.

2. « La crise du sacrement de pénitence dans le catholicisme français des années 1960-1970 », *Revue de l'histoire des religions*, n° 232, 2015, p. 397-428.

c'est-à-dire les péchés eux-mêmes. La pratique donnait ainsi lieu dans la littérature spécialisée à des passages assez comiques, comme celui-ci, tiré du manuel de l'abbé Chanson : « Certains enfants s'accusent de tout ce qui est indiqué sur l'examen de conscience imprimé. Parfois, ils disent oui ou non au petit bonheur – ou même successivement. On peut alors leur demander s'ils ont commis la simonie ? le suicide… et combien de fois !… Si l'enfant répond : oui et indique le nombre de fois, le C[onfesseur] sera fixé sur le crédit à apporter aux autres accusations[1]. »

Sans doute faut-il faire la part, dans l'interprétation de ces souvenirs, d'un certain nombre de biais possibles, comme le fait que la Vendée était une région de « chrétienté » qui a atteint assez tard (dans l'entre-deux-guerres) le sommet de son encadrement clérical ; qu'on n'a plus affaire aujourd'hui, par la force des choses, qu'aux jeunes prêtres des années 1945-1960, et pas à leurs confrères plus âgés qui auraient pu avoir un avis différent sur le sujet ; que l'événement Vatican II a pour eux une dimension fortement identitaire et qu'il a modifié la vision qu'ils avaient du catholicisme de leur jeunesse. Enfin, que leur génération est celle qui a assisté à l'effondrement de la confession et qui pourrait avoir, de ce fait, même si ce n'est pas très sensible dans les entretiens, la tentation de se justifier en arguant du fait que le gain qualitatif opéré compensait amplement les pertes.

Car on devine en les écoutant bien, derrière le grand récit de la « libération » conciliaire qu'ils développent trop unanimement pour qu'on ait des raisons de mettre en doute leur sincérité, ce qu'il pouvait y avoir *aussi* de

1. Abbé Chanson, *Pour mieux confesser*, *op. cit.*, n° 357.

satisfaction professionnelle et spirituelle dans le régime antérieur, au terme d'une journée éprouvante de confessions, à l'idée du devoir accompli et du rôle qu'on avait joué dans la purification de tout un peuple. À défaut, peut-être, d'échanges individuels très personnalisés ou très intenses. Cela doit nous sensibiliser à un aspect important du sujet : le changement dans l'*horizon d'attente* du confesseur, devenu plus exigeant en termes de sincérité et d'intensité des échanges, à mesure que la religion cessait progressivement d'être un « fait de mentalité », collectif et indiscuté, pour devenir un « fait d'opinion », discutable et plus personnel[1]. Assurément mes interlocuteurs, parce qu'ils ont vécu dans leur carrière un changement de ce type, ont-ils tendance à rétroprojeter dans l'évaluation du passé leurs critères du présent, acquis entre-temps.

Le calendrier de la réforme et son caractère relativement tardif

Le calendrier de la réforme constitue une autre raison probable du déclin. Tous les gouvernants confrontés à la gestion d'une grande réforme connaissent ce type de problèmes : trop tôt, on n'en voit pas la nécessité ; trop tard, on ne vous sait pas gré de ce qui apparaît comme un ralliement contraint à un fait acquis ; trop vite, on traumatise les gens ; et, trop lentement, on laisse pourrir les situations. On n'a, en un sens, que le choix des mauvaises solutions. La constitution conciliaire sur la liturgie, qui

1. Philippe Boutry, *Prêtres et paroisses au pays du curé d'Ars*, *op. cit.*, p. 649-651.

est la première à avoir été adoptée par le concile, dès décembre 1963, se présentait à la fois comme l'aboutissement d'un mouvement liturgique plus ancien, qui remontait à Pie X, et comme un programme de réforme. Celle du sacrement de pénitence était annoncée laconiquement, au milieu de beaucoup d'autres, dans l'article 72 de la constitution : « Le rite et les formules du sacrement de la pénitence seront révisés de telle sorte qu'ils expriment plus clairement la nature et l'effet du sacrement. » Déclaration prudente, d'où l'on pouvait déjà conclure *a minima* que l'ancien rite manquait de clarté, ce dont beaucoup ne s'étaient probablement pas avisés avant cela.

Mais là n'était pas la priorité, et la réforme de la pénitence n'est intervenue qu'en 1974, avec la promulgation du nouveau rituel romain, qui est le dernier des grands textes constitutifs de la réforme liturgique à l'avoir été[1]. La difficulté, dont ses concepteurs étaient parfaitement conscients, était que l'annonce même de la réforme aurait pour effet inévitable de suspendre *de facto* le système en vigueur, considéré désormais comme provisoire, et donc plus ou moins caduc. Cette difficulté était redoublée, dans le cas de la pénitence, par le fait que la réforme a été tardive. En attendant, les fidèles ne savaient plus très bien comment se confesser, ni même s'il était toujours nécessaire de le faire[2]. Y avait-il lieu, par exemple, de confesser des péchés comme l'abstention de la pratique dominicale ou la limitation des

1. Le nouvel *Ordo paenitentiae* datait du 2 décembre 1973, mais il n'a été rendu public que le 7 février 1974. Cf. la « Note » en français qui accompagnait sa publication dans *La Documentation catholique*, n° 1649, 3 mars 1974, p. 209-210.

2. *1970 Bocage*, *op. cit.*

naissances (avant que Paul VI ne publie en juillet 1968 l'encyclique *Humanae vitae*) ? Le confessionnal, si décrié, était-il toujours le lieu normal de la confession ? Quand devait-on se confesser, puisque le clergé, pour éviter la routine et en désinstaller les mécanismes, a souvent voulu débanaliser les veilles de fêtes autrefois réservées à cet effet ou changé les horaires et les titulaires ? Etc.

Le problème de la contraception

La raison suivante est plus connue : il s'agit de la question de la limitation des naissances et de l'attitude de l'Église face à la contraception. Certains ont expliqué qu'*Humanae vitae*, ce « syllabus du XXe siècle », avait été en 1968 la goutte d'eau qui avait fait déborder le vase et que Paul VI avait porté, de cette manière, un coup mortel à la confession. Le cardinal Cottier, qui fut le théologien privé du pape Jean-Paul II, disait : « Depuis *Humanae vitae*, la crise du sacrement de pénitence a explosé[1]. » La thèse comprend certainement une part de vérité, mais elle est loin de tout expliquer.

Les grandes lignes de cette histoire sont bien connues désormais grâce aux travaux de John Noonan, de Martine Sevegrand et de Claude Langlois, pour ne citer que les principaux[2]. La décision de Pie XI en décembre 1930,

1. Cité par Martine Sevegrand, *L'Affaire Humanae vitae. L'Église catholique et la contraception*, Paris, Karthala, 2008, p. 146.

2. Cf. notamment John T. Noonan, *Contraception et mariage. Évolution ou contradiction dans la pensée chrétienne ?*, Paris, Cerf,

par l'encyclique *Casti connubii*, de condamner la limitation artificielle des naissances et d'exiger des confesseurs qu'ils interrogent les pénitents sur ce point (sous peine de prévarication) a marqué une date importante[1]. Elle contrastait avec la tolérance qui avait prévalu depuis le XIXe siècle dans ce domaine. Toute une génération de chrétiens a donc été vigoureusement « recadrée » sur ce point à partir des années 1930, même si Pie XII a apporté des assouplissements, dans les années 1950, en approuvant la « régulation des naissances » (le *birth control* catholique) et en encourageant la diffusion des méthodes naturelles. Les autorités en tout cas étaient formelles : on ne risquait pas de voir évoluer la position officielle dans ce domaine, ainsi qu'elle avait pu le faire avec les règles du jeûne eucharistique ou la vigile pascale. Dans le manuel de l'abbé Chanson, l'« onanisme conjugal » faisait l'objet d'une partie entière sur les six que comptait l'ouvrage.

Sur ce intervinrent le concile et les débuts de la commercialisation de la pilule (inventée en 1957). Ce qui avait paru indiscutable sous les pontificats précédents sembla soudain susceptible d'évoluer, bien que Paul VI retirât la discussion de la question au concile pour la réserver à la commission spéciale créée à cet effet par son prédécesseur, Jean XXIII

1969 ; Martine Sevegrand, *Les Enfants du bon Dieu. Les catholiques français et la procréation au XXe siècle*, Paris, Albin Michel, 1995 ; Claude Langlois, *Le Crime d'Onan. Le discours catholique sur la limitation des naissances (1816-1930)*, Paris, Les Belles Lettres, 2005.

1. Je me permets de renvoyer ici à Guillaume Cuchet, « Quelques éléments concernant l'encyclique *Casti connubii* (1930) sur le mariage chrétien », dans Jacques Prévotat (dir.), *Pie XI et la France*, Rome, École française de Rome, 2010, p. 347-367.

(en même temps que celle du célibat ecclésiastique). Au printemps 1967, des fuites dans la presse, anglo-saxonne d'abord, française ensuite[1], révélèrent que la majorité de la commission était favorable à une évolution de la position catholique au nom de l'« amour conjugal » et de la « paternité responsable », ce qui n'a pas empêché Paul VI, en juillet 1968, de réaffirmer la position de Pie XI et celle de Pie XII, sans beaucoup d'accommodement pastoral.

Nul doute que cette gestion chaotique du dossier a pesé lourdement sur la crédibilité de l'institution dans les sociétés occidentales. Cette dernière a d'abord paru douter de la nécessité de maintenir les anciennes obligations, puisqu'elle a réuni une commission pour étudier la question, puis, après avoir longtemps hésité, au prix d'une dramatisation croissante des attentes accrue par les fuites dans la presse, elle est finalement revenue à la position antérieure, perdant à la fois les bénéfices de l'évolution (puisque celle-ci n'a pas eu lieu) et de l'immobilisme (puisqu'elle a paru hésiter). Difficile d'imaginer un scénario plus catastrophique pour une institution. La quasi-disparition entre les enquêtes de 1952 et 1974 du groupe des pénitents fréquents chez les femmes, qui passe comme on l'a vu de 23 % à 1 %, en est sans doute une conséquence. Le phénomène est palpable par exemple au sein de l'Action catholique générale des femmes, un mouvement de masse, plutôt de droite, où il a été étudié[2].

1. Jean-Marie Paupert, *Contrôle des naissances et théologie. Le dossier de Rome*, Paris, Seuil, 1967.

2. Magali Della Sudda, « Par-delà le bien et le mal, la morale sexuelle en question chez les femmes catholiques », *Nouvelles questions féminines*, vol. 35, n° 1, 2016, p. 82-101.

Pour autant, il ne faudrait pas s'exagérer les effets de l'encyclique sur la confession. D'abord parce que le décrochage est antérieur et remonte au milieu des années 1960, et ensuite parce que la crise a été moindre en France que dans les pays anglo-saxons et en Allemagne. En novembre 1968, l'épiscopat français, rééditant le geste de Mgr Dupanloup au lendemain du *Syllabus* de Pie IX, a expliqué que ce « désordre » objectif qu'était la contraception n'était pas toujours subjectivement « coupable », et que la chasteté conjugale défendue par l'encyclique devait surtout être considérée comme un idéal[1]. Par ailleurs, la France avait à cette date achevé depuis longtemps sa transition démographique (dès la fin du XIXe siècle) par la généralisation d'une contraception « mécanique » massivement répandue, de sorte que seuls les milieux les plus fervents ou les plus militants attachaient de l'importance au point de vue de l'Église dans ce domaine.

La désaffection du confessionnal

L'idée que la désaffection du confessionnal serait susceptible d'avoir joué un rôle dans la crise de la confession pourra paraître paradoxale tant son abandon a été souvent célébré dans le clergé comme une libération longtemps attendue. Mais c'était loin en réalité d'être le cas général.

1. « Note pastorale de l'épiscopat français sur *Humanae vitae* », *La Documentation catholique*, n° 1529, 1er décembre 1968, p. 2055-2066.

Le code de droit canonique de 1917 précisait bien que les confessions ne devaient pas être entendues en dehors du confessionnal à moins d'une juste cause[1]. En 1948, l'abbé Chanson rappelait encore que les femmes devaient être entendues au confessionnal, sauf « vraie nécessité », qu'il convenait de ne pas entendre trop largement. C'était le cas notamment des aumôniers de mouvement de jeunes, qui inclinaient à lui préférer, à l'occasion d'un grand rassemblement ou d'un pèlerinage, la confession de plein air[2], éventuellement ambulante. De même le contrôle du confessionnal faisait-il encore partie, dans les années 1950, des passages obligés de la visite canonique de l'évêque dans les paroisses.

Car le confessionnal n'était pas seulement un avatar du problème de la confession des femmes, comme on a parfois eu tendance à le dire pour mieux le ridiculiser. Il avait surtout pour objectif d'éviter que la « fausse honte » ou le « respect humain » ne tiennent les fidèles à distance de la confession, en préservant un certain anonymat. On peut remarquer d'ailleurs que là où la confession se porte mieux qu'en France, comme en Italie ou au Portugal, les confessionnaux sont souvent encore en service. D'où l'attention prêtée à des données très concrètes, comme leur localisation dans les églises, leur visibilité (qui devait être suffisante sans être ostentatoire), les facilités de circulation à préserver, la disposition des chaises alentour pour éviter les

1. Canon 964, § 3.

2. Sur ces confessionnaux ambulants et autres dispositifs type raquettes, fond de chaise cannée, etc., cf. Samuel Pruvot, *Monseigneur Charles, aumônier de la Sorbonne, 1944-1959*, Paris, Cerf, 2002, p. 192.

indiscrétions, l'affichage clair des horaires et des noms des confesseurs. Il n'était pas jusqu'aux grilles ou « tirettes » des confessionnaux dont les trous devaient être suffisamment petits pour que confesseurs et pénitents puissent s'entendre sans se voir trop nettement[1]. On peut renvoyer sur ce point aux très nombreux films qui, jusque dans les années 1950, contiennent des scènes de confession[2].

Le confessionnal est pourtant devenu, durant la décennie suivante, aux yeux d'un grand nombre de croyants, ce qu'il était depuis longtemps dans une partie de la littérature anticléricale : le symbole, mi-odieux, mi-ridicule, de l'ancien régime pénitentiel, avec lequel il fallait rompre absolument parce qu'il était synonyme de misogynie, d'individualisme, d'hypocrisie, de routine, de « surculpabilisation », etc. On n'en finirait pas de citer tous les textes d'époque qui illustrent ce procès du confessionnal, la plupart d'origine cléricale. Le jésuite Étienne Cellier écrivait ainsi en 1978 :

> Quel confesseur ne se souvient d'avoir scruté dans la pénombre les intonations de la voix qui lui parvenaient par les interstices d'une grille plus souvent située au niveau de son coude qu'à celui de son oreille, pour tenter de situer à l'aveuglette son interlocuteur ? d'avoir guetté la venue d'adjectifs, révélateurs parce que le genre s'en accorde avec celui du sujet,

1. Cf. par exemple abbé Chanson, *Pour mieux confesser*, *op. cit.*, n° 335 et 339 ; Adrien Cance, p. s. s., *Le Code de droit canonique. Commentaire succinct et pratique*, Paris, Lecoffre-Gabalda, 1951, t. 2, p. 373-374, note 1.

2. Cf. encore René Clément, *Jeux interdits* (1952), ou Jean-Pierre Melville, *Léon Morin, prêtre* (1961).

permettant au moins de savoir si on avait affaire à un homme ou à une femme ? Non, du reste, qu'il faille brûler les vénérables meubles légués par l'Église post-tridentine et le XIXe siècle : pour certains pénitents, la discrétion qu'ils permettent fait partie de leur vérité humaine et mérite, de la part du confesseur, un entier respect[1].

La publication du nouveau rituel de la pénitence en 1974 a marqué une étape importante dans cette désaffection. Il confiait aux conférences épiscopales le soin « d'établir avec plus de précision les règles sur le lieu approprié pour la célébration ordinaire de la Pénitence » (n° 38). Par ailleurs, il insistait sur la dimension « dialoguée » (au sens d'échange spirituel, et non plus simplement d'interrogatoire du pénitent par le prêtre) que devait revêtir la « bonne » confession. Mgr Bunigni, secrétaire de la Congrégation pour le culte divin et la discipline des sacrements, dans le commentaire autorisé qu'il a donné du texte en février 1974, écrivait : « Si le sacrement de la pénitence conféré individuellement doit conduire à un renouveau de vie, il doit se dérouler sous forme d'un dialogue serein et tranquille entre le prêtre et le pénitent, accompagné de prière et, lorsque cela est possible, de lecture de la Parole de Dieu, dans un cadre adapté, également du point de vue matériel et sans être pressé par le temps[2]. » De fait, le confessionnal n'était pas idéal pour ce type d'échanges, *a fortiori* s'il devait

1. « Au confessionnal », *Christus*, n° 97, 1978, p. 51.
2. Interview diffusée par Radio Vatican le 7 février 1974, reprise dans *La Documentation catholique*, n° 1649, 3 mars 1974, p. 211.

se terminer, comme il était prévu, par une imposition des mains.

Mais un grand nombre de fidèles restaient attachés à la pratique traditionnelle et, dans certains cas, il leur a fallu batailler ferme pour obtenir qu'on veuille bien leur en conserver provisoirement l'usage. Dans le dossier du *Pèlerin du 20e siècle* de 1974, le prêtre et sociologue Julien Potel, pourtant favorable aux évolutions en cours, montrait bien que « se confesser avec un prêtre seul dans un confessionnal » restait la manière préférée de se confesser d'une majorité de pratiquants réguliers (41 %, contre 31 % qui préféraient « se confesser seul avec un prêtre en dehors du confessionnal »). « À travers ces proportions élevées, concédait-il, s'expriment le désir de conserver un certain anonymat et le fait d'avoir toujours procédé ainsi jusqu'à une époque récente. » Face à cette situation, l'historien finit par se demander *qui* au juste souhaitait sortir des confessionnaux et si leur disqualification très volontariste n'a pas été, dans la perspective du maintien des taux, le type même de la fausse bonne idée pastorale. D'une façon plus générale à propos de la réforme liturgique, la masse des catholiques était habituée à « consommer » les sacrements de manière individuelle et discrète, et beaucoup ont accueilli sans enthousiasme ces incitations au « dialogue » et à la « participation » qui voulaient les sortir de l'anonymat et du silence en les transformant, de façon plus ou moins autoritaire, en un « peuple » de militants.

Les « célébrations pénitentielles » avec absolution collective

On a vu que la publication en 1974 du nouveau rituel romain de la pénitence n'avait pas enrayé la chute de la confession. En 1952, 37 % des catholiques déclaraient ne jamais se confesser. En 1974, ils étaient 54 % et, en 1983, 69 %. Il est probable que l'aller et retour magistériel dans la question des « célébrations pénitentielles » avec absolution collective a aggravé la crise en ajoutant à la confusion.

Il faut revenir ici brièvement sur l'origine de ce débat, qui reste passablement obscure. La confession était restée après la guerre largement en dehors du mouvement de rénovation liturgique qui allait trouver sa consécration dans la constitution conciliaire *Sacrosanctum concilium* de 1963, même si elle a tout de même donné lieu à d'importants travaux historiques et théologiques qui ont mis en évidence la diversité et la variabilité de ses formes passées. Sans doute ne voyait-on pas très bien à ce stade comment ce sacrement privé, voire secret, et quasi immatériel (en dehors du confessionnal), pouvait s'insérer dans un mouvement qui insistait surtout sur le caractère communautaire et ecclésial de la liturgie.

À partir de la fin des années 1950 cependant, des essais de « confession communautaire » eurent lieu. Il s'agissait de cérémonies pénitentielles collectives suivies de confessions individuelles, comme autrefois on en organisait parfois pour les enfants jugés incapables de faire seuls leur examen de conscience. La revue de liturgie

La Maison-Dieu a publié en 1958 un premier schéma de ce type[1]. Le phénomène a commencé à se répandre au début des années 1960, dès avant le concile[2], mais il n'était pas encore question à cette date de célébrations pénitentielles avec absolution collective (permettant de faire l'économie de la confession auriculaire).

L'absolution collective était une procédure prévue de longue date mais réservée à des cas rares, liés généralement à un péril de mort imminent et à des situations de guerre. Il est vrai que la Première et la Seconde Guerres mondiales les avaient multipliés, si bien qu'une instruction de la Sacrée Pénitencerie du 25 mars 1944 avait dû rappeler que toute absolution collective donnée en dehors de ces situations exceptionnelles constituait un abus grave.

Il faut attendre la fin des années 1960 pour que l'on commence à en parler. En juin 1972, le phénomène est déjà suffisamment répandu pour que la Congrégation pour la doctrine de la foi juge nécessaire de rappeler que la confession auriculaire devait rester la voie ordinaire de la pénitence, ce qu'elle avait manifestement cessé d'être pour certains. « Il faut, disait la congrégation [...], réprouver la pratique qui s'est introduite récemment çà et là, par laquelle on prétend satisfaire au précepte de la confession sacramentelle des péchés mortels en vue d'obtenir

1. Robert Meurice, f. c., « Les célébrations de la pénitence, suggestions et expériences », *La Maison-Dieu*, n° 56, 1958, p. 76-95.

2. Cf. les références données par Jean-Pierre Jossua, D. Duliscouët et Bernard Marliangeas, « Bulletin de théologie. Crise et redécouverte du sacrement de pénitence », *Revue des sciences philosophiques et théologiques*, n° 52, 1968, p. 119-142.

l'absolution par la seule confession générale ou accomplie, comme on dit, de façon communautaire[1]. »

En 1974 néanmoins, le nouveau rituel, tout en rappelant une fois encore que la confession auriculaire devait rester la forme ordinaire du sacrement, présentait les célébrations pénitentielles avec absolution collective comme l'une des trois formes possibles de la pénitence. Si certains ont pu regretter à ce moment-là qu'on n'ait pas supprimé purement et simplement la confession ou donné à l'acte pénitentiel du début de la messe un caractère proprement sacramentel, beaucoup, dans les milieux « avancés » du catholicisme, se sont félicités de voir que ces cérémonies avaient désormais leur rite et qu'elles étaient mises à peu près sur le même pied que les autres formes de la pénitence (c'est-à-dire la confession classique et les célébrations pénitentielles suivies d'absolutions individuelles)[2].

Ces cérémonies se sont multipliées à partir de 1974, dans le sillage de celles consacrées au sacrement des malades, et elles ont rencontré dans un premier temps un succès certain, surtout dans les anciennes régions de « chrétienté », où les habitudes pénitentielles n'étaient pas encore effacées. Le théologien d'origine vendéenne Louis-Marie Chauvet le soulignait en 1976, non sans identifier au passage le principal motif de leur succès : « Pour de plus en plus de chrétiens, de tout niveau et de tout milieu, l'aveu individuel des péchés à un prêtre représente

1. « Normes pastorales pour l'administration de l'absolution sacramentelle générale », art. cité, p. 713.

2. Cf. par exemple Pierre Jounel, « La liturgie de la réconciliation », *La Maison-Dieu*, n° 117, 1974, p. 7-37, notamment p. 36.

aujourd'hui, de fait, un obstacle majeur à leur participation au sacrement de la réconciliation[1]. » Au début des années 1980 cependant, sous le pontificat de Jean-Paul II, Rome s'est efforcée d'en raréfier l'usage au maximum et de lui redonner de fait, et non plus seulement de droit, ce statut de confession extraordinaire qu'elle avait jusque-là. C'était le sens du discours de Jean-Paul II aux évêques de la région Est en 1982[2], du canon 961 du nouveau code de droit canonique de janvier 1983[3] et, avec des nuances, du rapport sur le sujet de la Commission théologique internationale de la même année[4].

L'effet, en termes pastoraux, a été assez négatif, non seulement parce que cette suppression s'est heurtée à un effet de cliquet difficile à remettre en cause, mais aussi parce que, dans la mesure où les fidèles avaient été attirés précisément par le fait qu'il s'agissait d'une forme de pénitence *sans confession*, il était peu probable de les voir revenir au système antérieur, une fois la porte refermée. Tout donne à penser qu'ici aussi l'aller et retour magistériel a fonctionné pour beaucoup comme un sas de sortie de la confession traditionnelle.

1. « Réflexions au sujet de l'aveu dans le sacrement de la réconciliation », *Église de Luçon*, 20 mars 1976, p. 91.

2. Jean-Paul II, « Discours aux évêques de la région Est », *La Documentation catholique*, n° 1829, 2 mai 1982, p. 438-441.

3. L'absolution collective devait être réservée à des situations exceptionnelles, pas même aux rassemblements religieux. De la *copia confessorum* (abondance des fidèles) susceptible de la justifier, désormais seuls les évêques pouvaient décider.

4. « La réconciliation et la pénitence », *La Documentation catholique*, n° 22, 18 décembre 1983, p. 1158-1169.

« *Crise catholique* » *et* « *trahison des clercs* »

Reste les effets de la crise elle-même, dont on sait qu'elle fut d'abord cléricale, masculine et féminine, avec des extensions dans les milieux militants et les franges intellectuelles du catholicisme. Les départs de prêtres en ont constitué pour les fidèles l'une des manifestations les plus visibles et les plus spectaculaires. Ils se sont multipliés à partir de 1965. Le phénomène était sans précédent depuis les « déprêtrisations » et les mariages de prêtres plus ou moins forcés de la Révolution. De 1945 à 1964, le nombre annuel de prêtres quittant le sacerdoce (séculiers et religieux confondus) oscillait entre vingt-sept et soixante et un[1]. Deux petits pics dans la courbe ont été enregistrés au sortir de la guerre, parmi les anciens prisonniers en Allemagne notamment, et au moment de la crise du mouvement « missionnaire » en 1953-1954. On sait par exemple que, lors de la première « condamnation » des prêtres-ouvriers en 1954, la moitié d'entre eux ont refusé de suivre les consignes romaines et sont retournés à la vie civile. Le chiffre des départs s'envole cependant à partir de 1965, et il culmine en 1972 avec, cette année-là, deux cent vingt-cinq cas (contre soixante et onze en 1965). Du fait aussi de la baisse du nombre des ordinations (cent quatre-vingt-quinze seulement en 1972), la démographie sacerdotale devient alors gravement déficitaire.

1. Cf. les chiffres donnés par Julien Potel, *Les Prêtres séculiers en France. Évolution de 1965 à 1975*, Paris, Le Centurion, 1977, p. 31-47.

Le phénomène, dans la mesure où il a porté atteinte à l'image du sacerdoce chez les fidèles, bien qu'ils aient pu aussi faire preuve de compréhension, et suscité parfois des craintes sur le devenir du secret de la confession, n'a pas été sans conséquence sur la pratique. Déjà sous la Révolution, les départs de prêtres ont joué un rôle important dans la désaffection des fidèles pour la confession[1]. Les mêmes causes produisant les mêmes effets, on peut penser que le phénomène a joué aussi dans les années 1960-1970. Cette « trahison des clercs » – des *vrais* clercs en l'occurrence, pas des intellectuels au sens de Julien Benda[2] – correspondait à une rupture de contrat tacite entre les fidèles et les confesseurs dont il ne faudrait pas sous-estimer l'importance dans le cadre d'une anthropologie historique de la « crise catholique » qui reste encore largement à écrire. Le phénomène a eu d'autant plus de poids qu'il s'est produit dans une période de grands changements sociétaux et législatifs, où des problèmes éthiques nouveaux se posaient comme la légalisation de la contraception chimique en 1967 ou celle du divorce par consentement mutuel en 1975, qui ont pu laisser les fidèles désemparés. Ici aussi, le parallèle avec la Révolution et l'écart créé entre la morale traditionnelle et la loi, semble se justifier.

1. Claude Langlois, « La confession, un sacrement à l'épreuve de la Révolution », dans *id.*, *Le Continent théologique. Explorations historiques*, Rennes, PUR, 2016, p. 151-162.
2. *La Trahison des clercs*, Paris, Grasset, 1927.

Crise culturelle ou spirituelle ?

Les défenseurs de l'ancien système avaient tendance à considérer que la chute de la confession était un indice capital du fait que les changements en cours depuis les années 1960, dans l'Église comme dans la société, avaient pris une mauvaise direction. La crise leur paraissait, dans ses motivations profondes, plus spirituelle que sociologique. Déjà Pascal, dans les hautes eaux religieuses du XVIIe siècle, écrivait que les hommes détestaient à ce point la vérité qu'ils accueilleraient avec gratitude quiconque les délivrerait de l'obligation d'avoir à dire, une fois par an et dans le secret, *qui* ils étaient vraiment à leur confesseur[1]. Dans cette perspective, on aurait beau faire, la pénitence serait toujours ce « baptême laborieux » (pour reprendre une formule du concile de Trente) qui avait fort peu de chances de jamais séduire les fidèles. Pas moyen d'échapper aux conditions de la pénitence réelle : pas d'absolution sans humilité, pas d'humilité vraie sans humiliation, et pas d'humiliation sans confusion. « Il n'y a pas de salut sans libération, résumait le prédicateur dominicain Bernard Bro, pas de libération sans aveu, et pas d'aveu sans qu'on s'écroule[2]. » À ce compte-là, mieux valait peut-être en effet la pénombre du confessionnal, où l'on pouvait au moins perdre la face discrètement.

Telle était à peu près la position du jésuite François Varillon, pourtant ouvert au nouveau cours. Dans un texte de 1968 sur la « facilité spirituelle », il soulignait que celle-ci était une tentation permanente dans la vie

1. *Pensées*, *op. cit.*, p. 1124.
2. *Le Secret de la confession*, Paris, Cerf, 1983, p. 45.

du chrétien, mais qu'elle était particulièrement à craindre dans les périodes de mutation culturelle et religieuse comme celle que l'on était en train de vivre, parce qu'il était plus difficile alors de faire la distinction entre ce qui était effectivement et légitimement caduc dans les formes historiques du christianisme, et ce qui relevait de ses valeurs pérennes et non négociables. Derrière la protestation contre la confession auriculaire, il croyait deviner un accès d'impénitence collective et le désir secret d'être soulagé d'une partie des exigences du christianisme lui-même[1].

Les partisans de la réforme du système avaient évidemment un tout autre point de vue. L'effondrement de la confession de masse des années 1950 les laissait sans nostalgie et leur paraissait constituer rétrospectivement la meilleure preuve de sa pauvreté spirituelle, par-delà l'impression de force qui se dégageait hier encore de sa large fréquentation. Si elle n'avait pas tenu le choc des bouleversements sociaux et ecclésiaux, c'est précisément parce qu'elle n'avait pas de racines profondes. La « redécouverte » conciliaire du sens de la pénitence compensait amplement les effets d'une crise perçue avant tout comme sociologique et culturelle. Les tenants de cette thèse plaidaient généralement pour l'adoption d'un système pluriel dans lequel les « célébrations pénitentielles » constitueraient désormais le régime ordinaire de la pénitence, et la confession individuelle, dans l'hypothèse où elle serait maintenue, ne serait plus réservée qu'à des cas ou des moments exceptionnels de l'existence.

1. « Sur la tentation de facilité », *Christus*, n° 60, 1968, p. 499-508.

Sur le fond, ils insistaient volontiers sur l'historicité de la pénitence dans la longue durée que révélait, avec une précision croissante, une histoire de mieux en mieux connue, avec ses grandes étapes : l'institutionnalisation de la pénitence publique au IIe siècle, le fonctionnement du système de la pénitence à la fois unique et publique aux IIIe-VIe siècles, le passage à la pénitence privée et réitérable aux VIe-Xe siècles, sa généralisation après le concile Latran IV, la poussée rigoriste du second XVIIe siècle, la révolution liguorienne du XIXe siècle. Sa plasticité passée était perçue par eux comme la caution de sa plasticité future, et le moment paraissait venu, en somme, de faire connaître à la pénitence l'une de ces révolutions nécessaires, analogue à celle qu'elle avait connue aux VIe-VIIe siècles, quand le régime de la pénitence publique était devenu impossible et qu'il avait donc fallu lui substituer celui de la pénitence privée.

Sans prétendre trancher ce débat théologique et pastoral qui n'est pas de mon ressort mais dans lequel les deux parties me paraissent avoir mis le doigt, à travers leur prisme respectif, sur des aspects réels du problème, je voudrais clore cette analyse par deux hypothèses d'interprétation complémentaires.

La première, d'inspiration delumienne (et pas delumiste[1]), part du constat que le sacrement de pénitence

1. Il me semble en effet qu'il faut bien faire la différence entre le « delumisme » ecclésiastique et historiographique des années 1970-1980, qui est un symptôme d'époque appartenant de plein droit à l'histoire de la période, et l'œuvre de ce grand historien qu'est Jean Delumeau, qui est critiquable, sans doute, comme toutes les œuvres, mais qui n'a pas fini de nous faire réfléchir.

était depuis Latran IV la source de difficultés intrinsèques redoutables, liées à la nécessité d'avouer tous ses péchés, y compris sexuels, au prêtre de sa paroisse, dans une situation structurellement dissymétrique. Celle-ci n'a jamais pu être totalement compensée par les garanties que le sacrement de pénitence comportait et les aménagements qu'on a pu lui apporter, comme le secret de la confession, la mécanisation de l'aveu, le confessionnal, la possibilité de se confesser à l'extérieur de la paroisse ou la certitude de l'absolution. La confession a donc probablement toujours été, pour le commun des fidèles, une contrainte, voire un problème, le plus coûteux des « devoirs » du chrétien. Dans ces conditions, elle ne pouvait s'imposer au grand nombre que moyennant des habitudes, des contraintes (légales, canoniques, morales) et des motivations spirituelles (comme la crainte de l'enfer) capables d'emporter ces résistances. À partir du moment où les unes et les autres ont paru donner des signes de faiblesse, le système a lâché, aussi brutalement que logiquement.

Par ailleurs, la confession me paraît avoir été la victime, à plus court terme, d'une offensive culturelle généralisée contre toutes les formes de culpabilité et de culpabilisation qui s'est déployée très largement dans les années 1960-1970. La religion, qui n'était pas seule en cause, a constitué pour elle un terrain privilégié d'opérations, au prix d'une double réduction de la question de la culpabilité à celle de ses formes religieuses et de celles-ci à la seule confession. Le phénomène s'est développé comme une véritable campagne de dératisation dans la psychologie contemporaine, d'inspiration plus ou moins psychanalytique, dans le prolongement du débat d'après-guerre, au sein des milieux chrétiens, sur « l'univers morbide de la faute »[1]. La mise en cause des formes pathologiques de la culpabilité ou de la « surculpabilisation » dont le clergé se serait rendu coupable par le passé a fini par affecter le concept même de la culpabilité au sens classique du terme (en tant que prise de conscience du péché ou de la faute). Le succès des thèses de Delumeau sur la « pastorale de la peur » dans les années 1970-1980 a accompagné le mouvement[2]. La psychanalyse a récupéré dans les années 1960-1970 une partie de l'ancienne clientèle des confessionnaux et de la direction de conscience, avant d'être victime à son tour d'un retournement de conjoncture, au nom d'arguments parfois assez semblables à ceux qui avaient servi par le passé contre la confession (utilité psychologique limitée, culpabilisation, etc.).

Dans l'esprit du clergé et du grand nombre, la confession était jadis le moyen de laver son « âme » de la souillure du « péché mortel » afin d'être trouvé digne, au jour de la « mort » et du « jugement particulier », d'échapper à l'« enfer » et de rejoindre le « ciel » pour une « éternité » de bonheur partagé. Toute cette théologie et ces représentations, liées à une pastorale des « fins dernières » qui a longtemps été très dramatisée dans l'Église, ont complètement disparu dans le discours ecclésial des années 1960, à partir notamment de 1963-1964. La crise de la pratique religieuse a, de ce point de vue, un lien direct avec celle de la prédication des « fins dernières ».

1. Angelo Hesnard, *L'Univers morbide de la faute*, Paris, PUF, 1949.

2. Cf. Guillaume Cuchet, *Faire de l'histoire religieuse dans une société sortie de la religion*, *op. cit.*, p. 141-164.

CHAPITRE 6

La fin du salut ? La crise de la prédication des « fins dernières »

Dans les anciens catéchismes et traités de théologie, les « fins dernières » étaient considérées traditionnellement comme au nombre de quatre : la mort, le jugement particulier, censé suivre immédiatement, et les deux destinations finales de l'au-delà catholique que sont l'enfer et le paradis. On y incluait souvent aussi le purgatoire, bien que celui-ci ne soit pas une « fin dernière » au sens strict puisque les âmes qui y sont détenues ont vocation à en sortir une fois leur peine purgée. Les limbes des enfants morts sans baptême n'étaient pas considérés comme un dogme à proprement parler et, pour cette raison, ne figuraient pas toujours dans les catéchismes, même s'ils faisaient bien partie de l'enseignement ordinaire de l'Église. La fin de l'histoire, la résurrection des corps, le retour en gloire du Christ, le Jugement dernier, tous ces éléments issus de l'eschatologie première du christianisme, à l'intérieur de laquelle le système des « fins dernières » individuelles avait progressivement grandi et fini par occuper le devant de la scène, avaient certes toujours leur place dans les catéchismes et les traités de théologie, mais ils étaient assez secondaires dans la pastorale.

En décembre 1966, dans la réponse qu'ils ont donnée à la lettre que leur avait envoyée en juillet le cardinal Ottaviani, préfet de la Congrégation pour la doctrine de la foi, les évêques français écrivaient : « Le péché originel [...], ainsi que les fins dernières et le jugement, sont des points de la foi catholique directement liés au salut en Jésus-Christ et dont la présentation aux fidèles fait effectivement difficulté à beaucoup de prêtres chargés de les enseigner. On se tait, faute de savoir comment parler[1]. »

Dans sa lettre, dont l'objectif était d'attirer l'attention des conférences épiscopales sur les « abus » et « dangers pour la foi » survenus récemment dans l'Église, Ottaviani, qui avait été une figure importante de la minorité conservatrice au concile, n'avait pas évoqué lui-même le problème des « fins dernières », mais seulement celui du péché originel, qui, de fait, avait à peu près totalement disparu de la prédication courante. C'était là un problème connexe que les évêques français avaient abordé d'eux-mêmes, alors qu'ils avaient tendance à minimiser nettement les inquiétudes romaines sur les autres points. Peut-être ont-ils pensé qu'il pouvait être de bonne politique de convenir de la réalité des inquiétudes romaines sur ce point difficilement contestable et jugé par eux d'importance secondaire pour être plus en mesure de résister sur les autres. Il reste qu'Ottaviani et les évêques français étaient au moins d'accord sur le diagnostic. Il est peu probable, en revanche, que ce silence du clergé n'ait

1. « Réponse de la Conférence épiscopale française à la lettre circulaire de la Congrégation pour la doctrine de la foi », art. cité, col. 334.

été lié, comme ils l'écrivent, qu'à un problème de « présentation » du dogme, qui aurait été avant tout pastoral et pédagogique. En réalité, il s'agissait bien d'un problème *de foi* et de doctrine, et d'un malaise *partagé* entre le clergé et les fidèles. Tout se passe en fait comme si, assez soudainement, au terme de tout un travail de préparation souterrain, des pans entiers de l'ancienne doctrine considérés jusque-là comme essentiels, tels le jugement, l'enfer, le purgatoire, le démon, étaient devenus incroyables pour les fidèles et impensables pour les théologiens.

Cette crise, constatée par les évêques français au milieu des années 1960, mais dont ils ne précisaient ni les étapes ni les raisons, était l'aboutissement d'un processus de longue durée, dont, pour s'en tenir à ses expressions modernes, les prodromes étaient visibles depuis au moins le XVIIIe siècle. Déjà, dans les années 1770, l'abbé Bergier, le théologien le plus notable du XVIIIe siècle français, écrivait dans sa correspondance privée que la thèse, alors dominante dans l'Église[1], du petit nombre des élus, y compris parmi les catholiques, était « un blasphème contre la Rédemption[2] ». Une première étape importante dans cette histoire a été franchie au milieu du XIXe siècle, avec la raréfaction du délai d'absolution, l'abandon de la thèse du petit nombre des élus, le renouveau des indulgences et du purgatoire,

1. Guillaume Cuchet, « Une révolution théologique oubliée. Le triomphe de la thèse du grand nombre des élus dans le discours catholique du XIXe siècle », *Revue d'histoire du XIXe siècle*, n° 41, 2010, p. 131-148.

2. Ambroise Jobert (dir.), *Un théologien au siècle des Lumières : Bergier. Correspondance avec l'abbé Trouillet, 1770-1790*, Lyon, Centre André-Latreille, 1987, p. 358.

et le déclin relatif de la prédication de l'enfer[1]. Une autre encore a marqué la fin du XIXe et le début du XXe siècle, autour de Thérèse de Lisieux – dont le *best-seller*, *Histoire d'une âme*, date de 1898 – et de la grande controverse des années 1890-1930 sur la mystique pour tous[2]. La place manque ici pour revenir sur cette histoire que j'ai étudiée par ailleurs, mais la crise des années 1960 s'inscrit indiscutablement dans la continuité de ce processus de longue durée dont elle marque, en un sens, la phase « finale ».

La prédication des « fins dernières » avant la crise

Encore faut-il, pour en mesurer l'importance, avoir une idée de la manière dont se présentait le problème *avant* la crise. Or on se heurte ici à deux difficultés. La première tient à la diversité du catholicisme français, qui n'était pas seulement sociologique mais aussi, jusqu'à un certain point, spirituelle, ne serait-ce que parce qu'on ne prêche pas exactement la même religion à des communautés où le taux de pratique est à 5 % et d'autres à 95 %. La seconde

1. Cf. l'article célèbre de Gérard Cholvy « "Du dieu terrible au dieu d'amour" : une évolution dans la sensibilité religieuse au XIXe siècle », dans *Transmettre la foi, XVIe-XXe siècles*, t. 1, *Pastorale et prédication en France*, Paris, CTHS, 1984, p. 141-154. Plus largement, cf. Guillaume Cuchet, « La rénovation de l'émotion religieuse », dans Alain Corbin, Jean-Jacques Courtine et Georges Vigarello (dir.), *Histoire des émotions*, t. 2, *Des Lumières à la fin du XIXe siècle*, Paris, Seuil, 2016, p. 322-351.

2. Bernard Minvielle, *Qui est mystique ? Un demi-siècle de débats, 1890-1940*, Paris, CLD, 2017.

renvoie aux sources retenues pour l'analyse. Le catholicisme est un système complexe d'instances articulées dans lequel on trouve des doctrines, des pratiques obligatoires ou optionnelles, des dévotions, des spiritualités, un droit spécifique (le droit canon), des logiques institutionnelles. Chacune de ces instances rend un son particulier et entre avec les autres dans un jeu d'actions et de réactions dont il est toujours difficile de mesurer les effets synthétiques. D'où le danger de tirer des conclusions générales de l'examen d'une source unique et la prudence nécessaire dans la spéculation sur ses effets généraux.

La lecture du *Catéchisme national* de 1937 est un bon moyen cependant de s'initier rapidement à ce qu'était ce catholicisme préconciliaire, devenu pour nous si exotique[1]. Il était le premier de ce type à avoir été publié en France depuis le catéchisme impérial de Napoléon en 1806[2] (les catéchismes antérieurs étant diocésains). Avec ses six cent sept questions-réponses à apprendre par cœur d'une facture toute scolastique, réduites à quatre cent vingt-neuf dans l'édition de 1947[3], il laisse le lecteur contemporain un peu interdit, à la fois étonné par la densité doctrinale du contenu et un peu dubitatif sur ce que pouvaient bien en comprendre les enfants (mais le problème n'était pas vraiment là)[4]. Les « fins dernières » y occupaient une place

1. *Catéchisme national et manuel paroissial publiés pour le diocèse d'Évreux par son Excellence Mgr Alphonse-Paul-Désiré Gaudron, évêque d'Evreux* (1937), Tours, Mame, 1938.

2. André Latreille, *Le Catéchisme impérial de 1806*, Paris, Les Belles Lettres, 1935.

3. *Catéchisme à l'usage des diocèses de France*, Tours, Mame, 1947.

4. On confiait à leur mémoire ce qu'ils comprendraient éventuellement plus tard.

importante et faisaient l'objet de deux séries d'affirmations complémentaires.

Au terme de la première, l'Église apparaissait comme l'arche en dehors de laquelle le salut était, sinon exclu, du moins assez incertain. Certes, il était bien précisé qu'elle avait un « corps » et une « âme », et que les deux ne se recouvraient pas totalement, de sorte qu'on pouvait être du premier sans être de la seconde (par exemple, quand on avait commis un péché mortel), ou même l'inverse (dans le cas des justes non catholiques). Mais on sentait bien que cette dernière hypothèse était assez exceptionnelle et concernait surtout les catéchumènes qui s'apprêtaient à entrer dans l'Église et qui n'auraient pas eu le temps, pour une raison accidentelle, d'aller au bout de leur initiation. D'où, pour chacun, l'urgence de la conversion et, pour l'Église, celle de la mission. L'ensemble était sous-tendu par une ecclésiologie concentrique au moins implicite qui voyait se succéder, du centre vers la périphérie, les catholiques, les « schismatiques » (orthodoxes), les « hérétiques » (protestants), les « infidèles », les incroyants, dans une échelle de probabilité décroissante du salut. Les juifs étaient un peu à part, tandis qu'« excommuniés » et « apostats » étaient, de toute évidence, assez mal partis. Bien entendu, personne ne pouvait être absolument certain de son salut, et cette incertitude n'était en rien l'apanage des entrepreneurs puritains de Max Weber, censés avoir inventé le capitalisme pour surmonter ce gros stress[1]. Mais il était bien clair pour tout le monde que, plus on était près du centre, plus on avait de chances de

1. *L'Éthique protestante et l'Esprit du capitalisme* (1904-1905), Paris, Pocket, 1992.

s'en sortir – en quoi être catholique était bien une forme d'élection, et pas seulement le fruit d'un hasard sociologique ou historique.

Le catéchisme contenait par ailleurs une seconde série d'affirmations sur le système tripartite enfer-paradis-purgatoire, dont les médiévistes nous expliquent que, sur des bases plus anciennes, il s'est fixé dans ses grandes lignes doctrinales et son imaginaire topographique autour du XIIe siècle[1]. Ce système était encore bien en place dans les éditions de 1937 et 1947 du catéchisme. Le problème numéro un restait le destin de l'âme individuelle après la mort, séparée du corps ; la résurrection de la chair et le retour du Christ en gloire à la fin de l'histoire étant des perspectives lointaines beaucoup moins évoquées. Le système se donnait encore sans ambages comme un ensemble de « lieux » articulés, qu'il convenait certes d'entendre de façon analogique, et non pas matérielle, mais pas totalement métaphorique pour autant, comme l'expliquait encore dans l'entre-deux-guerres le fameux *Dictionnaire de théologie catholique*[2]. Après tout, en effet, comment *être* après la mort (un peu sérieusement, pourrait-on dire) sans être, d'une manière ou d'une autre, *quelque part* ?

1. Cf. la synthèse de Jérôme Baschet dans *Corps et âmes. Une histoire de la personne au Moyen Âge*, Paris, Flammarion, 2016, en particulier p. 123-230.

2. Cf. par exemple art. « Limbes », dans *Dictionnaire de théologie catholique*, Paris, Letouzey & Ané, 1899-1950, t. 9, col. 771. Cf. aussi Guillaume Cuchet, « La "carte de l'autre vie" au XIXe siècle. L'au-delà, entre espaces réel et symbolique », *Archives de sciences sociales des religions*, n° 139, 2007, p. 67-78.

De la crise rampante à la crise ouverte

Cette crise, qui a éclaté dans les années 1960 et qui avait des racines anciennes remontant aux XVIIIe et XIXe siècles, était, dans sa forme contemporaine, latente depuis au moins la Seconde Guerre mondiale. Il est vrai que, dans ce domaine, il est toujours difficile de distinguer une crise *rampante*, de l'ordre de quelques décennies, d'une crise *de longue durée*, au moins biséculaire, sans parler de ses aspects permanents ou *structurels* liés au fait que ce type de sujets désagréables est voué de toute façon à une réception compliquée. L'abbé Michonneau écrivait en 1945 dans *Paroisse, communauté missionnaire*, un des livres emblématiques de la littérature « missionnaire » d'après-guerre : « Depuis quelques décades [pour décennies], nous hésitons à parler des fins dernières, du salut de l'âme. Sans doute, il n'est pas toujours opportun de brandir les foudres de l'Enfer, et encore moins, bien entendu, d'en donner des descriptions macabres. Mais le problème de l'au-delà peut et doit être posé et faire réfléchir[1]. » Dans les missions de l'après-guerre, qui étaient traditionnellement un des hauts lieux de ce genre de prédication, organisées notamment par le Centre pastoral des missions de l'intérieur, le thème paraît avoir été déjà moins présent que par le passé, surtout au sein de la jeune génération sacerdotale. Dans les tentatives parallèles de rajeunissement du catéchisme, comme le « catéchisme progressif » du chanoine Joseph Colomb, il était aussi plus secondaire, ce que lui

1. *Op. cit.*, p. 191.

ont reproché ses adversaires[1]. Dans l'article « Enfer » du *Dictionnaire de spiritualité* en 1960[2], le théologien dominicain Jean-Hervé Nicolas, qui avait alors cinquante ans, écrivait que, sans doute, par le passé, on avait exagéré la prédication de l'enfer, mais qu'à la suite d'une « réaction fâcheuse » on avait tendance désormais à en « minimiser » excessivement la portée. Bref, il semble bien qu'il y ait eu déjà une *tendance* en ce sens au sein du catholicisme préconciliaire, au moins dans certains milieux, souvent liés à l'Action catholique, même s'il est difficile de dire jusqu'à quel point elle avait déjà transformé le catholicisme ordinaire des missions, des paroisses et des écoles. On a vu, du reste, que c'était là un problème général de l'histoire de la période et l'un des moins résolus qui conditionne en partie l'interprétation que l'on peut donner du concile Vatican II et de la crise qui a suivi.

Dès l'entre-deux-guerres, un certain nombre de facteurs jouaient en ce sens. Le premier est l'insistance nouvelle mise par les théologiens et les pasteurs sur la dimension collective et sociale du salut, ainsi que sur la nécessité de commencer à réaliser dès ici-bas (et pas seulement dans l'au-delà) « le Royaume », notamment pour répondre aux accusations socialistes ou marxistes reprochant de favoriser l'évasion hors du monde et, indirectement, le « désordre établi »[3]. Le jésuite Henri de Lubac souli-

1. Joël Molinario, *Joseph Colomb et l'affaire du catéchisme progressif. Un tournant pour la catéchèse*, Paris, Desclée de Brouwer, 2010, notamment p. 134.

2. Paris, Beauchesne, 1960, t. 4, col. 729-745.

3. Sur cette expression célèbre, cf. Emmanuel Mounier, « Confessions pour nous autres chrétiens », *Esprit*, mars 1933,

gnait ainsi en 1938 dans un livre célèbre, *Catholicisme*, les « aspects sociaux du dogme ». « On nous reproche, écrivait-il, d'être des individualistes même malgré nous, par la logique de notre foi, alors que, en réalité, le catholicisme est essentiellement social[1]. » Le mouvement était porté par l'Action catholique, comme le montre le petit livre de 1952 du père Lebret, dominicain, fondateur de l'association Économie et humanisme, et Thomas Suavet, *Rajeunir l'examen de conscience*[2], qui réorientait cet exercice traditionnel dans le sens d'un examen prioritaire des devoirs sociaux du chrétien.

Jouait ensuite la poursuite du mouvement d'évolution de l'image de Dieu dans le sens d'une accentuation croissante de sa dimension miséricordieuse. Il avait connu une étape importante dans les années 1840-1860, puis à la fin du XIXe et au début du XXe siècle, avec l'émergence d'une nouvelle littérature spirituelle, marquée notamment en 1898 par la publication posthume de l'*Histoire d'une âme*, de Thérèse de Lisieux. La carmélite normande est décédée en 1897 à 24 ans et son livre, publié l'année suivante, a rencontré un vif succès, notamment dans les tranchées de la guerre de 14, signe qu'il était, en quelque manière, attendu. Elle a été canonisée par Pie XI, au terme d'une procédure expresse, dès 1925. Or on sait qu'un des problèmes de Thérèse de Lisieux était de savoir comment réconcilier en Dieu les deux attributs de sa justice et de sa

---

p. 873-896, repris dans *Œuvres de Mounier*, *op. cit.*, t. 1, p. 373-393.

1. *Catholicisme. Les aspects sociaux du dogme* (7e éd.), Paris, Cerf, 1983, p. IX.

2. Paris, Éditions ouvrières, 1952.

miséricorde, jusqu'à ce qu'elle parvienne à la conclusion rassurante que la première n'était probablement qu'une modalité de la seconde[1].

L'expérience des deux conflits mondiaux, de la mort de masse et des camps de concentration et d'extermination a dû également jouer un rôle, bien que les médiations concrètes de ce genre d'influence ne soient pas faciles à établir. *L'Univers concentrationnaire*, de David Rousset, date de 1946 et prenait place à l'intérieur de toute une littérature sur le génocide, parue dès les lendemains de la guerre, dans laquelle des penseurs catholiques et protestants ont joué un rôle important[2]. Tout un imaginaire religieux ancien, lié aux représentations traditionnelles de la justice divine, s'est retrouvé gravement compromis dans l'événement, et désormais plus ou moins inutilisable. En 1949, au colloque de Vanves du Centre de pastorale liturgique, un des lieux où s'est préparée la réforme liturgique conciliaire, consacré au « mystère de la mort et sa célébration », le théologien dominicain Yves Congar, qui a été marqué dans son enfance par la guerre de 14, déclarait à propos du purgatoire :

> On a imaginé tout un luxe de supplices. La prédication vulgaire, au sens fort du mot, a rendu ici les services les plus discutables. Que n'a-t-on pas raconté sur la soif, sur les gémissements des âmes du purgatoire ?

1. Au milieu d'une vaste littérature, cf. sur ce point Claude Langlois, *Thérèse de Lisieux et la miséricorde. Entre révélation et prédication*, Paris, Cerf, 2016.
2. Sur ce point, cf. la mise au point de François Azouvi dans *Le Mythe du grand silence. Auschwitz, les Français, la mémoire* (2012), Paris, Fayard, 2015.

> On parle de « faire du purgatoire », « avoir tant de purgatoire » comme s'il s'agissait de jours de salle de police ou d'années de prison, mais d'une prison où l'on n'attendrait pas seulement l'élargissement : où l'on serait châtié et même torturé. Quel « univers concentrationnaire » ! L'iconographie est encore venue renchérir, ici comme en tant de domaines, mais surtout ici, elle est en presque totalité à proscrire, tout comme une certaine prédication sur laquelle je ne veux pas donner de précisions mais dont nous avons tous connu des exemples avilissants[1].

Dans la même veine, au sein de sa somme sur le système totalitaire, la philosophe d'origine juive Hannah Arendt, spécialiste de la pensée de saint Augustin, ne comparait-elle pas les camps nazis à l'enfer et le goulag soviétique au purgatoire[2] ?

La rupture du milieu des années 1960

S'il est possible rétrospectivement de repérer des signes annonciateurs de la rupture dès l'entre-deux-guerres, la *liquidation* de la crise, elle, a bien eu lieu au milieu des années 1960. Non sans surprise pour tous ceux – le plus grand nombre ? – qui étaient restés à l'écart de sa préparation et n'en demandaient peut-être pas tant.

1. « Le Purgatoire », dans Centre de pastorale liturgique, *Le Mystère de la mort et sa célébration*, Paris, Cerf, 1951, p. 317-318.
2. *Les Origines du totalitarisme. Le système totalitaire* (1951), Paris, Seuil, 1972, p. 173-202.

Le décrochage des courbes de la pratique en a fourni déjà une bonne illustration dans la mesure où les enquêtes des années 1950 montraient bien tout ce qu'elles continuaient de devoir à la culture de la pratique obligatoire sous peine de péché mortel encore en vigueur. Dans sa remarquable monographie sur le bourg breton de Limerzel, Yves Lambert avait noté que, dans le bulletin de la paroisse, on avait parlé du purgatoire et de l'enfer jusqu'en 1965, puis qu'on avait cessé brutalement de le faire sans plus jamais y revenir[1]. L'effondrement de la pratique de la confession obéit à une chronologie identique, en particulier la quasi-disparition en quelques années, voire en quelques mois, du groupe si consistant autrefois des pénitents fréquents. Le rapport est direct, s'il n'est pas exclusif, avec l'effacement de la notion de péché mortel (au sens de péché susceptible de vous valoir la damnation). On peut mentionner également la réforme de certains sacrements autrefois très liés au système des « fins dernières ». Celle du baptême, avec la déflation des exorcismes dans le nouveau rituel et la nette sourdine mise sur le péché originel, dont il était censé délivrer pour assurer la vie éternelle. Plus encore, celle de l'extrême-onction, rebaptisée « sacrement des malades »[2]. Annoncée par le concile dès 1963, elle est entrée officiellement en vigueur en 1972 avec la publication du nouveau rituel romain des malades. Mais, dès 1965-1966, la pratique antérieure a été plus ou moins abandonnée. À l'ancienne « extrême-onction », qui était

1. *Dieu change en Bretagne*, *op. cit.*, p. 367.

2. François-André Isambert, « Les transformations du rituel catholique des mourants », *Archives de sciences sociales des religions*, n° 39, 1975, p. 89-100.

avant tout un rituel de passage dans l'au-delà et une sorte de passeport pour le ciel que l'on administrait au dernier moment, quitte (assez souvent) à « extrémiser » des morts, succédait un « sacrement des malades » plus largement entendu, auquel chacun pouvait prétendre dès lors qu'il était en danger, destiné surtout à fournir un réconfort psychologique et spirituel, voire à faciliter la guérison. Participe de la même évolution l'épuisement de la pratique des indulgences, notamment de celle qui était donnée *in articulo mortis*, après les derniers sacrements, dans le sillage d'un long déclin commencé au lendemain de la Révolution[1], mais en partie enrayé au XIXe siècle par le succès de la dévotion aux âmes du purgatoire[2]. La question avait été discutée au concile, puisqu'il avait été question, un temps, de les supprimer, avant que le cardinal Journet, avec le soutien de Paul VI, n'en défende le principe en montrant qu'elles étaient plus centrales et architectoniques dans la doctrine catholique qu'on ne le pensait. On s'est finalement contenté de supprimer leur décompte en jours, mois, années, tout en maintenant officiellement la distinction entre indulgences partielles et plénières. Ce qui n'a pas empêché la pratique de s'effondrer, d'autant que le nouveau contexte œcuménique, en particulier le dialogue avec les protestants, ne leur était pas favorable. Jean-Paul II a bien tenté, autour de l'an 2000, d'en relancer la pratique sur des bases spirituelles moder-

1. Philippe Boutry, « Le bel automne de l'indulgence. 50 000 suppliques à l'âge de la Restauration (1814-1846) », *Provence historique*, n° 156, 1989, p. 337-354.

2. Guillaume Cuchet, *Le Crépuscule du purgatoire*, Paris, Armand Colin, 2005.

nisées, mais sans grand succès apparent. On pourrait en dire autant des limbes des enfants. Ils ont donné lieu, dans les années 1950, à tout un débat, si bien qu'il a même été question un temps, lors de la préparation de Vatican II, de procéder à leur définition dogmatique (tant il est vrai que le concile *effectif* n'a pas ressemblé au concile *projeté*). À partir de décembre 1965 enfin, la nouvelle pastorale du baptême, dont le souci prioritaire était, jusque-là, de faire baptiser les enfants le plus tôt possible, tend, au contraire, à en retarder l'échéance, de manière à impliquer davantage les parents dans sa préparation[1].

On retrouve derrière cette rupture des années 1960 des facteurs anciens, déjà actifs au XIXe siècle et toujours à l'œuvre, comme l'évolution des conceptions de la justice, de la paternité, de l'image de Dieu, les effets paradoxaux de la déchristianisation, l'efficacité décroissante de la « pastorale de la peur »[2], mais d'autres sont venus s'y ajouter qui, soit par leur nature, soit par leur ampleur, ont emporté le système.

De quelques causes probables de la crise

Là encore, le concile Vatican II me paraît avoir provoqué de manière indirecte l'évanouissement d'un système qui était probablement, au demeurant, sérieusement miné

1. Sur le cas parisien, cf. Luc Perrin, *Paris à l'heure de Vatican II*, *op. cit.*, p. 202-207.
2. Guillaume Cuchet, « La rénovation de l'émotion religieuse », chap. cité.

de l'intérieur, sans quoi on s'expliquerait mal qu'il ait pu s'effondrer si subitement et avec si peu de résistance. Certes, il était très peu question des « fins dernières » dans ses textes, dont les priorités étaient ailleurs. La constitution *Lumen gentium* rappelle bien l'importance, pour le salut, d'appartenir au « corps » de l'Église et la « condition privilégiée » des fidèles de ce point de vue, mais le terme « privilège » est à entendre en son sens ancien, comme le revers d'une obligation dont on aura à rendre des comptes le jour venu (l'avantage étant donc assez relatif)[1]. Là encore, l'essentiel réside plutôt dans les effets d'ébranlement indirects du concile, au double sens de ce qu'il a mis en crise *et* en mouvement dans le catholicisme du temps, pas toujours volontairement.

À bien y regarder cependant, on peut se demander si, dans les décisions mêmes du concile, deux éléments n'ont pas pu jouer un rôle plus direct.

En premier lieu, la volonté d'ouverture dont il a fait montre à l'égard des non-catholiques, protestants, orthodoxes, juifs, croyants de tous types et autres incroyants « de bonne volonté ». Cette attitude s'accordait mal en effet avec le maintien d'une théologie trop exclusive – sans parler de la nécessité, les concernant, d'abandonner l'ancien vocabulaire qui manquait souvent d'aménité. Rousseau n'écrivait-il pas au XVIIIe siècle déjà, dans sa célèbre *Profession de foi du vicaire savoyard* (1762) : « Les deux tolérances [civile et théologique] sont inséparables, et l'on ne peut admettre l'une sans l'autre. Des anges mêmes ne vivraient pas en paix avec des

1. Constitution dogmatique sur l'Église, dans *Le Concile Vatican II*, *op. cit.*, p. 89.

hommes qu'ils regarderaient comme les ennemis de Dieu[1]. » Dans ce contexte, l'ancienne ecclésiologie concentrique, avec ses cercles de probabilité décroissante du salut, n'était plus du tout de mise. Vatican II a été, de ce point de vue, le théâtre d'une sorte de nuit du 4 août dans l'au-delà qui a mis fin aux privilèges des catholiques quant au salut. Désormais, l'Église ne se concevrait plus que comme l'instrument d'un salut pour tous, sans discrimination ni privilège, même si les fidèles qu'on avait formés jusque-là dans une tout autre théologie risquaient de s'en trouver un peu déstabilisés et de s'interroger, dans ces conditions, sur les bénéfices réels de l'affiliation.

On a vu, par ailleurs, que la consécration de la liberté de conscience par le concile a souvent été interprétée dans l'Église, de manière imprévue au départ, comme une liberté nouvelle de *la* conscience catholique, l'autorisant implicitement à faire le tri dans les dogmes et les pratiques d'obligation. La notion même de dogme (comme croyance obligeant en conscience) est alors devenue problématique. Cette décision majeure du concile, couplée à la notion de « hiérarchie » des vérités, paraît avoir fonctionné dans l'esprit de beaucoup comme une sorte de dépénalisation officielle du « bricolage croyant » qui contrastait grandement avec le régime antérieur, où les vérités de la foi étaient à prendre en bloc et sans droit d'inventaire. Il était à prévoir que les plus désagréables d'entre elles, ou les plus contre-intuitives pour le sens commun, en feraient les frais, ce qui n'a pas manqué en effet de se produire.

1. Paris, Flammarion, 1996, p. 121-122.

Une autre explication du phénomène réside sans doute dans le nouveau tabou de la mort au sein des sociétés occidentales, dont on s'est mis à parler abondamment dans les mêmes années. Il faut se reporter ici à l'article fondateur du sociologue britannique Geoffrey Gorer, « Pornographie de la mort », qui date de 1955[1]. Il y décrivait une situation en cours d'acquisition en Grande-Bretagne, surtout dans les milieux anglicans, dont il précisait bien qu'à cette date elle n'avait pas encore vraiment touché les minorités religieuses locales, dont les catholiques. La thèse n'a été appliquée au cas français qu'en 1967, dans un article célèbre de Philippe Ariès sur la « mort inversée »[2], qui a beaucoup influencé la réflexion catholique sur le sujet. Dans son sillage, l'histoire des attitudes devant la mort est devenue très à la mode en France dans les années 1973-1983, où elle a constitué, un temps, l'un des secteurs les plus en vue de l'histoire dite « des mentalités ». L'enfer, le purgatoire, la « pastorale de la peur », les limbes, la préparation à la mort, sont devenus des sujets d'étude pour les nouveaux historiens, juste au moment où un grand nombre de catholiques (parfois les mêmes) cessaient plus ou moins d'y croire. Si l'on m'autorise un souvenir personnel, le père Gy, dominicain, éminent spécialiste de liturgie, m'avait ainsi dit un jour, au milieu des

1. Repris dans Geoffrey Gorer, *Ni pleurs ni couronnes, précédé de Pornographie de la mort*, préface de Michel Vovelle, Paris, EPEL, 1995, p. 19-26.

2. « La mort inversée. Le changement des attitudes devant la mort dans les sociétés occidentales », *Archives européennes de sociologie*, vol. 8, n° 2, 1967, p. 169-195, repris dans Philippe Ariès, *Essais sur l'histoire de la mort en Occident du Moyen Âge à nos jours*, Paris, Seuil, 1975, p. 177-210.

années 1990, qu'il avait relu *La Naissance du purgatoire* de Jacques Le Goff[1], à sa demande, « pour voir s'il n'y avait pas d'hérésie »[2].

Je n'entrerai pas ici dans la question discutée de savoir jusqu'à quel point ce tabou était nouveau ou pas. On sait que Norbert Elias[3] et toute une tradition sociologique dans son sillage y ont vu un événement largement imaginaire, révélateur d'une forme de nostalgie idéologique de l'ancien monde de la part d'esprits chagrins et conservateurs. Après tout, Pascal n'écrivait-il pas déjà au XVIIe siècle que, faute de pouvoir supprimer la mort, les hommes avaient entrepris de ne plus y penser[4] ? C'est fort de ce constat que l'Église d'autrefois demandait à ses pasteurs d'en rappeler incessamment aux fidèles la perspective et l'imminence toujours possible. Elle considérait comme étant de l'ordre de sa mission de briser sans relâche dans l'Histoire, pour chaque génération, ce tabou « naturel » de l'humanité. Pour lui permettre, en substance, de ne pas rater sa sortie et de conserver le sens plénier de son existence.

Il n'empêche que le recul de la présence sociale de la mort et du deuil dans les sociétés occidentales à partir des années 1960 a, au minimum, *renforcé* le tabou, s'il ne l'a pas créé. Le phénomène était lié à l'urbanisation mais aussi au déclin relatif du culte des tombes, longtemps unanime dans la société française (laïques et catholiques confondus), à la fin des guerres en chaîne,

1. Paris, Gallimard, 1981.
2. Le Goff aurait pu tomber sur censeur plus censurant.
3. *La Solitude des mourants*, Paris, Pocket, 1982, p. 24-25 (pour la critique d'Ariès).
4. *Pensées*, *op. cit.*, p. 1147.

amorcées en 1870 et poursuivies jusqu'en 1962 à travers les deux cycles des guerres mondiales et des conflits coloniaux, à l'éloignement corrélatif pour les jeunes de la possibilité d'avoir à « mourir pour la patrie », inscrite pour leurs pères en lettres d'or sur les monuments aux morts communaux, à la généralisation de la mort à l'hôpital, à l'effacement des veillées funèbres, à la disparition, dans les campagnes et les petites villes, du spectacle des déambulations, diurnes et nocturnes, des prêtres porteurs des « derniers sacrements », à la disparition des corbillards à cheval, etc. Tout se passe, en somme, comme si la culture dominante avait soudainement pris le parti de notre inconscient, dont Freud disait qu'il ne « croyait » pas à notre mortalité[1].

Dans ce contexte, le nouveau silence de l'Église sur les « fins dernières » peut être interprété comme la forme spécifiquement catholique de cette mutation générale[2]. Son discours sur la mort ayant longtemps porté principalement sur l'économie de l'expiation qui structurait l'accès à l'au-delà, elle s'est retrouvée étrangement silencieuse quand tout cet appareil de dogmes et de pratiques est tout à coup apparu caduc. On pourrait même dire, en un sens, que son silence a renforcé le tabou dans la mesure où l'on peut supposer que les peurs théologiques d'antan, de la mort subite, du jugement, de la damnation, du purgatoire, servaient de *dérivatifs* à la peur de la mort,

1. « Considérations actuelles sur la guerre et la mort » (1915), dans *Œuvres complètes*, t. 8, Paris, PUF, 1988, p. 127-155.

2. Cf. les *addenda* à la réédition de l'article de Philippe Ariès sur « La mort inversée » dans *La Maison-Dieu*, n° 101, 1970, p. 59-63.

laquelle est désormais d'autant plus puissante parmi nous qu'elle est plus nue et plus diffuse.

L'évolution de l'image de Dieu a joué aussi un rôle dans cette liquidation de la pastorale des « fins dernières », dans la continuité d'une longue histoire au terme de laquelle les « droits » de la justice de Dieu ont achevé de disparaître devant les « désirs » de sa miséricorde. Dans le contexte des années 1960-1970, on s'est mis à parler couramment du « Dieu Amour », pour reprendre une formule tirée de l'évangile de Jean, au sens où il ne serait plus qu'Amour, comme du « Dieu de tendresse ». Le fait est sensible dans l'évolution du genre de l'examen de conscience tel qu'on le trouvait, par exemple, à la fin des missels. En 1987-1988, le grand théologien suisse Hans Urs von Balthasar a mis en un sens d'accord l'opinion dominante avec la doctrine catholique en expliquant, dans deux petits livres brillants, que si, dans l'Écriture, il existait en effet sur le sujet deux séries d'affirmations apparemment contradictoires – les unes inquiétantes, illustrant la possibilité de finir en enfer, et les autres rassurantes, attestant la volonté de salut universel de Dieu –, la damnation n'était qu'une « possibilité infiniment improbable » qu'il n'était loisible, en tout état de cause, de n'envisager que pour soi[1]. L'adoption en janvier 1966 du nouveau « Notre Père » œcuménique, en vertu duquel les catholiques français se sont mis, comme les protestants, à tutoyer Dieu en français[2], va dans le

1. Hans Urs von Balthasar, *Espérer pour tous*, Paris, Desclée de Brouwer, 1987 ; *id.*, *L'Enfer, une question*, Paris, Desclée de Brouwer, 1988.

2. Florian Michel, *Traduire la liturgie*, Paris, CLD, 2013, p. 87-129.

même sens. Le moyen en effet de damner quelqu'un que l'on tutoie paternellement ? L'ancienne image de Dieu, dans laquelle sa justice allait de pair avec sa miséricorde, est apparue dès lors à beaucoup comme incroyable, voire singulièrement « perverse », pour reprendre le titre d'un livre célèbre de 1979[1]. À partir de là, il est bien clair que les catholiques du temps n'avaient plus tout à fait le Dieu qui allait avec l'ancienne théologie des « fins dernières », si métaphorisée soit-elle.

Enfin, mais on n'imagine bien que la liste n'est pas limitative, le silence sur les « fins dernières » a été contemporain de l'entrée dans la société de consommation et donc, en un sens, dans une forme de bonheur terrestre inconnu des âges antérieurs. Les historiens ont tendance à dater cette entrée désormais, en Europe de l'Ouest, du début des années 1960, et du milieu de la décennie le moment où le phénomène a vraiment commencé à déployer toutes ses conséquences culturelles. On peut penser que la poursuite du bien-être et du bien-vivre, désormais à la portée du grand nombre et promue comme la principale finalité de l'existence personnelle et collective, a fini par ronger le domaine des « fins dernières », qu'elles soient religieuses ou séculières. Le communisme français, avec ses promesses purement terrestres toujours différées, s'en est encore plus mal sorti, de ce point de vue, que le catholicisme.

Le problème a été abordé précocement par le philosophe chrétien Emmanuel Mounier en 1950, dans un de ses derniers textes, où il présentait la Suède comme le prototype de la société de consommation encore à

1. Maurice Bellet, *Le Dieu pervers*, Paris, Desclée de Brouwer, 1979.

venir en Europe[1]. Parce que le pays avait échappé aux deux guerres mondiales et qu'il jouissait déjà d'un État-providence développé, ses habitants lui apparaissaient comme « les premiers témoins de la cité heureuse » en Europe. Les Américains du Vieux Monde en quelque sorte. Ils jouissaient avant les autres d'une forme de bonheur matériel, physique et psychologique – « les psychologues, notait finement Mounier, sont les prêtres de la conscience scandinave[2] » – inconnue des âges antérieurs. Il existe des « maladies de la misère », poursuivait-il, avec lesquelles l'humanité se bat depuis les origines et dont elle était loin d'avoir entièrement triomphé, mais sans doute aussi, du moins s'en apercevrait-on bientôt, des « maladies du bonheur », qui, pour être plus insensibles, n'en étaient pas moins graves. Le problème de demain, en somme, serait de survivre spirituellement à toute cette richesse.

Le problème de l'interprétation de la crise

La question se pose de savoir comment interpréter historiquement cette crise du discours sur les « fins dernières ». Il paraît *a priori* de bonne méthode de commencer par écouter sur ce point les témoins et les acteurs de l'époque qui ne sont pas si mal placés pour en juger. Or, à le faire, on voit bien se dégager deux lectures principales des événements.

1. Emmanuel Mounier, « Notes scandinaves ou du bonheur », *Esprit*, février 1950, p. 253-286.
2. *Ibid.*, p. 282.

La première correspond en gros à la thèse traditionaliste ou intégriste qui consiste à dire que l'Église des années 1960-1970 aurait sacrifié une partie (la plus désagréable) de son message sur l'autel de sa réconciliation avec le monde moderne, soit parce qu'elle avait cessé elle-même d'y croire, soit parce qu'elle a cru qu'en abaissant ses exigences et en se rendant plus aimable elle séduirait plus de monde. Calcul mal entendu, s'empresse-t-on généralement d'ajouter, parce qu'on ne voit pas que les populations visées soient revenues pour autant dans le giron de l'Église (bien au contraire) et que les religions qui « marchent » dans le monde moderne, comme l'islam ou le protestantisme évangélique[1], n'ont généralement pas procédé à ce genre d'*aggiornamento*. Conclusion : « Tout ce qui ne coûte rien ne vaut rien[2] », dans ce domaine comme dans le reste.

La lecture conciliaire classique défend évidemment un tout autre point de vue. On en trouve une bonne expression historiographique dans les thèses célèbres de Delumeau sur la « pastorale de la peur », notamment son gros livre, *Le Péché et la Peur*, de 1983. Pour Delumeau, l'Église a usé et abusé d'une pastorale terrorisante fort peu évangélique qui serait, au moins en partie, responsable par réaction de la déchristianisation actuelle. Fort heureusement, sur la base d'une préparation amorcée dans l'entre-deux-guerres, elle se serait débarrassée de ce discours mortifère à la faveur du concile. Que ce progrès nécessaire et authentiquement chrétien se soit soldé par la

1. Olivier Roy, *La Sainte Ignorance. Le temps de la religion sans culture*, Paris, Seuil, 2009.

2. Joseph de Maistre, *Œuvres posthumes. Les soirées de Saint-Pétersbourg* (9e éd.), t. 1, Paris-Lyon, Pélagaud, 1867, p. 217.

déstabilisation d'une partie des générations formées dans l'ancien système, c'était là une conséquence provisoire et plus ou moins inévitable de l'opération, qui prouvait à tout le moins que le terrain était largement miné et qu'il n'attendait, en un sens, que l'occasion de s'effondrer.

Laquelle des deux thèses est la bonne du point de vue historique ? La part de vérité de la thèse conservatrice me paraît être que le catholicisme français a effectivement connu, à la faveur du concile et de la crise qui a suivi un accès de rousseauisme collectif, dont les origines étaient anciennes mais qu'il s'était efforcé jusqu'alors de contenir en en adoptant progressivement les contenus à doses plus homéopathiques. Dans le déménagement général dont le concile a donné le signal, il s'est débarrassé sans phrase de pans entiers de l'ancienne doctrine auxquels il ne croyait plus guère ou qui lui sont soudain apparus comme des vieilleries théologiques et dévotionnelles inutiles et coûteuses. Toute une partie de l'ancien catéchisme a ainsi été remisée aux hangars des vieilles lunes, dans une sorte d'opération de démythologisation qui ne disait pas son nom et dont le jugement, l'enfer, le péché mortel, Satan, ont plus ou moins fait les frais. Comme il fallait bien s'expliquer malgré tout leur longue présence dans l'ancien catholicisme, on les a volontiers mis alors sur le compte du cléricalisme d'antan, d'une pastorale mal inspirée, voire de mystérieuses infiltrations « jansénistes » dont on ne se serait pas avisé jusqu'alors (les derniers prêtres jansénistes en France ont disparu dans les années 1820-1830[1]). L'imputation n'était pas nouvelle

1. Guillaume Cuchet, « La "pastorale de la peur" au XIXe siècle. Continuité, crise et mutations d'un discours », chap. cité.

d'ailleurs : elle fonctionnait déjà au milieu du XIXe siècle comme le moyen commode pour le catholicisme officiel de prendre ses distances avec son propre passé rigoriste, sans avoir à s'expliquer sur le fond de ses mutations successives. La part de vérité de la thèse conciliaire, en revanche, est que la crise en question était probablement inévitable et qu'elle se serait produite de toute façon un jour ou l'autre, bien qu'elle eût probablement pu se faire à moindre coût.

La disparition brutale de la prédication des « fins dernières » dans l'Église des années 1960, notamment de la notion de péché mortel qui en a longtemps été le pivot, est un événement fondamental dont il n'est pas sûr que pasteurs, théologiens et historiens aient pris toute la mesure. On accorde généralement moins d'importance à ce qui disparaît qu'à ce qui apparaît. L'ancien catholicisme, jusqu'à Vatican II, était en grande partie *indexé* sur ce système eschatologique né au Moyen Âge central et qu'il avait maintenu, vaille que vaille, moyennant certaines adaptations et évolutions, jusqu'en plein XXe siècle. Son évanouissement subit et quasiment sans commentaire reste assez mystérieux. Il n'a pas pu ne pas laisser derrière lui traces et séquelles.

Des *traces* à travers notamment l'attachement persistant des populations au rituel des obsèques religieuses. Déjà au XIXe siècle, elles étaient souvent considérées par les fidèles comme le véritable viatique pour l'au-delà de l'Église à ses enfants, même indignes, plus que l'extrême-onction et le viatique lui-même (la dernière communion), qui étaient beaucoup moins reçus. Le passage *physique* par l'église, même *post mortem*, restait, plus ou moins consciemment, la garantie de l'entrée dans l'Église éternelle et le moyen pour la famille de se retrouver dans l'au-delà.

Des *séquelles* à travers la longue reprise, quasiment jusqu'à nos jours, du procès de la « pastorale de la peur » dont l'Église se serait rendue coupable par le passé. Les psychanalystes ont coutume de parler d'abréaction pour désigner ce genre de réactions qui se prolongent.

Cette rupture au sein de la prédication catholique a créé une profonde discontinuité dans les contenus prêchés et vécus de la religion de part et d'autre des années 1960. Elle est si manifeste qu'un observateur extérieur pourrait légitimement se demander si, par-delà la continuité d'un nom et de l'appareil théorique des dogmes, il s'agit bien toujours de la même religion.

Conclusion

Ce travail qui s'achève ne prétend pas avoir épuisé tout ce qu'il y avait à dire sur la rupture de pente religieuse du milieu des années 1960 dans le catholicisme français. Ses différentes thèses et hypothèses, qui n'ont pas toutes, au demeurant, le même niveau de certitude à mes yeux, veulent surtout ouvrir une discussion sur la chronologie, les causes, les formes principales et l'interprétation historique du phénomène. Quant à la vaste question de ses conséquences, elle n'a pas même été abordée.

Il me semble que la réflexion sur le sujet pourrait grandement progresser si l'on voyait se multiplier dans les années à venir deux types de publications. Des monographies diocésaines d'une part, par où ce genre aujourd'hui délaissé mais qui a fait la réputation de l'école française d'histoire religieuse pourrait retrouver une nouvelle jeunesse. Des monographies familiales de l'autre, qui essaieraient, sur trois ou quatre générations, de remonter le fil du temps, de manière non seulement à retrouver un moyen de compter sérieusement qui fait souvent défaut en matière religieuse depuis le milieu des années 1960, mais aussi à étudier précisément les faits de transmission au sein des familles. Certains problèmes actuels pourraient s'en trouver éclaircis, notamment la question de savoir pourquoi les milieux « progressistes » au sein du catholicisme ont souvent eu des taux de transmission de la foi plus faibles que leurs homologues conservateurs, de sorte qu'ils ont fini (assez logiquement) par perdre en influence au sein de l'institution (même si ce n'est pas la seule raison)[1].

Pour finir, je voudrais insister sur plusieurs points qui me paraissent importants.

Le premier concerne le problème de savoir comment interpréter l'arrêt des enquêtes de pratique survenu au milieu des années 1960, bien qu'on ait vu qu'il n'avait pas été total. Je ne crois pas qu'on puisse dire que le décrochage des courbes en ait été la cause directe, comme si l'institution avait voulu délibérément cacher une évolution qui ne lui était pas favorable. Il est probable, en revanche, qu'à partir du moment où elle a compris ce qui se passait, c'est-à-dire à la fin de la décennie, elle n'a pas été très incitée à les reprendre, indépendamment même des problèmes de moyens qui pouvaient se poser et qui n'étaient pas négligeables. Les rares initiatives qui ont été prises en ce sens dans les années 1970-1980 sont venues de l'Université et des institutions publiques de recherche.

À distance, on est frappé cependant par l'importance de cet effort de lucidité sociologique que s'est imposée l'Église de France dans les deux décennies d'après-guerre. L'historien qui parcourt aujourd'hui cette immense littérature

1. Sur ces problèmes, cf. Guillaume Cuchet, « Quelques hypothèses sur l'étrange déclin du "catholicisme d'ouverture" », dans Bruno Dumons et Frédéric Gugelot (dir.), *Catholicisme et identité. Regards croisés sur le catholicisme français contemporain (1980-2017)*, Paris, Karthala, 2017, p. 45-62.

grise de tableaux et de rapports ne peut manquer d'être impressionné par l'ampleur du travail réalisé, la qualité, la rigueur et la probité des analyses le plus souvent. Aucune autre institution civile ou religieuse n'a mené un tel travail. Il n'est pas sûr cependant – et on s'excuse un peu d'avoir à le dire – que tout cela ait servi à grand-chose. La « pastorale d'ensemble » qui était censée couronner l'entreprise à partir du milieu des années 1960 n'a pas donné les résultats escomptés, et elle a consisté, pour l'essentiel, à promouvoir un nouvel échelon administratif (la « zone humaine ») entre le doyenné et le diocèse[1]. Les faits auraient plutôt donné raison ici à tous ceux qui, dans l'Église, doutaient dès le départ de l'utilité réelle de l'opération.

On peut même se demander si le mouvement n'a pas favorisé dans l'institution une tendance à la bureaucratisation et à la multiplication des instances administratives, qui est un des symptômes de l'époque. L'évolution des affectations de postes au sein du clergé dans les années 1960-1970 montre ainsi un net progrès des « fonctions de gouvernement », à l'heure où, paradoxalement, la base populaire commençait à faire défaut[2]. Le phénomène était aussi lié à la mise en place en 1961 des nouvelles régions apostoliques, lesquelles ont été remplacées en 2003 par des provinces ecclésiastiques qui ont marqué un retour à la situation antérieure.

Mais si, sur le plan pastoral, les résultats n'ont pas été à la mesure des espérances, l'entreprise a constitué un

1. Pour un point de vue différent, cf. Mgr Matagrin, *Le Chêne et la Futaie. Une Église avec les hommes de ce temps (entretiens avec Charles Ehlinger)*, Paris, Bayard, 2000, notamment p. 64-69.
2. Julien Potel, *Les Prêtres séculiers en France*, *op. cit.*, p. 123.

incontestable succès scientifique qui a fait le bonheur… des historiens et des sociologues. Sur le fond, ce « moment sociologique de l'Église de France » des années 1945-1965 me paraît correspondre à une époque où, tout en étant consciente de l'état d'avancement de la déchristianisation, elle ne désespérait pas d'en inverser les courbes et où elle était encore, de fait, *à l'échelle de* la société française dans son ensemble, ce qui n'est plus tout à fait le cas aujourd'hui. Quand les « enquêteurs du dimanche » des années 1950 calculaient laborieusement leurs taux de pratique diocésains, l'idée était bien de mesurer l'écart à 100 (mettons à 95), considéré comme l'objectif à atteindre.

La rupture de pente religieuse du milieu des années 1960 a pris les allures d'un krach, avec tout ce que le terme suggère de brutalité et de surprise, y compris pour les spécialistes, même si certains facteurs ont contribué à le rendre difficile à percevoir sur le moment. Au lendemain de la guerre, dans les milieux sensibles à la problématique « missionnaire », on s'attendait plus ou moins à un événement de ce genre, bien que l'on pensât que la rupture viendrait plutôt des paysans et des ouvriers, ou plus exactement des paysans devenus ouvriers *via* l'exode rural (et qui a, de fait, joué un rôle). D'où, pensait-on, l'importance pour l'Église de reprendre pied rapidement dans cette classe pilote de l'histoire, ou présumée telle (y compris par Boulard).

Mais ce n'était plus tout à fait le cas au début des années 1960. Les enquêtes de la décennie précédente avaient révélé un tableau beaucoup moins inquiétant que redouté au départ et montré que le catholicisme avait encore de beaux restes sur lesquels appuyer son entreprise de reconquête. Les abbés Godin et Daniel n'estimaient-ils pas en 1943, dans *La France, pays de mission ?*, que le taux de pratique dominicale des adultes en France avoisinait les 10 %[1], alors qu'en réalité il était au moins deux fois supérieur ? La situation paraissait stabilisée à des niveaux relativement élevés, et l'on se préoccupait surtout désormais de réduire les contrastes de la pratique, notamment géographiques et sociologiques.

Par ailleurs, les mouvements de modernisation du catholicisme sur le plan pastoral, liturgique, théologique, patristique apparaissaient comme autant de progrès qualitatifs qui compensaient largement des pertes quantitatives, au demeurant limitées. Signe encourageant de ce point de vue, les jeunes des années 1950, dans le milieu étudiant notamment, paraissaient *plus* religieux que leurs prédécesseurs. Dès lors, il était logique de penser qu'à partir du moment où l'Église en ses sommets reprendrait à son compte ces initiatives, comme elle parut vouloir le faire avec le concile Vatican II, on en verrait rapidement les bons effets. Y compris sur le plan quantitatif, même si l'on se défendait désormais comme d'une mauvaise pensée de vouloir « faire du chiffre ». En bonne logique évangélique, la prospérité sociologique lui viendrait comme « par surcroît », au titre des bénéfices secondaires d'un progrès dans la conception du christianisme.

Ce krach, avons-nous dit encore, s'est produit *à la faveur de* Vatican II, *avant* Mai 68 et la publication en juillet de la même année de la fameuse encyclique *Humanae vitae* de Paul VI sur la contraception, traditionnellement invoqués pour l'expliquer. Non que ces deux événements n'aient pas eu d'importance : ils ont *amplifié* la vague, mais ils ne

1. *Op. cit.*, p. 10-16.

l'ont pas créée. Vatican II semble avoir été en définitive cette réforme (probablement nécessaire) qui a déclenché la révolution qu'elle prétendait éviter, comme jadis les états généraux dans la France de la fin du XVIIIe siècle. Mais ici s'arrête la comparaison parce que l'Église des années 1950 n'était pas cet Ancien Régime immobile d'avant 1789, ou supposé tel, que certains se sont plu à présenter rétrospectivement en se focalisant sur la condamnation de certaines expériences pilotes (comme celle des prêtres-ouvriers) ou les malheurs de certains théologiens (comme Yves Congar, Marie-Dominique Chenu ou Henri de Lubac). Elle était *déjà* engagée dans un processus de modernisation, limité et prudent certes, mais bien réel, dont tout le problème pour l'historien est de savoir jusqu'à quel point il avait pénétré la substance même du catholicisme ordinaire, celui des paroisses, des œuvres et des écoles, par-delà les milieux cléricaux et militants qui l'ont porté.

De la réponse à cette question dépend en effet en partie l'interprétation que l'on peut donner du concile et de la crise qui a suivi. On y verra, selon les cas, une crise violente de *rattrapage* provoquée par la réforme trop tardive d'une vieille institution conservatrice, selon le schéma tocquevillien qui veut qu'une institution de ce genre n'est jamais aussi fragile qu'au moment où elle entreprend de se réformer. Ou la sortie de route imprévue d'un processus de modernisation bien mené mais qui a eu le malheur de *coïncider* avec une mutation sociale massive ayant soudainement gonflé ses voiles de vents contraires, surtout à partir de 1968.

Il est probable que chacune des deux thèses contient des éléments de vérité. J'aurais tendance à dire personnellement que le concile a non pas *provoqué* la rupture (en ce sens qu'elle n'aurait pas eu lieu sans lui), mais qu'il l'a *déclenchée* tout en lui donnant une intensité particulière. On a longtemps eu du mal à en convenir dans l'Église, notamment en France, en partie parce qu'on avait peur en le faisant de donner raison, ne serait-ce que sur la chronologie, aux intégristes et traditionalistes qui ont depuis longtemps planté leur drapeau noir sur cette fâcheuse « coïncidence ». Même si le concile s'inscrivait dans l'axe d'un processus de modernisation déjà bien amorcé dans certains milieux et domaines, il n'en a pas moins constitué, pour la masse des catholiques ordinaires, un choc religieux dont l'entrée en dialectique avec la mutation socioculturelle simultanée a donné à la période son explosivité particulière.

Aurait-on pu faire autrement et l'opération eût-elle pu être réalisée à moindre coût ? Peut-être, mais on ne le saura jamais. Ce qui est sûr, c'est qu'il est bien difficile de ne pas faire de mécontents dans ce genre d'opérations où l'on est presque fatalement soupçonné par les parties en présence de moderniser trop ou pas assez, trop vite ou trop lentement, avec le risque, en définitive, de s'aliéner tout le monde, les « révolutionnaires » (qui voudraient aller plus loin) comme les « réactionnaires » (qui voudraient revenir en arrière). Benjamin Constant a écrit là-dessus pendant la Révolution des pages décisives dans *Des réactions politiques* (1797) qui sont aisément transposables au domaine religieux.

Sur le plan de la méthode, il nous est apparu que la sociologie pastorale classique s'était trop souvent contentée de compter les pratiquants, là où elle aurait dû aussi les écouter, et donc les faire parler, comme l'ont fait à l'époque les sociologues britanniques[1]. L'opération est plus légère et pas moins utile. Elle aurait dû aussi prêter une plus grande attention à l'évolution des modes concrets d'administration des sacrements, problème technique, apparemment mineur, mais qui joue un rôle capital dans cette histoire.

Car nul doute en effet que la courbe reflète souvent, à la hausse comme à la baisse, des changements dans le *régime de la pratique*, qu'il soit canonique, pastoral, social ou spirituel. Il est probable, par exemple, que l'assouplissement des règles de la confession au milieu du XIXe siècle, en raréfiant le recours aux délais d'absolution, a favorisé la reprise de la pratique pascale enregistrée dans les courbes. Une des thèses de cet ouvrage a été de dire que la rupture du milieu des années 1960 avait un lien direct avec ce « changement saisissant » (pour reprendre à nouveau la formule d'André Latreille) qu'avait représenté la fin de la pastorale de la pratique obligatoire, longtemps si insistante en catholicisme. Le fait me paraît avoir été autrement plus décisif que la réforme liturgique elle-même, sur laquelle s'est obnubilée la discussion. Les effets ont été comparables à ceux de la fin de l'obligation civile survenue à la faveur de la Révolution. Cette sortie de la culture du devoir et de l'obligation, chemin sur lequel l'Église a *précédé*, à bien des égards, le monde civil, notamment scolaire et éducatif, est un événement fondamental sur lequel il y aurait lieu de revenir. Dans les familles et les milieux où cette culture a été à la fois maintenue et modernisée, les

1. Cf. par exemple « Social and Family Life », Centre for North-West Regional Studies, University of Lancaster, 1940-1970.

taux de transmission ont souvent été meilleurs. Mais cela ne veut pas dire pour autant que les courbes n'aient rien à voir avec la déchristianisation, qui n'est pas un mot si « fallacieux » que cela. Non seulement parce que la messe reste un devoir pour les catholiques et le cœur mystique de leur foi, mais parce que la pratique en elle-même est christianisante (quels que soient son mode d'acquisition et les raisons qu'on a d'y venir), comme, en sens inverse, la non-pratique est à terme déchristianisante.

Le décrochage religieux des jeunes dans les années 1960 est un autre événement majeur dans le destin du catholicisme français sur lequel cet ouvrage a insisté. À court terme, il a nourri le climat de crise qui a marqué les années d'après-concile, comme la signature de sa disqualification culturelle et le ressort d'une sorte de fuite en avant « panique » chez ses éléments avancés, qui avait aussi pour objectif plus ou moins conscient de tenter de les rattraper[1]. Ce n'est sans doute pas un hasard si, dans le clergé, les éléments qui ont vécu la crise le plus violemment sont souvent aussi ceux qui étaient le plus en contact avec les jeunes. Les départs ont été nombreux chez les aumôniers d'étudiants de facultés ou de grandes écoles, les prêtres chargés de grands séminaires ou de noviciats, les aumôniers de lycées d'enseignement d'État et les prêtres étudiants[2]. À plus long terme, le phénomène a débouché sur la mise en place d'une pyramide des âges « malsaine », qui s'esquisse dès la seconde moitié des années 1960, au sein de laquelle les jeunes étaient moins pratiquants que

1. Point bien souligné par Yann Raison du Cleuziou dans « Quand une génération en cache une autre… », art. cité.

2. Julien Potel, *Les Prêtres séculiers en France*, *op. cit.*, p. 45.

les adultes, et ceux-ci que les personnes âgées, contrairement à tout ce qu'on avait connu jusqu'alors. L'âge est ainsi devenu, dans les années 1970-1980, la variable la plus discriminante de la pratique, plus que le sexe, le milieu social ou la région.

Le schéma décrit dans cet ouvrage est-il valable ailleurs qu'en France ? Une étude de 2012 consacrée aux catholicismes d'Europe de l'Ouest montre que, si tous ont reculé, la vague de fond y a rarement atteint les mêmes proportions[1]. Elle révèle un dégradé de situations qui s'échelonnent de la France et de la Belgique (pour les pays les plus sécularisées) à l'Italie et au Portugal (pour ceux qui le sont le moins), en passant par l'Espagne[2], qui a connu, ces dernières années, un processus de rattrapage accéléré du *pool* de tête. Si l'on porte le regard en dehors de ces terres majoritairement catholiques, du côté de la Grande-Bretagne, du Canada anglophone, de l'Australie, de la Nouvelle-Zélande, l'anglicanisme et les protestantismes allemand et scandinave ont aussi connu une désaffection marquée, qui n'a rien à « envier », en un sens, à celle du catholicisme[3]. Seul le protestantisme évangélique progresse partout dans le monde, y compris en France où en interne il est devenu majoritaire. Les

1. Alfonso Pérez-Agote (dir.), *Portraits du catholicisme. Une comparaison européenne*, Rennes, PUR, 2012.

2. Alfonso Pérez-Agote, *Cambio religioso en España. Los avatares de la secularización*, Madrid, Centro de Investigaciones Sociológicas, 2012.

3. J'ai esquissé quelques développements en ce sens dans « La "crise religieuse des années 1960". À propos d'un débat récent dans l'historiographie britannique », *Revue historique*, n° 679, 2016, p. 629-644.

causalités spécifiquement catholiques et françaises de la crise, en particulier le rôle du concile, ne doivent donc pas être surestimées. Elles ont joué sur le calendrier, les formes et l'ampleur de la mutation, plus que sur la mutation elle-même, qui procède en grande partie de causes culturelles et sociales communes à l'ensemble du nord-ouest de l'Europe[1]. Quant aux conséquences du phénomène, qui continue de dérouler leurs effets sous nos yeux, elles sont considérables, même si elles ne sont pas toujours faciles à identifier. Mais ceci est une autre histoire.

1. Cf. Étienne Fouilloux, « Essai sur le devenir du catholicisme en France et en Europe occidentale de Pie XII à Benoît XVI », *Revue théologique de Louvain*, vol. 42, n° 4, 2011, p. 528.

Remerciements

Cet ouvrage, en plus de procéder des sources classiques de l'historien, est le fruit de nombreuses rencontres et discussions avec des acteurs et témoins de l'époque, des historiens et sociologues de générations et tendances diverses, des archivistes et des membres du clergé. Il m'est impossible de tous les nommer mais je remercie chacun chaleureusement, notamment Paul Airiau, Bernard Barbiche, Henri Baudry, Régis Bertrand, Xavier Boniface, Philippe Boutry, Florence Buttay, Étienne Fouilloux, Vincent Gourdon, Danièle Hervieu-Léger, Dominique Julia, Claude Langlois, Yann Raison du Cleuziou, André Rousseau, Jean-Louis Schlegel, Bernard Sesboüé, Yvon Tranvouez et Agnès Cuchet, à qui aucun détail ou aléa de cette longue recherche n'aura été épargné. Je voudrais remercier aussi « mes » étudiants des universités d'Avignon, Lille 3 et Paris-Est Créteil, de l'Institut d'études politiques de Paris, l'École des hautes études en sciences sociales, l'Institut catholique de Paris, devant qui j'ai « testé » à de nombreuses reprises thèses et hypothèses, avec un profit que, le plus souvent, ils ne soupçonnent pas mais qui fait toute la fécondité et tout le plaisir du métier d'enseignant-chercheur. Merci enfin aux éditions du Seuil, qui ont bien voulu publier ce livre et contribuer à son élaboration, et notamment à Séverine Nikel, Patrick Boucheron, Caroline Pichon et Benoît Bénard.

Table des figures

Table

RÉALISATION : NORD COMPO À VILLENEUVE-D'ASCQ
IMPRESSION : NORMANDIE ROTO IMPRESSION S.A.S À LONRAI
DÉPÔT LÉGAL : FÉVRIER 2020. N° 141980-2 (2104717)
IMPRIMÉ EN FRANCE